徐州历史文化丛书
Xuzhou Lishi Wenhua Congshu

徐州历史文化丛书

政协徐州市文史委员会 编

徐州民俗文化

戚云龙 ◎ 编著

中国文史出版社

让千年文脉在薪火相传中绽放魅力

周铁根

历史文化是一座城市的根脉和灵魂，源远而流长，历久而弥新。徐州是国家历史文化名城，拥有五千多年的文明史和两千六百多年的建城史，素有"彭祖故国、刘邦故里、项羽故都"的美誉。从历史深处走来的徐州，文化吐纳东西、融汇南北，在多元开放、兼收并蓄中熔铸了博大深厚的人文气象。

自古彭城列九州，汉风激扬绘锦绣。徐州古称彭城，早在大禹分疆之时就雄列华夏九州。秦末刘邦率领丰沛子弟揭竿而起，反抗暴秦。其后楚汉相争，刘邦打败项羽，建立了强盛的汉朝。享誉中外的汉文化由此发祥，形成了"汉人""汉字""汉语"等特定称谓，奠定了华夏民族"大一统"的坚实文化基础。"大风起兮云飞扬"，徐州独树一帜的汉文化恢宏雄壮、激荡千载、生生不息，在中华文化的历史长河中熠熠生辉。

山河形胜要冲地，龙争虎斗几千秋。徐州北连齐鲁、南屏江淮、东濒大海、西接中原，自古就有"五省通衢"之称，历来为兵家必争之地。从春秋争霸、楚汉逐鹿，到隋唐藩争、明清征伐，再到近现代的台儿庄大捷、淮海决战，史载发生在以徐州为中心的较大战役就有六百余起，千百年来的刀光剑影和战火硝烟，锤炼了这座城市"以天下为己任"的豪情大义，形成了充满英雄气概和传奇色彩的军事文化。

地灵人杰帝王乡，英才辈出竞风流。徐州钟灵毓秀，历史文化名人如满天星斗，映照古今。在这片热土上先后走出了刘邦、刘裕、萧道成、萧衍、李昪等十一位开国皇帝，涌现出人文始祖彭祖、文献学家刘向、文学家刘义庆、道教始祖张道陵、史学理论家刘知几、国画大师李可染等文化巨匠。苏轼、白居易等名士也在此建功立业，为官为文。真可谓"龙吟虎啸帝王州"，人文荟萃古彭城。

1

徐虽古州，其命唯新。改革开放以来，特别是近年来，徐州聚力老工业基地和资源型城市转型发展不动摇，深入践行新发展理念，解放思想抓机遇，凝心聚力促跨越。大力推进"三大转型"，产业转型凤凰涅槃，城市转型破茧成蝶，生态转型华丽蜕变，初步走出了一条具有徐州特色的振兴转型之路。我们牢记习近平总书记"文化建设迈上新台阶"重要指示，大力推动优秀传统文化创造性转化和创新性发展，文化强市建设取得了骄人业绩，开创了文化繁荣发展的新局面。去年年底，习近平总书记十九大后首次地方视察就来到徐州，对我市转型发展实践予以充分肯定，对徐州高质量发展寄予殷切期望，徐州迎来了千载难逢的历史性发展机遇。

文化是人们共同的精神家园。新形势下推动文化建设迈上新台阶，必须要更多地从民族精神中汲取养分和力量，让优秀传统文化浸润心灵，让千年文脉薪火相传，谱写新时代徐州文化的"汉风华章"。市政协以强烈的文化使命担当，组织专家团队编撰出版了《徐州历史文化丛书》。该丛书选题广泛、内容丰富、纵贯古今，有帝王建国、兵家征战，有文人风华、风土人情，也有城市毁建、街巷变迁，还有商贸互换、歌舞相娱，等等，用通俗易懂的语言和图文并茂的形式，全景式再现了我市历史文化的发展脉络，是一部不可多得的地方文化百科全书。丛书的出版发行，对于保护徐州传统文化、延续地域文脉、彰显文化魅力、建设文化强市，都具有十分重要的意义。

不忘本来，才能开创未来。当前，全市上下正坚持以贯彻落实党的十九大精神和习总书记视察徐州重要指示为主线、以推动高质量发展为主旋律、以建设淮海经济区中心城市为主抓手，凝心聚力、团结拼搏，努力以高质量发展的过硬成果向总书记交上满意答卷。希望大家能够认真阅读《徐州历史文化丛书》，从历史的兴衰沉浮中获得启迪智慧，从文脉的传承发展中增强文化自信，自觉肩负起时代使命，勠力同心交出高质量发展满意的答卷，让徐州这座历史文化名城绽放出更加耀眼的光芒！

2018 年 12 月 9 日

（本文作者系中共徐州市委书记）

目　　录

第一章　人生礼俗

孩子的第一声啼哭，既是新生命到来的宣言，又标志着人生的开始。成人后，他要结婚成家，既要投入物质文明和精神文明的建设，也要担负起延续人类自身的义务。当然，他也不可避免地走向衰老，最终告别人世。于是围绕着结婚、生育、祝寿（生日）、殡葬这一个个人生中最庄严的活动，便逐渐衍化出从大喜到大悲的人生礼俗过程。

第一节　婚嫁习俗

一、嫁娶礼俗

1. 说媒

在徐州，传统上有"无媒不成婚"的俗谚。说媒必须先由媒人向男女双方家长致意，然后，双方派女眷去对方家庭相看。考虑到女孩子的怕羞特点，去女方家相看时，往往假托其他因由。看后，如双方满意，便将男女双方的生时帖（一名"庚帖"，上书生辰八字）交媒人，由媒人拿生时帖去找卜人占算，俗称"合年命"。合年命主要看男女双方生辰八字属相是否相合。徐州人对属相的看法为："白马怕青牛，乌猪怕猿猴；蛇见猛虎

汉代的媒神西王母（王母娘娘）

1

如刀剁，金鸡见犬泪交流；蛟龙玉兔云间走，老鼠见羊一命休……"这几种叫属相大不合，是"断头婚"，即便相看时双方再满意，也不能成婚。如属相相合，便可进入下一程序。

2. 传启

经占卜属相相合后，即可择吉日传启，俗称"过启柬"。男方用红纸写"敬求金诺"送给女方，此为"求启"。女方写"谨遵台命"回送男方，此为"复启"。至期设宴，由男女双方派长辈一人出席（做父亲的不能参加），媒人坐首席，另请亲友为"陪媒"，俗称"合亲"。中产以下家庭，均由男方设宴，俗称"一头沉"；如双方家庭都较富裕，也有双方均请亲友、女眷在家设宴的。

宴罢，互换启柬，男方即以茶叶、米谷及"压启柬"所用的金银首饰四包或八包送媒人交给女方，女方仅将启柬交媒人送男方，俗称此为"下聘礼"，是定亲的标志。一般说来，富贵人家下聘礼时可将礼物放入大喜盒内，上面摆着五彩绸缎饰物，由媒人带着送女方。贫困人家不但礼物少，连"压启柬"用的金银首饰也往往从亲友处借来，仪式结束后再从女家取回送还。宴会时对媒人十分恭敬，并送礼物，是为"谢媒"。此后，便可择定迎娶的好日子。定亲时，并不讲究男女双方的年龄大小，迎娶日期则视男女双方的年龄大小而定。徐州一带，男方始婚龄大多为十九至二十一岁，女方大多为十七至十九岁。当然，也有十五岁左右就结婚的。

3. 过嫁妆

迎娶日期由算命先生据生辰八字而定，并特别规定用某间房子，忌某种属相人参加仪式。徐州习俗，婚期前一天"过嫁妆"。女方准备好桌、椅、箱、柜等各种嫁妆，由男方鼓乐来迎。或者不用男方迎，由女方派人送到男方，男方

月老祠堂

2

设宴招待。过去，嫁妆一般是肩挑手抬，送嫁妆的人可以排成长长的一排，在街上招摇而过，即便男女双方住址很近，也要特别多绕些路。20 世纪 70 年代，城市中用汽车送嫁妆的方式渐渐推广开来，农村也多改用拖拉机送嫁妆。

嫁妆中的箱柜内，讲究装满衣服，并装一些钱币，富商大贾陪嫁多为"四箱四柜"，再次些为"二箱二柜"，生活困难些的，也要"一箱一柜"。其又有三等，一为"大八件"，即一箱、一柜、一桌、一梳妆台，大马杌各二，小马杌各二；一为"小八件"，即箱、柜、桌、大马杌各一，小马杌、盆圈各二；一为"大三件"，即箱、柜、桌各一。贫穷家庭嫁女儿，陪嫁就是一个红包袱，赤贫或童养媳者，无任何陪赠，俗称"打原身"。

4. 照轿

在迎娶新娘的前一天晚上，男方要选派妇女数人照轿。照轿时，手里拿着红灯在花轿的里面及左右、前后都照一照，同时嘴里唱着些吉利的歌谣。如"一乘宝轿四人抬，鸣锣响鼓闹全街。里头坐着天仙女，新科状元迎进来"等。

5. 饿嫁

婚前三天，女方必饿嫁，即三天内不吃饭，以免成亲那天不方便。

6. 滚床

迎娶前一天晚上，男方请全适人（公婆、丈夫、子女俱存的妇女）帮助铺新床。床铺好后，多请几个男孩子在新床上睡一睡，打几个滚，俗称"滚床"，以为这样婚后可以早生贵子、多子多福。装填新人用的枕头时，也要说吉利话，如"一顿吃饱再不饿，红罗帐里去上宿，花言巧语多听些，不向人前学是非"。

7. 迎娶

压轿童　婚日这天，请一压轿男童坐在轿内，即可出发去女方家迎娶。轿子到女方家后，女方家专有二人在房门前迎候，将压轿童请入厢房内坐下，上名果（糕点）招待。稍坐，压轿童便须辞行，女方家馈送礼物（笔墨、银圆）后，另由专人护送乘车回男方家。

压轿童

催妆　此时，女方家鼓乐喧天，要喜钱的、看热闹的挤满了一院子。屋内，有两名妇女为新娘子"上头"。此时，新娘必须穿男方特送的红袄、红裙，定亲时男方送的饰物，也一并插戴，另戴头花。穿戴修整满意后，把"蒙头红"（红绸一幅）盖在新娘子头上。吉时一到，媒人便督促上轿，俗称"催妆"。

老式四抬花轿

送轿　花轿抬至房门前，新娘子便须告别娘家亲人，哭着上轿。上轿时必须坐在太师椅上，蒙上红盖头，由哥哥或叔叔等人抬至轿前。入轿坐好后，由陪嫁妈妈或嫂子上前，用红线把轿帘密密缝好。

新式四抬花轿

此时，鼓乐再起，鞭炮轰鸣，开始"发嫁"。陪嫁妈妈二至四人乘小轿居后。另有新娘子的兄弟等二人，步行在新嫁娘轿子的左右，一同"送轿"，待行到一半路程时，二人方回。

花轿在行进途中，前有高灯引导，肃静牌、回避牌、官衔牌等一应俱全。大五堂或小五堂执事打十三槺锣压道，服役人均着坎肩、戴毡帽，乐器齐奏，轿前张大红伞，轿用四人或八人抬着，碎步缓行。后面跟着陪嫁妈妈的小轿，排列齐整，井然有序。

亲迎　娶亲另有"亲迎（古俗）"之俗，不用压轿童，由新郎亲往女家迎娶，但各项礼俗不变。唯新郎在迎娶时要带鹅、鸡各一对，也有带羊

徐州出土汉代亲迎图

4

去下礼的。去时，新郎坐披红敞帘小轿，在花轿前引导，至女家门口时，由随从取身背后黄袱内的红"拜帖"（又称"护书"）禀见。新郎下轿后，由迎客二人揖进，至厅堂门又有二人迎候，再互揖至正厅。厅内桌围、椅披鲜明，摆满香烟果品。此时，新郎要求禀见，里面传话挡驾，由迎候的四人陪新郎品茶叙谈。

新娘发轿时，新郎辞出，乘原坐小红轿导花轿而回。抵家后，新郎下轿进门关大门，新娘不能下轿，也象征性地"拘性"。

颠轿 遇调皮的轿夫，有故意颠轿为难新娘子的，毕竟新娘子饿嫁之后腹中空空，坐在四处不漏风的轿子内，绝对禁不住颠轿的，只能由送嫁的商量另给些好处。

8. 拘性

花轿行到男家门口时，男家立即把大门关上，俗称"拘性"，即拘拘新娘的脾性，这时，鞭炮、鼓乐声震耳。男家大门关约三分钟左右，即可开门，"拘性"结束。

9. 跨马鞍、火盆

拘性后开大门，各色人役及花轿进门，停在院内。新郎上前拆轿帘线，另有女童二人持胭脂、粉盒，打开轿帘一献而过，称为"添胭粉"，另有平辈呼大姑者二人搀新人下轿，俗称"得要发，大姑拉；要得有，小姑扭"。地上铺红毯，放置马鞍子、火盆各一，新娘子走在红毯上，跨马鞍、火盆，旁边有专人大声赞唱喜词，高喊："新娘跨马鞍，有个儿子做高官"，"新娘跨火盆，有个儿子做督军"。由"领亲"人（选亲友中儿女双全的嫂子或婶子担任）做前导，引新娘子站在供神桌前。桌上陈列三牲，供天地码、斗及神器，斗内装满红粮，插一秤戥子，当中放一面镜子。

新娘下轿

汉画像石永结同心图

10. 拜天地

此时，新郎与新娘分左右站立，在司仪的指挥下，先向北三叩头，"拜天地"（或称"行大礼"）。这时，锣鼓十三番、乐器、鞭炮齐鸣，震耳欲聋，对面不闻人语。次则拜父母（高堂）、夫妻对拜。

拜天地时，忌见三种人：孕妇、寡妇、戴孝者。

"文化大革命"中，拜天地改成了向毛主席像鞠躬，对父母、夫妻之间也改成了鞠躬礼。"文革"结束后，拜天地的礼仪又恢复，但是行礼的方式——鞠躬，却保持了下来。

11. 洞房习俗

撒帐　新娘子到来之前，男方选儿女俱全的少妇，取染红的栗子（立子）、红枣（早）、花生（既生儿又生女）、白果（结实果）、桂圆（富贵圆满）等吉祥干果，搭配着遍撒在新床上，谓之"撒帐"。

撒帐时要说喜话（吉利话），如："一把撒在床里边，有个儿子做高官。一把撒在床外边，有个儿子做状元。一把撒在床中央，有个闺女当娘娘。东撒上，西撒上，五男二女（徐州人生子观，认为一对夫妻最理想的子女数是五个儿子、两个女儿）都撒上。一把栗子一把枣，大的跟着小的跑。撒了白果撒桂圆，小日子过得比蜜甜。"

坐帐　新娘子拜完天地后，即由领亲人分持花烛，在前导引与新郎抱着斗入新房，将斗放在床上，新娘则端坐在新床上，谓之"坐帐"。稍停，由新郎上前，亲为新娘揭"蒙头红"。然后夫妇二人男左女右并坐在床上，饮"交杯酒"和"子孙汤"（加了栗子、枣的糖水），饮罢，新郎须出新房应酬。

12. 薅脸

午后在新房内设宴，谓之"新人饭"，请未婚少女陪新娘子共进午餐，但席间新娘子大多一点饭菜也不吃。饭后，新娘子入洞房休息。少时，即有儿女双全的妇女来为新娘子"薅脸"，即以红线把新娘子脸上的汗毛绞净，绞毕，另取红鸡蛋在新娘的脸上滚擦（类按摩）一番。这时也要说喜话，如："薅脸要红线，滚脸要鸡蛋，今天吃喜酒，明年吃喜面。"

薅脸时，在门外要烧些锡箔，名为"烧喜纸"。

13. 分大小

薅脸后稍事休息，奏细乐把新娘子请出洞房分大小。所谓"分大小"，就是把请来贺喜的亲戚按辈分年龄的顺序介绍给新娘子。分大小时，司仪人先唱公婆，公婆上前端坐椅子中，接受新娘跪拜。家中长辈拜过后，再拜亲戚、朋友、邻居以及所有来宾中的长辈，最后是平辈中的哥哥、嫂子、姐姐、姐夫。

凡分大小时被唱名者，须拿出些钱来送新娘做"见面礼"。如，司仪大声喊问："大舅、大妗子来了吗?"应"来了"，随即送上给新娘子的见面礼，老规矩新娘要跪谢。此时，司仪往往随口赞唱出礼金数目。既是记账方便，也是捧场，但也随时刺激着亲属的攀比之心。

分大小时，唱名字的司仪为增加喜庆气氛，往往报一些虚无长辈名号，逗新娘多行礼。

14. 喜宴

分大小之后，稍事休息，贺客即相继入喜宴喝喜酒。宴桌大多放在院内外彩棚下，女客多时，另于室内摆宴。这时，乐工即往吹奏细乐及最拿手的曲子。按规矩，酒宴半酣之时，新娘、新郎要逐一向客人敬酒。有二人分持酒壶、酒杯（托在盘内）随同侍候。敬酒时新娘先敬客人，而后是新郎，每人敬两杯，客人刁钻些的，往往要与新娘子逗逗乐子，方才把酒喝下去。但每个客人喝过新郎新娘敬的酒后，交还杯子时，必定要说一两句吉言，新郎、新娘听后须道声"谢谢!"

宴席结束，客人尚未离席时，事先即派人将喜糖一至二包送给客人，客人接糖后，便可以离开了。

结婚喜宴，传统上都是在院中或是大门口搭建喜宴棚，至今农村中基本无变化，但城市中因住房紧张、生活节奏快等多种原因，事主改在饭店内订桌席的习俗渐渐兴起并推广开来。城中在饭店内订桌席的，迎娶新娘、匆匆拜天地后，便双双赶至饭店，夫妻二人站饭店门口迎候客人。近年来，新娘时兴抱一束鲜花，俗称"迎宾花"。

15. 闹房

喜宴全散后，亲友中与新郎平辈者大都留下来参加闹房。闹房时嬉戏多端，总之以新娘为主攻目标，逗其说话、唱歌、表演节目什么的。"文化大革命"前，闹房中较常见的一个节目是"咬糖"。即用一根红线拴在剥好的糖块中间，吊起后让新娘、新郎同时去咬，因糖块小，实则二人可成亲吻状。或者用红线拴一苹果吊起来，让新郎新娘二人同时去吃，因苹果大、表皮滑，二人若不配合，很难吃成，有恶作剧者往往趁新郎新娘去咬苹果时，用双手同时把二人头脸往一起碰，做亲吻状。

闹房时，有时也有个别人言语下流，逗乐的方式往往令新娘新郎极感难堪。这种行为虽然为事主及大伙所不齿，但一直也无法杜绝。闹房的时间一般均至后半夜方止。比较正规的闹房方式是这样的：新房正中设一桌二椅，新郎新娘分左右坐下。桌上摆满糖果。有一专请的送房人念喜词，唱喜歌，劝新人喝酒。每唱（念）一句，大伙儿便齐声喊"好"。有经验的送房人，凡房中摆设、眼前事物，无不能唱，总是现编词语，往往既合辙押韵，又触景生情，极为感人。到鸡叫头遍，方送新人入洞房。

16. 守房

新人入洞房后，要坐守窗前桌上的铜灯，不使之熄灭。谓之"长明灯"。

17. 听房

闹房后，众人散去。陪嫁妈妈上前替新郎褪鞋、脱帽，俗称为"脱靴、升冠"，然后将房门反关退出，守在门外。此时，屋内新娘坐桌前看守"长明灯"不使其熄灭，新郎或坐卧床上，或与新娘对坐。屋外有人听房，如新人相对无语，俗称"哑洞房"，不吉利，要听房者在外有意逗引他们讲话，新人在屋内讲了话，听房人才算"听房"了，完成任务而散。

一般而言，新人在婚日当夜是难以休息的，因为俗礼规定，第二天必须早起向长辈请安。

二、婚后风俗

1. 瞧两天

婚后次日清晨，东方刚露白，新娘便须梳洗干净，由陪嫁人陪同，去公婆房中请安。这一天，母家派新娘的兄弟辈来瞧看，俗称瞧两天。来人到后，由新郎款待，新娘也略为陪话，但稍坐即去。

2. 祭祖

结婚第三天，新人祭祖。如祖宗神主在祠堂或住在别处的长房之中，新人即乘坐披红小轿，至该处拜祖宗神主，上供品祭祀。

祭祖回来，新娘即下厨房烹鱼，合家吃"团圆饭"。

3. 回门

婚后第三天，岳父母家派人来接女儿、女婿"回门"。过去讲究时，新人夫妇在岳家天天有亲戚来接，至一个月时，才被岳父接住数日送回，俗叫"接对月"。以后，新娘仍须早晚向公婆请安。

附：《送房歌》一种

[引起] 今天日子实在晒（徐州方言词，意为极佳、极好），锣鼓花轿过满街，俺光喜事随份子，大头（银圆）就是几十块。（帮腔："吹大牛，多少家用几十块的份子？""几十家呗！"）

今天喜酒喝得真痛快，新郎留俺来送房，拙口笨腮说不好，偏叫俺，嚼舌根，瞎嚷嚷。我说我不会，新郎他，扭着我的脖子不肯放。跺跺脚，发发狠，（帮腔："随他去！"）丢人现眼来一场，我说您喊"好"，千万不要拍巴掌，您一拍，我心里慌，再说就别楞嘴，这台大戏怎么唱？

[院外唱] 中华民国大改良，文明结婚真正强，今天俺来喝喜酒，新郎请俺来送房。四个高灯当头照，一街两巷亮堂堂，正面是×字一个姓，后面是××堂。

对面看，斗大的双喜贴粉墙，黑漆的大门明又亮，朱红喜对贴中央，上联是"东都才子"，下联是"南国女郎"。

进大门，抬头望，天井内院四方方，高搭彩棚一丈二，汽灯悬在正当央。锣鼓喧天多热闹，喇叭吹得喔嗒喔嗒响。洋戏（留声机）不住唱，人客闹洋洋，喜得新郎拍腚帮。……

[进新房唱] 左手拿着红灯捻，右手又拿安息香。进新房，喜气扬，新房的喜对写得强，上联是"螽斯衍庆"，下联是"麟凤呈祥"。新郎抱斗放桌上，通宵的喜烛放毫光，两个烛火碗口大，对你说："来年抱个小儿郎。"

当门是和合二仙大中堂，景德镇的花瓶、景泰蓝的缸，锡拉壶瓶供桌上。八仙桌，在当央，太师椅子列两旁，桌围椅披新花样，满屋的金花贺对、红喜幛，名人字画挂满墙。……

[看洞房] 往里看，是洞房，麒麟送子的大匾悬门上，玻璃窗，明又亮，巧手剪就喜鹊蹲在梅花上。黑漆大站柜、红漆大皮箱，不要问，里面装的都是夹单皮棉好衣裳。

梳头桌，窗前放，妆台、衣架放两厢。牙床靠后墙，红缎子被褥铺满床。鸳鸯枕，放两旁，金钩斜挂绫罗帐，百子图的帐檐悬上方。桌子上，银灯一盏明明亮，有油盒，有粉妆，胭脂碟，创花缸；雪花膏、白玉霜、花露水、生发油、搽脸粉、巴黎浆，一股一股扑鼻子香。细瓷漱嘴盂摆成双，牙刷牙粉里边装。一件件，一桩桩，这都是新人陪送的好嫁妆。……

9

［请新人］送房的桌子迎面摆，摆着的碟子有条道。碟中果子真正好：百子糕、云片糕、鸡蛋糕、五仁糕、枣泥糕，有蜂糕和烘糕，香香甜甜的绿豆糕。还有那，三刀、条酥、羊角蜜，寸金、麻片、大京蜜。咱先请新郎上边椅子坐。你坐稳，别慌神，等俺这就请新人。

新郎落了座，俺再请新人。新娘子，你别慌，你别忙，马上叫你见新郎，两个钟头后，还见您二人同睡一个床。你听我的令，俺时间不拉长，省得你二人臊得慌（问新人："听话不？"新人说"听"方往下唱）。

一请新人欠身起，二请新人离牙床，三请新人移莲步，四请新人出洞房，捎带还请新干娘。（帮："怎么还请新干娘？"）请了新干娘，架着她姑娘。诌南扯北这半天，说得俺嘴唇苦、舌头干，歇歇喘喘喝口茶，闹支烟（帮："你歇着，叫人家在哪里站着？"答："不要紧的，站不大脚。"帮唱："新干娘，你亮堂，别叫新人尽站累得慌，快点拿来那个场。"新干娘按帮腔比画的倒茶、递烟给主唱人，新人点火，让主唱人吸着烟。……）

［对相见］出洞房，瞟眼望，椅子上坐的是他……（帮："他是谁？"）他……他，是新郎，浓浓的眉毛大眼睛，魁梧的身子白脸膛，人都说，自古俊男不太多，宋玉、潘安也不管就是这模样。今天俺和他，二人来婚配（帮："我的娘哎！"）也是俺，前世金炉烧好香。

新郎正坐着，心里胡猜想。耳边厢，只听得环佩响叮当，知道是新人出洞房，想看不好意思看，想望不好意思望，恐怕旁人瞎嚷嚷。脚手没地方放，头皮光痒痒，奃拉个眼皮假装样。新人来到桌子旁，（帮："新郎久候，请坐。"）轻撩裙子坐在下边椅子上。（帮腔："废话！上边椅子新郎坐了，她不坐下边，还能坐在新郎怀里？"）

二人并肩坐，她低头偷瞟眼；他转悠着眼珠在眼角上。（以手指新郎）他不瘦，我不胖，（以手指新娘）她不矮，我不长。年貌两相当，真得给月老三牲上供烧炷香。（大家看）正似一双好鸳鸯。年轻小伙子，尽看急得慌，不看馋得慌，惹得他心里五马带六脏。（问帮腔）："小伙子，我说得不错吧！"

［看新人］对新人，仔细看，又大方，又庄严，又稳重，又文面，笑眯眯地带羞惭。你看她，一头青丝如墨染，满头宫花护着纂。乌云鬓，贴翠钿，两个耳眼挂金环。柳叶眉，细又弯，眉下一双杏核眼，眼珠白的像是玉，黑的就像宝石"猫儿眼"。不住地向这边打转转，给新郎净打无线电。高鼻梁，如悬胆，朝下还有两个鼻窟眼。（帮："你见谁的鼻窟眼向

10

上？哪有一个鼻窟眼的？"应："一个鼻窟眼的人倒有。"帮："在哪里？"应："就是你。"帮："胡说，你看看是一个是两个？"应："你那天和你嫂子吵架，你媳妇也跟着吵，你嫂子说，您两口子一个鼻窟眼出气，这话是真的吧？"帮："少贪嘴呱嗒舌的！"）

看新人，樱桃小口红艳艳，糯米银牙一点点，说起话来，既不侉，又不蛮。那个声腔真绵软，又温雅，又柔喃，人一听，热水烫澡真舒坦。细皮薄肉的腮帮子，又白又嫩的苹果脸，两个酒窝不深也不浅。

四季花朵绣得全：有芍药，和蒂莲。石榴花，红似火，配着就是白玉簪。迎春花开像金坠，叶上带花媚少年。领子上是拖拖拉拉的牵牛花。袄后是，有菊花，和梅花；有荷花，和桂花；架子上，挂藤花，嘟嘟啦啦木香花。袄前面，绣的是红桃花、白梨花、凤仙花、鸡冠花，下边还有月季花、合欢花，周围都是茑萝花，胸前一对玫瑰花，两边一对馒头花，越摸越大！（帮："花，怎么越摸越大？"应："你别问我，明天一问新郎，便知分晓。"）里边看，更是好，裙里系着小蛮腰。六幅缎裙绣得强，裙带上，一根绣着三星高照，一根绣的是丹凤朝阳。再看裙子正面上，绣着八仙过海下东洋。王母娘娘蟠桃会，一众仙人都到场。李老君，张玉皇，还有托塔李天王。哪吒、金吒和木吒，牵着狗的杨二郎。福禄寿，来赴会，太白金星里外忙。后一幅，绣得鲜，唐僧取经到西天，孙悟空过去火焰山。

甘罗十二为太宰，梁灏八十中状元。罗成招亲粉妆楼，秦琼三鞭换两锏。裙左边，也得看，俱都大戏绣上边。吕洞宾三戏白牡丹，伍子胥打马过昭关。武家坡，大登殿，三娘教子机房前。八蜡庙，白水滩，秋胡戏妻汾河湾，斩六将，过五关，弟兄结义在桃园。裙右边，更工整，才子佳人绣得清。红娘暗传情，张生戏莺莺。苏小妹嫁了秦少游，月下吟诗雷保童。周瑜娶小乔，红拂嫁李靖。安龙媒娶了何玉凤，玉堂春嫁给公子王金龙。说一万，道一千，说得俺，光冒沫、满口干，喝口茶，得新人端，说一名："兄弟喝茶带吸烟，起名就叫穷大侃！"（逗新人喊名）

低头看，裙下边，两只小脚一点点，量量不过二寸三，又不倒倒又不弯。（帮："平头正脸，哪像你似的。"）红绣鞋，凤头尖，丝穗子，搭两边，一对铜铃鞋上拴。脚一动，可嘡响，走起路来，疑是仙女来下凡。听那声，脆又俏，不由人浑身乱跳挠痒痒。鞋帮上，更好看，绣着鸳鸯戏水贵子莲。对对成双的双飞燕，孔雀开了屏，黄莺柳间穿。画眉叫，八哥唤，就想问问新郎哥哥你可安。鞋后跟，绣的是并肩坐着和合二神仙，两

11

个蝙蝠飞上边。那个脚小的，没法说，不能谈，真正是，可把攥，您问问新郎，就知俺不是胡乱弹。您如不相信，就来攥一攥、摸一摸，保管你的手得香好几天。（拉一小孩摸新娘的鞋，问："小朋友，闻闻你的手，香吧？"帮："鞋底下呢？"）鞋底下，俺看不见，不能胡诌八扯乱发言。

我光说，您光听，您也看看几点钟。（帮衬的报时间）不算晚，天还早，鸡没叫，狗没咬，新郎新人别发燥，再看十杯酒，就拉倒，送您去睡觉。……

[十杯酒] 头杯酒，敬新郎，合欢喜酒你先尝，喝了这杯福寿酒，福如东海水，寿比南山长。二杯酒，新人尝，今晚织女会牛郎。好好谢媒人当红娘，搭桥的，还得新干娘。三杯酒，敬新郎，二郎担山赶太阳。新郎喝了这杯酒，心里好像吃蜜糖，瞟瞟坐着的天仙女，心里不住地"咚咚、咚咚"。（帮："自在的。"）

四杯酒，新人喝，子子孙孙一大窝，大的要尿尿，小的他要屙，忙得您二人直哆嗦！五杯酒，新郎端，大喜的日子合家欢，月里嫦娥下了凡。怎么搞的？头顶上有点热，抹了帽子晾晾汗。（帮："那是鬼激的，连帽也戴不住了！"）

六杯酒，敬新人，新人饮酒开嘴唇。一开口，香喷喷，不信大家您闻闻。一股兰麝香，就像倒了香水缸。香味这么浓，就像豁了香水瓶。七杯酒，新郎瞟眼看新人，请你替我喝了这杯酒，咱俩行礼握握手。握过手，你不喝，你不喝俺自己喝，咬咬牙，跺跺脚，喝！一直热到心口窝，说不出的那快乐！（帮："是握手握的。"）八杯酒，新人的，俺敬新人有诚意，你如不喝这杯酒，新郎与你碰鼻子。你如喝了这杯酒，新郎向你吹法气。（逗新郎）九杯酒，敬新郎，从此梁鸿配孟光，赵松雪词赠管夫人，张敞画眉在闺房。情也长，意也长，恩恩爱爱，地久天长，明年一胎两个小儿郎。十杯酒，富贵全，花正好，月正圆，鱼水相亲到百年。新嫂子，又知仁，又知礼，大大小小全家喜。会描云，会绣花，亲戚邻居人人夸。公也喜，婆也爱，女婿疼得一碟菜。十杯酒敬过喜洋洋，这就送你入洞房。入洞房，上牙床，来年床上多个小儿郎。爬到这头叫着爹，爬到那头叫着娘。别忘了俺这送房的，红鸡蛋，给一筐，弄碗炒米泡红糖。说到这里是一段，（帮："徐州府的洋车——打住！"）歇歇喘喘俺送房。

[入洞房] 烟也过足瘾，茶也没有凉，趁这个空，该送新人入洞房。二位新人欠身起，手拎手地进洞房。进洞房，喜气扬，一对红烛光辉煌，

双盘银灯明明亮。新郎先登床，忙了新干娘，先来伺候新姑爷，脱了靴，升了官（冠），长衣挂在衣架上，红绣缎被盖身上，鸳鸯枕枕得高高的，一觉到了大天亮。睡不着，别胡想，姑娘一会就上床。转头再来看姑娘，伺候姑娘卸晚妆，头上插戴轻轻抹，解裙子，脱了外衣裳。粉红内衣正可体，蝴蝶扣子排成行，银盆满满打上水，两手端在妆台上。胰子盒、香粉妆，大小镜子都摆上。蜡心挑得踢踢亮，银灯油添满，灯草排成行，到姑娘耳朵旁，慢慢地，说短长。她对姑娘说："别害羞，别觉臊得慌，这是周公留下的礼，公主驸马都是这个样，新姑爷，如问话，答话要大方。小声说，别声张，窗头外头有人在听房。明早上，早早起，梳妆打扮堂前问安康。"

这位新干娘，是个老在行，事事条条想得多妥当，不用别人操心肠，用不着俺瞎嚷嚷。新干娘，你想着点，别忘了，四包果子二包糖。（外间一新干娘已将果子、喜糖放在桌上）新干娘，有点臊，带着笑（学女腔）："天不早，人不少，哪里找来这个该死的，说起来，没个了！"（恢复原腔）"你要骂，我就划，划他俩口（指新郎新娘）般般大。"（另一新干娘递糖果，接过）果子糖，都到手，满满兜着转脸走，俺到上房去辞行，过年来喝添丁酒。古头巴哎（英文"再见"）。

［插科打诨］新娘子，笑嘻嘻，想吃个羊角蜜。新娘子，笑盈盈，新郎递块大芙蓉。新郎一张嘴，滴了口啦水，新人拿手绢，替他擦擦嘴。新郎掐一把，新人光害臊，"哽哽"一声摇摇膀，新郎看着笑。新人低着头，新郎看着发了愁。睡觉拧了脖子筋，俺来替你揉。好了吧！你抬头。坐的会子大，新郎发了话："哎，你累吗？"新人摇摇头，轻轻问："你累吗？"俺想吸支烟，火要新人点。说话说得嘴唇干，喝杯茶，新人端，新干娘，你别多手多脚讨人烦。

唱完"十杯酒"后，送房人停住要走，众人须挽留，并要求新人发话挽留："你别走，得把俺送进房。"这时，送房人再接着唱几句："新人坐着一言也不发，其实心里乐开花，自从看日子，俺就眼扒眼望地扒，查着手指头过，天天把皇历查。活懒做，针懒拿，心里想着他，嘴里偷念他，那个劲，五马六壮可难受啦。到底熬来这一天。看见他，心安啦，神稳啦，那位坐着的他，你也是这样吗？这时候，人多俺就别拉呱，等到房中再给你说私房话。

三、婚姻形式

徐州一带，习俗上大略有以下几种婚姻形式：

1. 表亲婚

徐州人传统上曾时兴"亲上作亲"。即姨表兄妹（或姐弟）、姑表兄妹（或姐弟）之间结成婚姻，俗称"结表亲"。但姑妈的女儿不能嫁给舅父的儿子，俗称"骨肉还家"，最为禁忌。

"亲上作亲"最典型的事例，有舅父的三个女儿相继嫁给姑妈的三个儿子的。这种情况，徐州又俗称为"姑作婆"（姑妈又成为婆婆）。

2. 换婚、转婚

甲的女儿嫁给乙的儿子，以此为交换条件，乙的女儿也要嫁给甲的儿子，此即为换婚。

转婚则是在换婚形式上的一种扩大，即甲的女儿嫁乙的儿子，乙的女儿嫁给丙的儿子，丙的女儿嫁给甲的儿子，这种换婚形式，俗称为"转婚"。据笔者调查，参加转婚的家庭一次最高竟达五个家庭、五对男女青年。

无论换婚或转婚，大都违背当事者本人（主要是女性）的意愿，由家长或亲友出于经济上或世俗上的某种原因胁迫而成。因而，常常有女青年因奋起反抗而导致悲剧的产生。

徐州有《换亲歌》一首，可以参阅。"新媳妇，坐门槛，难过得眼泪一大串。要问哭的啥？爹娘太偏心，只为儿子好，把俺换了亲。婆婆人太恶，女婿更凶狠，一天几遍打，不如一死省了心。"

3. 招赘婚

家有独生女或只有女儿无儿子的家庭，往往出于"养老"和"传宗接代"的需要，招女婿上门结亲，俗称"招赘婿"。

新中国成立前，被招赘的男子多是因家庭极为贫困，或为人童仆，或独身做佣工，或做流浪儿才结这种亲。因此，入赘后的男子在岳家地位极为低下，大多还要改换女家姓氏。岳家较为宽容些的，只是将女婿女儿所生的头生子改为女家姓氏。在社会舆论上，结这种亲的男子往往被人瞧不起。此外，招赘之家原就缺青壮年男劳力，故入赘者婚的，多在岳家操持服役有如仆役。

招赘婚婚礼较简单。婚礼一般在晚上举行，先上香、供烛、敬神，拜天地后，夫妻同拜、拜父母，仪式即可结束。次日一早，女婿便须向岳父母请安，并请领家什劳动，所任事务必须十分忠谨。讲究的大户人家，招赘婿可以办得隆重些，也不过是贴喜联，多请些宾客宴庆一番，较之正常的男婚女嫁，气氛大减。也有的将欲招之婿先请至家内，共同生活以考查一番的，考查满意即举行婚礼，不满意则作罢。

招赘婚中的女婿，在岳父母家享有继承权，但妻若亡故，女方本家亲属往往前来争夺家产，入赘者被赶出女家又恢复原来姓氏的，也不少见。

国民政府军北伐经过徐州后，招赘婚的形式渐衰。新中国成立后，原来意义上的招赘婚在城市中已不多见。

4. 娃娃媒

又称"童婚"。旧时，通家世交往来，子女之间，青梅竹马，两小无猜，家长中意的，往往自定联姻。联姻多为口头约定，迨至儿女长到十岁左右，即让知交好友或媒人说合，正式提亲。

徐州一带农村男子早婚习俗较普遍，早婚的男子多娶大女，男子十四五岁，女子已二十左右。女子"过门"后，因是到了自己家，所以干活也当然勤快，但是，男子早婚的家庭，女子怀孕后好流产，所生育的子女也多不健康，好生病，徐州人称这样的孩子为"病胎子"，意即在娘肚里就先天不足。

5. 联婚

甲家兄弟或子侄娶乙家姊妹，这种婚姻俗称"联婚"，是另一种形式上的"亲上作亲"。

6. 续亲

妻死，丈夫续娶妻妹为继室，俗称"续亲"。

7. 续议婚

徐州旧时有所谓"望门妨"，即男女双方婚姻已订但尚未迎娶，男方或女方有一人亡故。活着的一方再说亲订婚称"续议婚"。

徐州习俗，如果"望门妨"中是女殇，男方须派人（或男子亲去）去女家吊孝，此为"守义"。三月后方可续议婚。如果"望门妨"中是男殇，女子不必去男家吊孝，但一年后方可续议婚，俗称"全道"。

迷信者认为，"望门妨"活着的一方"命硬"，能克死人，故续议婚时并不是一件容易事，如果活着的是女方，往往被视为"扫帚星下界"，一般人不敢与之议婚。中华民国成立后，"望门妨"中活着的女性如再议婚，情况较以前大有改善，新中国成立后，旧迷信观基本上被一扫而光，"望门妨"一词，也早已不复出现在日常生活中。

8. 童养婚

童养婚习俗在徐州较为兴盛。所谓童养婚，即女孩尚在十一二岁时就给人做未圆房的童养媳妇。旧时有歌谣唱童养媳生活："累月雪花飘进门，童养媳妇不是人。喝的喜糖照人影，吃的窝头全发霉……"据徐州市民政局统计，旧社会在徐州地区的夫妻中，童养媳要占20%左右。

9. 等郎亲

多是女方已成人，男方还在童年，就被迫结婚。女方要等男方成年后才能圆房。

10. 抢婚

男方家境贫穷，无力成婚，或另有恰恰相反者，男方财多势大，往往对看中的寡妇或未婚女子实行抢劫成婚。

11. 冲喜

男方病重时，企图借婚事冲移，达到缓解男方病情的目的。于是急急忙忙把女方娶过门来。此为"冲喜婚"。

12. 冥婚

替死去的男女定亲，并举行成婚礼，合坟葬，此为冥婚。但此种现象极少。

四、休妻与离婚

1. 七出

旧时家教极苛严，对妇女有"三从（在家从父，已嫁从夫，夫死从子）、四德（妇德、妇言、妇容、妇功）"之规，有"足不出三门四户"之教，有"站如松，坐如钟，行如风，卧如弓"之训。已婚之女稍有不慎，便有被"休"回娘家的危险。

根据旧的家法制度，"七出"条居之一者，即可休妻。这七出条是："无子，一也；淫佚，二也；不事舅姑，三也；口舌，四也；盗窃，五也；妒忌，六也；恶疾，七也。"其实，"无子"未必是女方的责任。"七出"中的"无子""妒忌"二条，最是典型的鼓励男子胡作非为、骄奢淫逸的借口。

在实际生活中，妇女若遇到拐婆婆、恶丈夫，或者尖刻待人、好搬弄是非的大姑、小姑，很难过安宁日子，除遭打骂外，最严酷的惩处，莫过于被"休"。被休弃的妇女，往往终身蒙受恶名，为人所不喜，对"被人休过的老婆"，极尽歧视和贬黜之义。

2. 休书

休妻要立具"休书"。写休书时，要请见证人，被休者也要与立休书人一道在休书上签字画押。立好休书，丈夫防其出走或出其他事故，往往押送妻子回其娘家。连休书带人一并交岳家后，便即匆忙离开，以防岳家上下不忿，群起而殴辱之。

民国期间，休妻现象仍有，但不多见。新中国成立后，这种丑恶的现象才被杜绝，夫妻分离的方式被"离婚"所取代。

3. 离婚

传统上，徐州地区无离婚习俗。据了解，现代生活当中，离婚方式从以往的经法院调解、打官司的现象，正渐渐被一种和平的当事人协议离婚现象所代替。

第二节 生育习俗

一、育前习俗

1. 送催生糖

徐州习俗，孕妇待产前半个月内，娘家必须派人送红糖、挂面、鸡蛋和炒米四包，俗称为"催生糖"，以为这样有利于孕妇顺利产育。

2. 请稳婆

旧时，接生全凭稳婆（又称"收生婆""拾小孩的老嬷嬷"）。那时的稳婆并没有医学知识，所有的只是一些经验。每遇难产如"站马生""卧马生""倒马生"之类，母子二人性命就全靠稳婆一人掌握了。故俗称"稳婆是拿生死簿的判官"，又说"收生婆，收生婆，生死你定夺"。

3. 接生

胎儿生下后，稳婆予之剪脐带、洗澡。当时对卫生极不重视，或者可以说不懂卫生知识，稳婆用的剪刀，只是临时放在灯火上烧一烧，不做其他消毒措施，因此感染细菌，导致小儿发病数日内死亡的情况并不少见，俗称这种死亡为"七天脐风"。

二、育后习俗

1. 讨赏

胎儿出生第三日，稳婆再来探视，除送草头方为小儿母亲治疗"月子里"的常见病外，还要再为小孩洗一次澡，洗澡后向家主口头报喜。生子人家这时便送上接生费及红糖、红鸡蛋、毛巾等礼物。家境富裕的，遇头生男孩，往往赠稳婆衣料及其他较贵重的礼物。以后两三个月内稳婆不时来走动，每次探视，生子人家必有赠礼，有的还称稳婆为"干亲"，令认新生儿为"干孙子"。

2. 报喜

妇女生育后，生男孩谓之"弄璋之喜""大喜"，生女孩谓之"弄瓦之喜""小喜"。为胎儿落脐、洗澡后，必须烧喜纸向祖先报喜。并在七天内遍送煮熟染红的鸡蛋给亲友，俗称"报喜"。报喜时所送红鸡蛋，男孩送双数，一般为十个；女孩送单数，一般为九个。外祖母家收到红鸡蛋后，须回送红糖和大量生鸡蛋，并用红纸剪成"喜"字或花朵，贴在鸡蛋上，以示喜庆。

3. 取名

新生儿三日后，家长方为之取名。俗话说"三天不起名，小孩是个咕动虫"（咕动，徐州方言，这里有"捣鼓"的意思）。

徐州习俗，富贵人家，为新生儿多取些文绉绉的名字，男孩叫"存德""天麟"，女孩叫"令仪""娴珍"等。贫穷人家，男孩名字多与动物有关，如"大牛、小马、小羊、黑狗"等，象征欢实而好活；女孩则多叫"妮儿、娃、丫、樱"什么的，按排行依次叫下去，并非真正的名字。

有的家庭小孩少，存活不易，较娇贵，往往故意迟迟不给孩子起名，或者取"贱名"，以为这样有利于孩子健康成长。也有的到道观或寺庙去"寄名"，以求神佛保佑孩子能健康成长。

凡屡有生子不存及多女少子者，生子后多家求钱，买一小银剪子钉在儿童的帽额上，以为可以祛病。也有的求各家杂色碎布，拼凑成小儿衣裤，名为"百家衣"；也有用红、绿色布做鞋各一只拼为一双的，称为"鸳鸯鞋"，用同样的方式缝裤腿，则为"鸳鸯裤"，让小儿穿上，以为可以减灾。

4. 送粥米

妇女生育十天后，得到"喜讯"的亲友，便陆陆续续来送粥米。旧时习俗，一般亲友送红糖、鸡蛋等四包或二包。产妇娘家除送红糖、鸡蛋四包外，另送些丝绸衣料、儿童服装、小被褥、小床帐、儿童玩具和小孩戴的金银饰。送时抬喜盒二架或四架，也有用栲栳装满物品馈送的。一般视家庭经济条件而定。送粥米时，往往有便餐招待，最起码也要红糖泡馓子，或是泡炒米花（传统上的炒米花是炒制而成，并不是用爆米花机爆制）。

送粥米

送粥米的餐毕临走时，事主回送些煮熟的红鸡蛋，数字是生男十，生女九。

"文化大革命"中，"送粥米"的礼物数量即不断呈上升趋势。特别是1978年以来，城乡生活水平都有显著提高，孩子又多是独生子女，一个亲友"送粥米"的礼物价值上百元是较为普遍的，至少也要几十元（大体一个月的工资数）。

5. 庆满月

新生儿弥月时，出红帖遍送亲友（送过粥米者），红帖上写明时间、地点及新生儿名字，谓之"弥月之喜"，备喜宴庆贺。至期贺客盈门，其热闹状况，仅比婚礼稍次。

6. 挪窝

新生儿满月后（一说十八天是小满月），娘家接小儿母子回去过三五天再送回，俗称"满月挪窝"。接小儿时，小儿眉心处抹一道红色，另须备安息香和桃枝，谓在路上可避邪祟，乘坐轿或人力车视条件而定。

住满后回去时，在小儿眉心中用粉抹个"钩"，有人称"红钩去，白钩来"。

"文化大革命"中，"挪窝"习俗曾略有中断。后即恢复。但接时不再备桃枝和安息香。城市居民，小儿满月时，回娘家过一天即可，也算挪过窝了。

准备挪窝

7. 照百日相

新生儿满一百天，徐州习俗，必定为孩子照百日相，此俗始于民国。照相后，全家开喜宴、敬祖宗，向长辈道喜。新中国成立以来，照相归照相，摆喜宴、敬祖宗的礼俗均废。

8. 包褯子

旧时习俗，小儿生后，不论贫富之家，均包沙土褯子。褯子用正方形白布一片，当中放筛净的细沙土一捧，斜角置小孩屁股下面，下角兜起至脐上，左右角折复，上角平摊于腰际，用布条扎上。每日换二三次，换时用新沙土和另一块尿褯子，俗称"换腚"。

冬天时，为防天冷沙土凉，必须先把沙土晒热，或置于烫壶下温热，没有条件的，将沙土包起来系大人腰间用体温暖热。褯子外包褥子。

小儿长至二三个月后，把"包褥"去掉，改穿"土喽裤"，即沙土褯子外穿一开裆裤，上身穿大袖褂子。小儿五六个月后，一般不再用褯子，"土喽裤"便不再有沙土了。

9. 剃头

徐州习俗，小儿百日时，为之剃头，因为是第一次，往往要为理发师准备些小礼物，或者多给些理发费。

徐州小儿发型：男孩子，有头顶正中一周留发的"和合头"，有囟门处留一鸡心形头发的"护心发"。护心发长长后，可编成小辫，辫梢向上，称为"冲天杵"。有在脑后留一圆形头发的"鸭子尾"。鸭子尾长长后编小辫，称为"老先生"发型（状如清朝遗老）。

女孩子的发型，幼时从耳上往头顶分左右握成两个"扒扒角"，卧于头上。年龄稍大，便合编为一个辫子拖在脑后，头发浓厚的，编成两个辫子，辫梢系红绒绳。前额留一绺头发，梳成弧形下覆于额上，俗称"刘海儿"。

10. 种痘

种痘始于民国初，每逢农历三月里，天刚转暖，花疹先生（中医）即贴"种痘的通知"。至期，母亲抱子女来接种。花疹先生持锋利的小刀蘸痘苗后，在小孩两臂上各划三条小口（俗称"点花"），痘苗可渗入，晾片刻以后，用红布包好，回家后多喝些鲜鲫鱼汤，以利于发花。晚上，解去红布条，用灯芯浸油照一照，门外挑一红布旗，以避邪祟。

11. 结疙

一般点花后小孩不日即发烧，接种处往往红肿，高烧退后，点花处结疤便好了。这时，亲友须送来徽子、烧饼探视，俗称"结疙"。到农历六月十五，家里摆"平安供"，请痘哥哥、痘姐姐神码，燃烛上香敬之。并将所用之红旗等物烧掉，另准备些鲜桃，蒸大馒头，馒头上染一红点，分送参加"结疙"的亲友。

农村点花时，门口挂深红色布帘，出麻疹挂浅红色布帘。六月十五时，为亲友送馒头、桃、李的活动，俗称"烧满篓"。

12. 剁鬼爪（读 zhuā）子

周岁前后，小儿初学会走路时，往往由一女性家长，手持菜刀，跟在练习走路小儿的后面剁鬼爪，即小儿每走一步，便持刀朝小儿刚走过的地面上剁一刀，同时嘴里唱着，"剁一剁二连三倒，蚂子跟着蛐子跑……"徐州人所谓蚂子，即蚂蚱；蛐子，即蝈蝈，全都是善跳跃的昆虫。能连剁数刀而小儿不倒，即等于把拽住小儿脚跟的鬼爪剁断，使小儿便于行走。此种属于远古流传下来的小巫术，属于"俗信"范畴。

三、其他

1. 抱养、过继

夫妇婚后多年不育，按传统习俗，同时，也是为了"传宗接代"、养儿防老的需要，往往抱养孩子。

农村习俗，夫妇婚后不生育且又未抱养孩子的，往往从本家或家族中兄弟辈的孩子中过继。尤其是同一姓氏聚族而居的地方，过继的现象较普遍些。大约是易挑起家产纷争的缘故吧，过继现象已渐被抱养所代替。

2. 溺婴

新中国成立前兵荒马乱数十载，人们为了整个家庭的生存，往往溺婴以减少争食者。但被溺杀的大多为女婴。

3. 育子观（幼教）

传统上的育子观为"多子多福"。徐州人认为最理想的子女数是五男二女（《诗经·召南·何彼襛矣序》孔颖达疏引晋皇甫谧云："武王五男二女。"谓有子五人，有女二人。后用以表示子孙繁衍，有福气。宋代以后，社会上常绘印五男二女图于纸笺或礼品上以示祝福）。

儿童七八岁时，即令入学。私塾开学多在正月十六。

女童二三岁时，用针穿过耳小垂，把线留在耳中，稍长大些，抽去线，便有了可供耳环穿挂的地方，五六岁时，便由家长替裹小脚。裹小脚之俗，对妇女身心摧残极为厉害。女童长约十岁，即教学炊事、针线，灌输"三从四德"的传统礼教思想。

第三节　寿诞习俗

生日是人们诞生的纪念日，可谓意义重大。但徐州习俗，从满五十整岁开始，遇生日喜庆一番可称为"祝寿""庆寿"。不足五十岁者，一般均简单地称为"过生"。

一、抓周与生日

人生第一个周岁生日，徐州叫"抓生"，又名"抓周"。小儿满周岁时，讲究些的家庭，往往在桌上摆书、笔、算盘、尺子、钱币等物，要小孩任意去抓，依其首先抓到的物品来预卜其一生志向征兆。习俗认为，先抓书或笔，是好读书，能做官；先抓算盘、尺子，将来会算账，能做好生意；抓到钱，则认为一生财运亨通。在农村，给孩子抓生的物品，缺少算盘、尺子，多了食物，抓到食物如馍馍之类，则认为是有吃福，或说是种田好手。近十年来，周岁时为孩子买生日蛋糕、点生日蜡烛许愿、照生日相的西化方式已愈来愈普遍，多了些庆祝，少了些期望。

少年儿童过生日，除周岁"抓生"较隆重外，其余生日，家长并不重视，一般也就是穿新衣、照纪念相、吃长生面等。1978年以来，

抓周物件

22

人们的经济状况明显好转，独生子女也日渐增多，家长对孩子的生日便较以前看重得多。除上述活动外，必买生日大蛋糕。

上中学的孩子，送贺卡外，往往还请关系好的同学、朋友一道设宴庆贺。前来参加庆贺的，或独资、或凑份子买礼物贺赠。

成年人过生日，一般不再照生日纪念相。无论庆贺与否，必须吃长生面。此外，徐州风俗，生日这天，必须买些礼物（主要是糕点、滋补品）送给母亲，以示孝敬，俗称"儿的生日老母苦"（形容孕育、生养孩子的艰辛，民国以前，医卫条件低劣，女人生孩子，常被形容为过鬼门关）。经济已自立的成人，当饮水思源。

二、祝寿

在徐州，为老人祝寿是一件大事。除家境贫困者外，必大肆铺张一番。凡门第高或巨商大贾、有钱有势的人家，尤其要炫耀一番。同时，也借亲朋前来祝寿之际，搞社会交际。庆寿活动一般分暖寿、正寿、答客三项程序。

1. 暖寿

老人家寿诞日前一周起，家人、亲友便开始酝酿、筹备。寿诞前一日，亲友便来送礼"贺寿"。这时，门前置"寿"字高灯和纱灯、宫灯，扎松门（象征长寿）。各门上贴寿联，寿联两旁贴寿字。大门内设鼓乐，院内搭彩棚、戏台和看台。厅堂、配房外遍悬寿联、喜幛。到晚上，暖寿正式开始，室内室外灯烛

祝寿戏剧《渭水河》

辉煌，院内锣鼓铿锵，上演戏剧。按习俗，首演《渭水河》（又名《八百八年》，是姜子牙遇文王的戏），然后请寿星点戏。看戏时，寿星坐看台正中，左右分坐女眷，男宾坐看台前下方，到午夜方散。

2. 正寿

又名"拜寿""拜辰"，这一天是寿诞日。天刚亮，寿星便端坐在厅堂受拜，先从儿孙、家人开始，依次为近亲、远亲、世交晚辈。普通贺客拜寿时，多由寿星的子侄辈挡驾，不拜，作揖即可。

这一天晚上，家中大摆宴席，席间，由寿星的儿孙奉寿酒逐一敬客。宴席时，戏台上也要演戏庆贺。首演《赵颜求寿》（又名《百草仙》），庆贺到午夜方散。

3. 答客

拜寿次日为"答客"日。宴会、演戏如旧（也有改演日场的，多"跳加官"），但此日也有用曲艺、相声代替演戏的。答客日除至亲知友外，一般客人均不参加。

4. 做双寿

徐州习俗，翁妪都在的，以老翁的生日举行同庆，俗称"做双寿"。新中国成立后，这种铺张的庆寿方式渐根绝。虽老年人做大寿，也不过是合家老少欢聚一堂、宴饮一番，席间照成几张纪念相就可以了。

5. 关口

俗话好说："七十三，八十四，阎王不叫自己去。"认为这是人生两个关口。有人认为：孔子活了七十三岁，孟子活到八十四岁，徐州地近邹、鲁，习俗上对此二位圣人特别尊重，以为圣人都活不过去，何况普通百姓？此外讲究让已出嫁的女儿买肉、买鲤鱼来吃，另做红袄寿衣，以闯过关口。

赵颜求寿

对年龄的界定按老的说法，在周岁的基础上虚（加）一岁；但凡腊月生人，虚（加）两岁。一般说来，腊月生人在公历往往是 1 月出生，按照属相却属于公历的上一年末。比如 1987 年生人，大家多是习惯上称属兔，但 1987 年 1 月 1 日至 28 日（除夕），实际上是虎年（对应 1986 年）的腊月，俗称"虎尾（yí）巴"。

第四节　丧葬习俗

一、停灵

1. 穿寿衣

老人弥留之际，家中亲人视看，儿女请留遗嘱。之后，便立即为之穿戴寿衣。寿衣的颜色为红、青、蓝等，忌用黑色。

2. 喊路

逝者刚气绝时，即由死者的侄儿或外甥站到大门外面朝西南方向大喊三声："××，你明光大路向西南！"但喊出第一声后多泣不成声，喊不出后面两句的。喊路之前，家人不准哭，喊路后才可以。

如系男丧，灵床停于正房，如系女丧，灵床停于内寝（内室冲门或偏右处）。灵前燃香烛和一盏小油灯，俗称"照尸灯"。另放置一个瓶，内装米饭，米饭上盖面饼，用红布扎上瓶口，上插新红筷子一双，名为"阴阳饭瓶"。地上放一个瓦盆，盆底居中钻孔，死者几个儿子，就穿几个孔。此盆称"牢盆"，供烧箔用。

3. 传禀

停灵后，家中大小围在灵床周围哭泣，并即派人"传禀"。"传禀"上写明寿终人身份及大殓时间，写法略为：不孝之子，罪孽深重，重祸延己身，家严（指父亲，母亲称为家慈）于×月×日寿终正寝（母亲称"内寝"），兹定于×月×日开吊祭葬，殡于×××。末尾注"传事人谨传"五字。遍告亲友。

4. 服丧

传禀送出后，家人遵礼服丧。丧服分"斩衰"（衰，音催。用最粗的麻布，不缉边，在领处接缀即可。服期三年）、"齐衰"（以粗麻布缉边，当领处接缀而成。服期一年）、"大功服"（以熟麻布做成，服期九个月）、"小功服"（细麻布缀成，服期五个月）、"缌服"（细麻布缀成，服期三个月）等五服。

5. 制棺

俗称棺材为"喜活"（"活"为徐州方言词，此处兼有名词与动词的性质）。制棺在院内，请大木作师前来制作，俗称"扶活"。制棺用的木材，以楠木为上，讲究的人家，派人去木厂购楠木筒十三段，制作时，棺盖、棺底、左右墙（侧板）各用三段，前后栈（即挡板）共用一段。剩下的标皮，制成两个寿凳，做停棺之用。

次用杂木、楸、椿、榆等。最次为柳木，俗名"狗碰头"（谓狗一碰就散开）。禁用槐木。家境极贫寒者，无力制棺，多用芦席、蒲包、棉絮裹尸而葬。

6. 吊丧

亲友得“传禀”后，前来吊丧。孝子须手持糊了白纸穗的竹木棍——哀老棒子（又名哭丧棒，男丧用竹，女丧用柳槐木），在一旁叩谢吊客。女宾到灵前哭丧时，孝妇必须在一旁叩谢。从吊丧时，有关殡葬仪礼一概委托“大老执”安排。

7. 豁汤、送盘缠

人死后第二天或第三天下午，吊客最多，均发给孝帽、孝巾。棺内及盖内用漆布红绸做成衾帐，然后由高灯在前导引，鼓乐随后，家人、亲友列队前往土地祠“冥报”，孝子拄杖在前，孝孙持三角形下飘三根带子的纸幡随之，次则子侄辈、女眷，依次而行（犹如向阴间报户口）。路上，有两人抬一桶，桶内盛稀米面水，边走边用勺舀汤洒在地上，俗称“豁汤”。另有人专撒纸钱。

到土地祠后，把纸扎的轿或牛（女丧用牛）焚烧，喊呼死者“上轿”三声。然后叩头禀告后即回。

8. 成殓

“豁汤”“冥报”后回来，即盖棺成殓。殓前孝子用新棉花浸湿后于棺上一过，俗称“搌脸”。棺内用灰包塞结实，盖棺合扣后，用漆封口，谓之“合殓”。

到晚上，再去土地祠为死者送盘缠（去阴间路上用），送盘缠的礼仪基本上与“豁汤”相同，送时按称谓喊：“××，来拿钱!”或“××，来背钱褡子!”只是不再烧其他冥器。

9. 烧纸、漆棺

人死后第二日起，每日早晨鸡鸣时及黄昏时分都要烧箔，俗称“烧鸡鸣纸”“烧宿纸”。此后，逢七必烧。

已嫁之女负责为亡父“漆棺”。漆棺用生漆，条件好的，在油漆内掺瓷粉，俗称“瓷漆”，看上去光亮如瓷。最好的是先用麻布漆，出殡时再上光漆。

10. 设祭、守孝

凡有种种原因停棺待殡者，则百日祭、周年祭及一年四季逢岁时节日祭，并在灵前悬素帐。设祭时，燃香烛、烧纸。停棺百日内，孝子须傍棺材睡，谓之“暖骨”。女丧，则由儿媳妇“暖骨”。停棺期间，要求子女足不出户、不沐浴、不理发，俗称“守孝”。但有“守孝”只到七期尽者。

二、出殡

1. 下讣闻

殡葬前先下讣闻，上写死者生卒年、日、时，另写明开吊、下葬的时间。讣闻内附以"请知客"之红帖（择给亲友），更有附"行述""哀启"者，数量极少，仅择发较尊贵的长辈。

凡来吊丧过的亲戚、朋友、世交、同寅、同学，均送发讣闻。

2. 请照应

一般地讲，殡葬日确定后，丧主即开始请"照应"。家族大的，社会地位高的，往往请至亲好友三四十人为"照应"。职责分配一般为：总提调一人（俗称"大老执"），总理一切事物；副总二人，襄理总提调；账房若干人、库房若干人，受理度支；厨房若干人，专管供膳；招待若干人，分别负责点主房、顶马房、礼相房、门内、灵堂等招待宾客的工作；护理若干人，专司人役分配、器具管理。

殡前布置及善后的工作，凡百样事物，均由总提调全权负责，必要时，方与丧主商洽办理。总提调先分配好职责，然后开列名单送到显明易见处张贴，另准备布条，上写职司名称，分发给各位"照应"佩戴，绸条上均冠以素调花。

另请点主、题主各一人，顶马一至二人，礼相四至八人。

3. 搭灵棚

殡前四天搭灵棚，院内布置就绪。门外分左右放纸狮子一对、"八"字式素球柱四根。门旁放一面大鼓，以备来吊客时用。凡男吊客来，挝鼓三下报内厅知道，女客来，挝两下即可。二门外摆"奢华"（又称"社火"）供出殡时用，"奢华"均为纸制，种类有童男童女、金山银山、房屋车轿、金银库、开路鬼、显道神等。扎制件数多少，视丧主经济情况自定（这一习俗，至"文化大革命"时全废，1980年前后，个别农村地区办葬事又恢复这一迷信做法。但"奢华"的种类很快就完全按照当代人喜好观念设计，笔者调查中亲见的有小轿车、摩托车、自行车、冰箱、彩电等。形状色彩惟妙惟肖，几可乱真）。

院内高搭白布棚，停棺屋前搭灵堂。灵堂左右有帘子门，门上写有"抱恨""终天"等字样。正中悬挂一块写有"昊天无极"的匾，匾下设桌、几供遗像、供器、供品。桌前铺拜垫，为祭奠人行礼用，两旁铺小垫，为"跪棚"人陪拜用。门外放两条长凳，为"答谢"人回揖后坐憩。

丧事所用乐工，除赤贫人家外，至少备高灯一对、鼓乐一堂，最低者也有乐工二人，一吹一打，多的四五人。家庭经济条件好的，往往请用两堂鼓乐，每堂七八位乐工，高灯也要两对。出殡时，高灯、鼓乐前导。

4. 点主

殡前三天，行"点主"礼。地上铺红毡，桌上铺圆红布，椅子用红布披上。题主人端坐椅上，取放在桌上的新毛笔，蘸墨在柏木做的主牌上题主。正中写死者名讳成"××之神王"，两侧写出生时间（此为内涵），然后在司仪人"秉笔凝神再题外涵"的呼声中，换笔在礼相上写"孝男某某敬祀"。孝子在一旁三叩首结束，此为"题主"。

稍歇，再行"点主礼"。礼仪与题主相同，但点主用新笔蘸朱砂书写，即在柏木主上写好的"×××之王"的"王"上，再加一点，补"王"成"主"字。这便是点主。

5. 家祭、辞灵

殡前两天，举行家祭。孝子行三跪九叩大礼上祭，第一跪称为"进爵"，第二跪称为"进肴馔"，第三跪称为"进羹汤"。孝子上祭后，家人依长幼先男后女一一致祭。家祭之后，吊客们行礼辞灵。近亲、远亲、世交好友等依次来到灵堂前行三叩首礼。孝子跪坐在灵堂右门后，每有客行礼，便击一下磬（形如古磬，中空铁铸）表示叩谢。

女客行礼后必须入停棺屋内哭吊，哭吊时发给孝巾。

6. 丧宴

傍晚开丧宴，丧宴俗称"跑马饭"（形容其快速）。孝子叩头谢菜，家人上来敬酒后，丧宴便匆匆结束。至午夜，客人走后，便拆除灵堂，浇洒发酵后的面水，俗称"拔灵棚"。

7. 出殡

出殡日一大早，孝子叩头"请棺"，土工入棺室抬棺，此时家人大放哀声，由死者孙子持幡引导，抬出棺停在路中，棺前摆桌，行"路祭礼"。祭罢抬棺，孝子摔"牢盆"（摔时用力，唯恐摔不烂），以高灯、大幡为先导，后面是鼓乐、奢华、五堂执事、顶马等，鸣锣开道送葬。

送殡队伍大多绕道慢行。到城边，孝子谢客请"留步"，再行约二三百米，又叩谢请留步，随行的吊客方脱孝帽回城。家人亲戚与挚友则随行到葬处。一路上，孝子的哀老棒子每走一步，均须拄在地上，不得悬提起

28

来行走。

8. 下葬

棺木由土工抬至风水先生指定的方位后，先由孝子持锹破土，然后土工挖制窀穸（墓穴），俗称"金井"。墓穴挖好后，下棺时用檑木滚进。下棺后，棺上放一把弓三支箭，棺前放"哀老棒子"（长辈寿终，徐州俗称"老了"，削柳木而成），棺头放阴阳饭瓶、照尸灯。土工提扑墓鸡（公鸡）在棺上空旋三匝后掷一旁，从预备好的斗内抓高粱三把掷坑内，并大呼"陡（斗）升三级（鸡）"。这时，亲属放声大哭，排队依次抓土撒在棺上，然后列队绕墓穴三周，再由土工提土掩棺，成坟。棺下地后，焚燃奢华，把幡插在坟顶上。这时，设坟祭，家人亲友奠毕即可结束。

老式丧葬仪仗

回家后，设宴招待参加送葬的亲友及题主、点主、顶马等人，俗定，题主、点主为文，与为武的顶马不同桌。宴毕，即可收拾所有的丧仪器物。

三、殡后习俗

1. 圆坟

殡后第三天，全家人上茔"圆坟"。圆坟时焚纸箔、筑坟墓。第四天设宴，酬谢葬事中帮忙的照应人。

2. 谢吊

殡后第五天，开始"谢吊"，孝子必穿孝服，由年长者带到所有前来吊丧的人家登门叩谢，同时高喊："谢金子啦！"路太远者，则寄送谢柬（一说谢吊自葬后第二天凌晨开始）。

3. 守丧

此后三年内，家庭中不得办婚嫁喜事。年节也须从简。丧后第一年，家中春节时不贴春联，第二年用蓝色纸写春联，第三年用黄纸。到第四年才能恢复用红纸。孝子百日内不剃头，不坐高凳、高床，衣服镶白领、白边，穿白鞋，帽子镶白边。

凡富户，办丧事往往请僧人、道士诵经。诵经多在丧后第三七（七天为一七）和第五七尽时举行，以超度亡灵（出殡时，僧人、道士列队，奏法器送殡）。

贫困人家，一切排场均不用，没有棺木的，用蒲席包尸，"三道箍、一根棍"（席外在死者肩、腰、腿弯处各用绳捆一道箍，另用一根棍穿在绳下，由二人抬出），随便葬在近郊义地，俗称"乱葬（死）岗子"。

第二章　生活习俗

俗话好说，衣、食、住、用、行旅、看病，真个是样样缺不了，样样都得通。又好说："民以食为天，衣比食在先。"前一句是大实话，后一句则不免打上了过多的"礼"的烙印。徐州是中国烹饪行业的祖师爷彭祖的家乡，又是风味小吃，即所谓黑篷底"秦行"开山祖师秦忠的家乡。许多人曾以为秦行是"勤行"，徐州厨行则认为，这"勤"实乃"秦"的误称。音虽未变，但含义却相差十万八千里外去了。不明白这个道理，就是"野的"。

因生活水平的显著变化，住、用、行旅都已大为变化，但看病习俗中的民间疗法草头方之类，仍大有可为。

第一节　饮食习俗

"人是铁，饭是钢，一顿不吃就发慌。"这是徐州人常挂在嘴边的一句话。又说："三个饱（指一日三餐），一个倒（睡觉），百事无有，享福到老。"这都形象地说明了"民以食为天"的习性。

一、主食

徐州人的"吃"，以面食为主，习称为"一块面"。民国时期，上等人家以白面为主。面有"飞箩""上白""二破""行面"之分，飞箩最佳，供老人食用；上白次之，中秋蒸月饼、春节蒸年馍多用它；二破略高于行面，但午时吃饭，多为行面。

一般家庭，行面也少，主要是杂面，最多的是绿豆面、秫面（高粱面）、山芋干子面。至新中国成立前，徐州一般家庭的饮食习惯是：早晨骨嘟汤（面疙瘩水），中午绿豆或小米稀饭，晚上咸汤。一律配馍。

一年到头，除端午节吃粽子外，偶尔用大米煮一次稀饭，也就算"改样"了。干饭（蒸米饭）更是绝无。新中国成立后徐州旱改水田出现，更重要的是的，居民的粮食计划中，大米已经成为第二主食。米饭才终于在徐州一带推广开来。

从季节上看，春天主食中常有蒸菜，伏天多吃些凉面（面条煮好后，用井水拔几次，越凉越好），秋季瓜果蔬菜较多，冬季来临后，好煮成半干半稀状的菜饭，俗称"二抹子"。

1. 烙馍

杂粮为主时，烙馍多用绿豆面、麦面制作，烙成直径30厘米、厚约0.1厘米的圆形死面馍。炕成半生不熟后，与绿豆面的丸子汤一道煮了吃，或者就是放咸汤中煮吃。大米、白面为主食后，烙馍可烙成直径约40厘米、厚约0.1厘米的超薄圆形死面饼。用特制铁鏊

徐州烙馍

子（比摊煎饼的鏊子小得多）在急火中烧熟（在鏊子上翻两个来回即熟）。食来筋软香甜，极有嚼头。20世纪五六十年代吃烙馍，多滴几滴香油，撒少许盐或卷些白糖吃。现在多卷些菜吃，味道很特殊。也有的把烙好的烙馍再加工，如塌油馍、烙菜盒子等。

2. 规打

规即圆之意。做时先在面板上撒少许干面粉，将揉好的面剂子不停拍打、按转，使成直径约20厘米、厚约0.5厘米的圆饼，放在鏊子上或铁鏊内烧熟，所用面团为死面及发（酵）面两种。相传此法为远古时期人们制作陶器的方法。

规打又名"龟打"，概用手拍打所成的面饼，上面有手掌加手指揉按所留下的手纹，看上去好像是龟背纹样。城内人以为有口彩，郊区人认为

不好听。

3. 窝头

徐州窝头以山芋干做成的面粉蒸制最具特色，刚出笼时吃来香甜柔韧，冷却后切成片炒食，别具风味。其次是玉米面窝头。徐州人好蘸辣椒酱吃，俗称"窝窝头，蘸辣椒，越吃越添膘"。

4. 蛙鱼儿

汤水滚开后，把面糊顺碗口用筷子往下拨成指条状下锅内，因其形似小鱼，故称。拨蛙鱼儿的汤水可咸可甜，味道均佳。

现徐州市面上有用淀粉制作的蛙鱼儿，与徐州家庭风味的蛙鱼儿则大不相同，已成为极受欢迎的地方小吃。

5. 麦页

将面团擀薄后，用刀划成长条，再将长条叠在一起竖切成5—8厘米长的菱形状，下滚水中煮熟即成。

6. 喝饼

也叫"锅贴饼""贴喝饼子"。烧菜时，锅中多放些水，将面团在手中环按几下，使成巴掌大小，贴在锅内壁上沿一圈。盖好锅盖，大火烧一阵，菜熟了，饼也好了。喝饼松软可口，有菜香气，贴在锅上的一面往往被火炕出一层黄壳，香脆好吃。

7. 菜角子（大包子）

徐州人口中的菜角子，其实就是一种大包子，不过形状呈元宝状，宛如巨型饺子。当然，也有人认为，形状如羊角，所以叫角子。菜角子个头儿大，从来都是菜馅儿的。干豆角、胡萝卜缨子、白萝卜缨子等干菜，南瓜、西葫芦、韭菜等蔬菜都可以。若是菜馅儿中放些细粉（粉丝），更受欢迎。在正月初五迎财神的时候，菜（财）角子（元宝）更是应景的节日食品。

8. 凉面

夏季天气炎热时的主食。将煮好的面条浸入刚打上来的井水中拔凉后，与黄瓜丝拌好食用，或炒菜食用。20世纪六七十年代突然兴起"机制面"，徐州人多带了面粉去大同街换机器压的面条，常常有排队的现象。

其他如馍头、花卷、干饭、稀饭、二抹子（不干不稀的稠饭）等，与其他地区相同，从略。

二、菜肴

1. 热菜

传统上，徐州人口味偏咸偏辣，烹、炒、煎、炸、焖等各种烹调方式俱全，但家庭中做菜，则统称为"炒"，而老年人口中的"炒"则大多是"烧""焖"。近十余年来，中老年人对烹调技术十分看重，尤其是做丈夫的，大多都有几道拿手菜。从习惯上看，早餐不炒菜，中午简单炒一两个菜，晚餐则尽可能做丰盛一些。

农村旧时一日三餐，早晨不炒菜，随便吃点垫肚子，俗称"垫补垫补"。中午炒菜，晚上吃中午剩下的饭菜。现在与城市大略相同。

2. 凉菜

徐州人好吃凉拌菜，其中，春季的香椿拌豆腐、糖醋小萝卜，夏季的黄瓜腊皮、麻汁豆角、凉拌烧茄子、凉拌烧辣椒，冬季的糖醋青萝卜丝、香菜拌萝卜丝等，都是价廉物美易做的家庭特色小菜。除凉拌菜外，像煮花生、油炸臭干也是徐州人最爱吃、常吃的小菜。

徐州家庭自制小酱菜的习惯是：春天腌咸蛋，夏天晒面酱、西瓜酱，秋季晒盐豆子、拐辣椒酱，冬天腌萝卜干、雪里蕻等。

3. 蒸菜

在中老年人的食俗中，春季少不了蒸菜。蒸菜的种类大致有灰灰菜、地枣苗、扫帚菜（自种，夏季也可以吃）、老鸹嘴、洋槐花、藤花、榆钱子及芹菜叶。蒸菜的做法是，将菜洗净，拌少许干面粉，入笼中蒸熟后取出，撒些盐、浇些香油、拌上蒜泥即可，爱吃辣的拌些辣椒酱为佳。

徐州食俗，蒸菜往往既当菜又当饭，大约是旧时春荒歉年时留下的传统。现在，则作为改换口味的方法了。

4. 汤点

徐州人家喝汤，根据季节变化，春秋与冬季，萝卜羹、菠菜汤最多；夏季，番茄汤、青菜汤、丝瓜汤最是常见。天气炎热时，各家多"洗辣汤"，和一块面，醒透后放水盆中洗成面筋，鳝鱼丝煮熟加入面水，煮开后加面筋，配上作料就是简易的辣汤。如果不用鳝鱼，也习称作辣汤或面筋汤。

三、节日食俗

1. 素扁食、油炸果

农历（下同）正月初一必吃素馅水饺。油炸果（红薯干油炸而成）、咸甜两味的麻叶子是徐州必备的特色小吃。

2. 菜角子（大元宝）

正月初五财神下界，必吃菜角子（干菜馅，菜寓意"财"，大元宝形）、豆沙馅圆形包子。

3. 元宵、菜角子

正月十五必吃菜角子、元宵，以应天官赐福之意。

4. 炒糖蛋儿

二月二必炸米花（玉米花、大米花）、炒糖蛋儿（用面加糖做成，约指头大小，分炒制和油炸两种）。

5. 青荠菜团子

清明时节，踏青吃寒食，青荠菜团子最佳。徐州春季野菜配上玉米面或杂面做成团子，也是荒年节省口粮的一种方法。清明前后，徐州的地枣苗子、麻嘀咕等野菜是做蒸菜的好材料。

6. 粽子、煮鸡蛋、煮大蒜

端午节吃粽子、煮鸡蛋、煮大蒜（以独头蒜为佳），喝雄黄酒（近二十年来，此俗衰）。其中，粽子已渐成为四月下旬至整个五月的食品。

7. 月饼、石榴、鸡

中秋节吃月饼、石榴、鸡（炒辣子鸡或者栗子烧鸡）、时鲜果蔬、鱼。

8. 螃蟹、菊花糕、茱萸酒

重阳节吃螃蟹、菊花糕，喝茱萸酒。老年人尤爱带上菜和酒，与三五知友到山上去吃。近二十年来菊花糕已不见，近十年来，螃蟹因价格太贵，已不是重阳时家庭中必吃食物。

9. 耳朵饺子

冬至吃猫耳朵饺子，俗称冻疙瘩，民谚："吃了冻疙瘩，不生冻疮疤。"

10. 腊八粥

腊八节喝腊八粥，分咸、甜两种。

11. 麦芽糖

腊月二十三祭灶日，吃糖饼、麦芽糖、肉。

12. 油炸果、丸子、韭黄饺子

除夕时，制作各种油炸小食品。其中油炸果（生山芋切片后，放滚水中一焯即捞出，晒干后，油炸而成）最具地方风味。韭黄饺子也是徐州多年来过除夕与过年必备的食物。

四、零食风俗（特色小吃）

徐州人有句土话："馋得嘴耷拉到地"，就是说某人好吃"零食"，以至露出一副馋相。其实，零食除儿童喜爱外，成人也多有贪好者。清末民初以来，徐州零食变化不大，倒是近二十年来，一些传统零食有退出市场的趋势。

1. 凉粉

用纯绿豆粉为糊，沸后倾入盆内，待凉却再倒于覆以湿布之案上，用圆形铜质小搜子，从凸出面搜之，有如粉丝粗，加酱油、醋、蒜泥食之，味颇美，卖此者均为高挑。

2. 年糕

以黍米（又称黏米）面中间加红枣蒸之，表面少撒些红丝，糕厚约三寸，圆形，整体直径约尺余。用侧长小刀蘸水剖成条，以竹叉插其上，再切作菱形块状，售之。

3. 煮红芋

红芋至春，俗称"出汗"以后，糖分充足，售者以肩担，前灶锅内罗列灶，下生火，担后筐内放碗筷，"靠锅热红芋"，随喊随卖。其沾锅一面，皮呈黄色，嚼有韧性，内则软而带沙甚甜，汤性黏，近锅可扯丝。每天下午出市，走街串巷叫卖。

4. 红芋糖

售此者均为农村人，在矮担盘内盛放，锤击镰刀头切成块出卖，糖呈深褐色，味颇甜，稍微带苦，系用山芋熬成，加麦芽糖、山芋粉使成硬块而不粘连。

5. 煮地枣苗头

农村人将野菜地枣苗叶蒸食，

红芋糖糖脯

36

地枣苗头则剥皮煮食之。担进城叫卖，儿童多购食，稍甜，有麻味。民国初年间，春季多卖者，后即无。

6. 瓜子、蚕豆

夏季晚饭后，人多在外乘凉，有"高挑子"叫卖瓜子（打瓜子）、干蚕豆（蚕豆经炒）、糖块者，乘凉人多挥扇购食，饮茶聊天。又有卖煮面蚕豆、煮花生米的，五香风味甚佳。

7. 炒花生米

徐州旧时炒花生，方法有两种：一、干后炒，二、半干炒。半干炒者，其仁鼓泡凸出，特酥，但炒制时间长，燃柴较多，故干后炒者为多。挑选好花生米，先用花椒、大茴、盐水腌之，晒干再炒。微咸而香，甚可口，人乐食之。

"干咸"，系小花生用花椒、大茴、盐、柴木灰连皮腌之，干后炒，内外均呈黑色，酥香可口。

8. 煮花生

煮花生也叫"咸花生"，秋分前后，花生初下时，以个头小的花生（带壳）加香料及盐同煮，徐州人多用以下酒，美其名曰"全鱼"。

9. 五香瓜子

1938年前，徐州现市立第一医院南头有"老苏州"者，经理梁学文专制瓜子，品种有酱油、五香、奶油、桂皮等，盛时用圆硬纸筒，空筒可换玻璃器皿，日军侵占徐州后歇业。

五、特色点心

1. 麻片、寸金

麻片与寸金也是麦芽糖熬制而成，但是由于外层包裹的全是芝麻，已经属于"精致点心"的范畴，是徐州较有特色的点心。麻片为长2寸、宽1寸、厚约0.2厘米的薄片，寸金为直径约0.5厘米、长约寸许的圆细条，两种点心的最大特点是，外层为芝麻包裹，吃起来极为香甜。

卖的人挑"元宝"式条筐，敲小锡锣上市叫卖，傍晚时最多。

2. 花生酥糖

始制者为孙老二，又称"二罐子"，原为厨师，设摊于原商会影壁前

（现徐州市政府对面）。将炒过的花生仁倒入白糖内熬之，继则倾倒于木砧上，以木槌捶打成薄片，折叠起来再加捶打，反复砸成极薄片（花生碎裂），折成条切作菱形块，凉后甜而酥香，口味不亚于食品店之"酥糖"，其后他人虽有制者，然较孙皆大为逊色。

3. 糖枣、糖梨

红枣与黄梨同锅，加糖煮之，挑担有锅灶，随煮随卖，重阳以后就有，直到立夏前后方止。糖枣益气补中，糖梨润肺止燥，是很好的养生食品。

4. 门鼻子糖

麦芽糖熬制而成，又名麻糖，其形如老式"门鼻子"，故称。另一种按形象称"套三股"，即条糖折回拧劲相套（现仍有卖者）。

5. 板栗

徐州均呼为"栗子"。中秋节前后农村人即肩担来城求售，外壳满刺，称为"栗蓬"，熟后上面绽裂，内壳紫褐，里皮红。生意人购生栗子后，于凸面之上面用刀划一口子，蒸熟后栗子膨胀开裂，露出黄黄的栗子肉，很是好看。小贩挑担出市售卖，直至冬深不断，微甜且沙，童稚尤爱之。

6. 白果

即银杏，季秋初冬街巷间有"烤白果——热的！"之叫卖声，每人一手提小炉，臂挎一篮，蹲道旁，取篮内湿白果，放编就的专制小圆球状之烤篮中，篮上下分二层，名曰"白果苑子（小篮的俗称）"。用文火烘烤，熟后，倾于竹篮内小筐中，上加棉垫覆盖以保暖，剥硬壳食内粒，韧且清香，直至春分后始渐稀。

7. 羊角蜜

徐州羊角蜜，以其形状像羊角而出名，最奇特的是面里有蜜汁，让人感到制作的巧妙，是孝敬老人、节日送礼中的必备之物。

羊角蜜

蜜三刀

8. 蜜三刀

徐州蜜三刀，向来为百姓所欢迎。不但自己吃，也是孝敬老人、节日送礼中的必备之物。

六、水果

入夏以后，瓜果渐渐上市，小贩大多挑挑子走街串巷，叫卖声不绝于耳。

1. 杏

徐州较早上市的是"麦黄杏"，恰好是小麦发黄该收割的时候成熟，外皮黄黄的很是好看。之后便是个头略小、卖相稍差的"羊屎蛋子杏"，以及个头儿大的"巴斗杏"。巴斗杏皮有麻点，色黄，熟透的皮间有红斑，吃起来杏肉脱核，在徐州名声最响。再有就是酸味的"梅杏"，时逢初夏，学校的孩子午后就学犯困，可以咬一点提神。

2. 桃

血桃，皮肉俱红，滴汁染衣，不易洗去。洁白桃，色发青白，汁逊于血桃，肉韧。"蟠桃"，形扁圆，上下少凹入，形状奇特，汁特多，且浓香，人皆爱之。秋桃，白露后才有，肉脆核红，甜而爽口。俗说："杏害人，桃饱人，李子树下睡死人。"喻人贪食此也。至于冬桃，目下刚引进，还是个稀罕物。

3. 脆瓜

皮青有条纹，亦有黑皮者，呼为"脆瓜扭"；最早熟，瓤皆红，秋后肉红，人称为"红到皮"，脆而甜，大者重三四斤。

4. 甜瓜

甜瓜，体小皮黄，称为"黄金坠"；青皮有黄纹者人称为"青蜂蜜""蜜罐儿"，瓤青而奇甜。

5. 西瓜

小西瓜，俗称"小凤秧"，体小者仅约二斤，大者不超四斤，皮薄子大瓤红，可直接削皮吃，熟最早，端午节后即上市。大西瓜，其种类有"核桃纹"，皮青带不规则之细纹；有"三义"，白皮红瓤黑子；有"三白"，皮、瓤、子均白，皮极厚；有"云兰子"，皮青带条纹，红瓤，子白而边有黑线。又有长椭圆形者曰"枕头瓜"。各瓜以"三白"较大，无十斤以下者，余者四五斤、十斤不等。"打瓜"，亦称"子子瓜"，皮瓤皆白，子黑而中白，较一般西瓜子为大，肉韧汁少，微甜。此瓜专为取子，人不购食，瓜农种植，熟后以竿穿孔，使烂，只收瓜子，晒干后卖于行栈中专收"六陈"之南方客人，价甚高，上等者称"提庄"，又称"大羊眼"。

6. 水果萝卜

有青、红两种。徐州"里外青"之青萝卜最为有名，城南乡下所产为最。也多是挑担叫卖之，售萝卜时，划开之技颇巧，削去头，有划成十余块者，只在根部相连。除青者外，又有扁形红心称为"天津萝卜"。

7. 水果红芋

红薯，在徐州更多的时候称为"红芋"。徐州冬季，有削了皮的黄瓤生红芋，被当作水果来卖，吆喝声多为"黄瓤的红芋——脆甜！"徐州地产山红芋淀粉含量极高，入冬后淀粉转化为糖分，含糖量极高，口感酥甜。冰封后地滑，小贩不再用担子，而是挎笓子（半圆状草编篮子，紧密到不露水的程度），盖上棉垫，沿街巷叫卖。

8. 枣

徐州人俗话："七月小枣八月梨，九月柿子压（yǎ）满集。"至时，果均成熟。绿枣、白梨、红黄柿子，颇有些琳琅满目的感觉。徐州小枣，人们最喜欢的是"圆铃枣"，皮青或夹红，肉脆而甜，晒干为"红枣"，加工后即为"蜜枣"。

9. 梨

徐州所产有："平顶酥"，汁不太多，甜亦稍差，面而有渣。"酸梨"又称"木梨"，质粗而酸重，一般均以面包之，在火内埋而烧之，熟后去面，加糖食，味酸甜甚妙。"砀山"，质细汁多而甜脆无渣，但购价颇高，购者较少。日伪时期，曾有卖"鸭儿梨"者，非徐州本地产，大约来自天津，体较小，质亦细，无渣，甜中微酸，清香浓馥。仅二三年有售者，后遂无。

10. 柿子

分"榄柿子""匋柿子"二种，榄柿子削皮吃，匋柿子吸汁喝，均呈金黄色，可加工成"柿饼"，炸柿饼及用外部附着之柿霜可治风寒咳嗽，柿蒂煎饮可疗噎食。

11. 花红、林檎、沙果

这三种水果形均为苹果，花红皮少有浅红色斑点，林檎则皮青带红，大小均似柿。沙果，色黄，口感极面，似如豆沙，体小。均有香气，可沏茶，果汁不多。

12. 葡萄

有紫色、青色两种。最好的是圆形的，统称为"牛奶葡萄"，其中青色的俗称为"玉坠"，紫色者称为"滴珠葡萄"。"牛奶葡萄"甜且鲜而清香，仲秋上市，季秋渐稀，时间较短。葡萄以原徐属萧县所产最多、最好。

13. 石榴

以原徐属萧县产者为佳，皮薄、粒大、核软、汁多，其他县产的则逊一筹。"酸石榴"体大皮红，粒白而小，酸味甚浓，与糖煮饮，有如"楂涝"，并可在严冬搽手脸，以防干裂。石榴皮晒干轧碎，加黑矾煮水，可以染青（黑色），有专人收购。

14. 南方水果

香蕉、菠萝、柑橘、橙子、柚子之类，随时常见，但非本土所产，不述。

七、传统风味小吃

民国十年（1921）前后，徐州的小吃摊点分布于城关各处，有几处较为集中，最著名的是城隍庙街（现青年路西段），延续到一文亭以西（现文亭街东段），在短短的二三百米石板街道两侧，小吃饭馆、零售菜肴摊铺，栉比连接，相对而设，不下二三十家。在此将有特色者，分区域及营业种类略述如下。

1. 辣汤

徐州著名地方风味小吃，无论用料、口味，均与河南、山东等地的"胡辣汤"截然不同。大巷口对面路旁有姚家辣汤，老头死后，由老妈妈带其子继续上市，人称"大脚嬷嬷"。后迁于卧佛寺巷前一间门市房，每早及午供应。"大脚嬷嬷"的辣汤，春夏季用鳝鱼，秋冬季用母鸡，汤鲜肉多，加以胡椒、桂皮等作料，其味至美。

再以后城南奎河马鞍桥处，有设白布棚售卖者，棚下置矮几凳，辣汤之外，配有主食油煎包子。这一家的辣汤用猪肉、母鸡煮汤，亦称上乘，徐州人多知之。

其余则三民街北头"高歪子辣汤"及剪子股内西关校场等处均有辣汤，但较之以上二处，稍有逊色。

认真比较，徐州辣汤的真正特色，在于春夏季的"鳝鱼辣汤"，用鳝鱼来提高辣汤的鲜味，别出心裁，这也是徐州区别于其他地方辣汤，尤其是"胡辣汤"的重要标志。

41

2. 素辣汤

以基督医院（现医学院附属医院）门前者较佳，用料为青菜、粉丝、海带丝、豆皮丝、香干丝等，加以佐料，喝来清淡可口。素食主义者是最常光顾的，其余偶尔喜欢改换口味的，也愿意来品尝。素辣汤原来不是早点，而是下午上市，到了下午六时许，三大缸素辣汤一定售罄，可见其受欢迎的程度。

3. 啥汤

据传源自彭祖雉羹。屈原《天问》"彭铿斟雉，帝何飨？受寿永多，夫何久长"之句，汉代王逸注："彭铿，彭祖也，好和滋味，善斟雉羹，能事帝尧，帝尧美而飨食之也。"

至于名称的古怪，另有传承。原是时代变迁，野鸡不易寻找，汤锅主料用老母鸡代替。有宿儒指斥说，野鸡汤变成家鸡汤，你这卖的叫个啥？汤锅老板就说，俺这卖的就叫个啥！啥汤之名随之兴起（多有文人认为啥汤是糁汤，似乎读音不对，而且，主料是老母鸡，再叫它雉羹，肯定不宜，叫啥汤反而更有一番野趣。至于写成食字旁，不过故弄玄虚的文人小手段罢了）。

徐州啥汤用料为：猪肉、老母鸡、麦仁、香料等，所以，徐州百姓也多称呼其为"麦仁汤"。

啥汤做法：一甑锅汤，必须在头天傍晚下料，加水生火，煮炖一夜方成，恰好于第二天早晨上市售卖。啥汤锅（徐州对卖啥汤店的统一称呼）除了啥汤外，主食还有油煎包子（荤素两种）。

啥汤是徐州早餐必不可缺的品种之一，若论名家，原城隍庙对面有三家啥锅，其中以刘三啥锅名声最响，口味、质量上乘，独步于徐州早点餐馆之林，为他处所不及。大致说来，刘三的啥锅，每天两甑，早晨9点前一定是会售罄的。遗憾的是，刘三去世后，该啥汤锅店即终止了营业。

民国二十年（1932），柴秀荣（体胖，人多称呼柴胖子）在中枢街法院西侧开了间啥锅店。柴秀荣为厨子出身，烹饪技艺精深，做事善于琢磨，他把啥汤的"汤"大胆加以改制，推陈出新，变浑汤为清汤，忌用酱油，熬汤时加倍下料（配猪元骨等），做出的啥汤比别处啥汤更加醇厚香浓，简直与饭店中的毛汤（高汤）有的一比。

另，马市街东口啥汤锅也颇受欢迎。

4. 油煎包子

柴秀荣的包子，做法也大有改变，油煎的荤馅包子，馅料从原来的搅成肉酱状，改为剁成细碎肉丁状，再配上煮熟的肉皮丁，这样做成的包子馅，熟后入口香味浓郁而醇厚。他做的徐州素馅包子，除蛋皮丁以外，必再加入生鸡蛋液搅拌。做好的包子入口后清素暄软，口齿留香。柴秀荣的啥汤与包子，真正是独树一帜，其他的较之相形见绌多矣。

5. 烫丸子

烫丸子，又名"丸子汤"，与辣汤、啥汤并称为"徐州三汤"。

城隍庙街原丁字巷对面，有五凤园饭馆，馆主姓邵，全家人在饭馆务工。该饭馆中午、晚上是炒菜、烧菜，早上卖绿豆丸子烫包皮烙馍（用绿豆面为瓤，外包小麦面做皮）。

门口支一大锅炖汤，另有鏊子两张烙馍。

下午炸丸子，每天数十斤。丸子以纯绿豆面拌萝卜丝、细葱花、大料粉（大茴香、小茴香为主的五香料粉）做成，油炸成熟后就是人人爱吃的绿豆丸子。但徐州人烫丸子的吃法是：炸好的绿豆丸子，与绿豆馅馍馍切成小块放入碗中，浇上滚开的汤水烫，在汤上面撒一些芫荽（香菜）花，泼上一点素辣椒油即可。深秋、冬季以及初春时节，是最受欢迎的餐饮品种。

1928 年北伐军进驻徐州以后，邵氏饭馆歇业。之后，有南关席行（háng）巷的丸子汤锅代之而起。席行巷的店里增加了蒸肉一类的小菜，生意颇佳。徐州沦陷后，该店依然经营。席行巷的丸子汤与五凤园原来的唯一不同处在于：辣椒油使用的是荤油而不是素油，所以，吃起来不免有油腻的感觉。当然，也有人认为这样更实惠。

6. 羊肉汤

徐州的一文亭（现文亭街东口）原是一座不及楼高的小阁亭，阁上面供奉的是财神，要上去必须提请搭建木梯。阁前拱圈门比较狭窄，最大仅仅容一辆牛车通过，且行人需要侧身让道。

阁亭西面路南，有傅长亭的羊肉馆。前面门市房三间，后房三间。在迎门处起灶，傅长亭亲自掌勺。煎饺为烫面饺，难的是半汤饺。天凉时汤饺滴下的馅汤，一滴滴的立时成晶。

徐州人喜吃伏羊，原是"街华子"方式的提倡，"一有钱，二有闲，泼了（辣）椒油好解馋"，且品种一定要绵羊。一到夏天，羊肉馆食客常满，于是在店旁设餐座，也是食客满座。餐桌一个个挤满了空地。傅长亭去世后，其后人把店盘给高永明（高永明接手后，把店改成菜馆，他的特色在服务上也有体现，模仿兴东饭店专门用女招待。可惜烹饪技艺不精，没多长时间便歇业）。

傅长亭以外，其次是太平街西口的秀仙馆、三民街的汪泉羊肉馆以及西关吊桥西羊肉馆，均颇有名。

徐州沦陷后期，大马路有龙城羊肉馆，纯用萧县做法，重山羊，烹调与羊肉汤俱佳。

抗战胜利前夕，在太平街东口，有单县人经营的凌云楼羊肉馆，主用羯羊，煮羊肉时加白芷、豆蔻、丁香等香料，汤有异香，肥而醇，无膻气，很受欢迎。徐州各馆羊肉汤多习惯加上粉丝，凌云楼则不然，碗小，添汤也要加钱。不放粉丝，汤内分肥羊肉、瘦羊肉、天花（羊脑）、口条（羊舌）、羊肝、百叶等，绝不含混，任食客挑选，口味特殊，有药香气味，食后方觉口齿唇颊，处处留香。

该馆另有红牛肉油煎大饼，属于鲁西南风味。因为新奇，徐州老饕盈门，营业甚旺。

7. 包子馄饨

大马路南洋公寓过道处有万华村包子铺，设备简陋，但天天食客盈门，都是为其特色包子而来。万华村的包子为汤馅，包子馅制作基本完成后，又掺入猪皮肉冻丁二三个，包子熟后猪皮肉冻融化，浓汤包整馅、皮薄晶莹，好看也好吃。该店另有馄饨和饺面，皆有独到处。

再以后，万华村包子铺向东一段出现挂有市招"天津颐和园狗不理"的包子铺，所售为天津包子、小米粥，兼带小菜。

大同街东头有野玫瑰（该店本无名称，民众多如此称呼）馄饨馆，后迁于大巷口，名为三珍斋。

又有二马路的河南馆"树德义"，也如是经营，后迁于大同街西口对面。以上各馆，风味虽不尽同，其清洁、美食则始终如一，故营业经久不衰。

8. 冯天兴肴馔

一文亭傅家羊肉馆对门有冯天兴烧牛肉，此店自清时已有之，为回民经营，专制烧牛肉和熏鸡，用料精巧，其味与一般不同，世代相传授，有异常品。民初年间，冯跛子（店主，大家均如此称呼）守此店，另有其弟于中枢街东端开设一店，及冯四在青年路彭城路转角的李同茂食品店柜台外设摊，后迁入对门市房。

冯氏三处一家，制作不殊，店内不设座，专营外卖。卖时分割习惯：牛肉分腱子、肋肉、肚崩、蹄筋等。熏鸡则用肥母鸡，肉嫩皮白，分鸡头

（带脖）、鸡巧（翅膀、尾兴）、鸡胗（肫、肝、肠）、鸡腿，脯与背则中分之，任客指购。

冬季该店又有牛骨髓，红纸包之，印有商标，可买来作礼品赠亲友。

9. 麻老歪熟菜（卤猪肉）

麻老歪熟菜卤制独到，享有盛名，所卤品种为猪头肉、猪蹄、猪下水（肝、心、肠、肺等），每天下午约4时挑担上市，把担子摆在马市街东口的啥汤锅对面。一般摊子一摆下，马上就围满了人，只见他刀不停切，一挑子很快卖完。麻老歪熟菜的特点是肥而不腻，入口轻嚼即化，入喉满口余香，超乎他处。

稍次于麻老歪者，有一文亭隔壁张彪和崔家巷北首的张明照熟菜铺，张彪和张明两家都兼打火烧。

10. 马蹄烧饼

城隍庙东一家两间市房的茶馆设有简陋的茶座，来这里的听茶客都是农村进城买卖和本地肩担负贩者。茶馆的东西邻，两家（一家姓颜）专打马蹄烧饼，使用翻手木炭炉烘烤，半圆形，大如掌心，前薄而直，后厚而圆，外层如纸，色金黄，烧饼表面上布胡麻；撕开烧饼看内层，则螺旋状错落，层层薄似皮，中嵌板油丁、虾米、葱与花椒盐等，前脆后软，酥松得宜。

马蹄烧饼于每天下午，肩荷长担，赴市叫卖。其中颜姓一家歇业，另一家迁移于现文亭街道衙门西首的一善社隔壁营业，不久亦闭歇。

11. 王瑶馒头

民国二十年前，徐州有王瑶馒头挑每天午前在街头兜售，他的馒头，皮内起层数叠，有韧性。冬季时，前担放一小火炉，笼以铁丝罩，放馒头烘烤，色黄而匀，内松软外皮脆，每次可烤六七个。又有银丝馒头，体积较小，皮内若面条，咸淡适口。

12. 百叶饼

百叶饼者，为二寸宽、五寸长，厚约二寸的多层饼，有十多层，各层均加花椒盐，是卖馒头王瑶的附带产品。

此外尚有糖角，用做馒头的面包以白糖，捏成立体三角形等数种，皆是进餐主食点心中的佳品。

13. 宋占伟烧饼

徐州阳春池（现职工浴室）、朝阳池、青莲阁、毓秀池、种珊池等浴池过道处，都有打烧饼者。各处所制，方法雷同。烧饼分大小二种，大者五个一斤（十六两），有花椒盐芯；小者十个一斤，又分葱油、糖、楂糕等馅，形状有圆、椭圆等，以资区别。无论大、小，皆于表层满布白芝麻，触手渣落，进食不必佐菜。其中最有名的，是种珊池过道营业的宋占伟烧饼。

14. 冯四绿豆面条

文亭街东段有冯四绿豆面条锅，专售自制的面条，兼备炒豆芽、豆干、芹菜、藕丝等小菜。门市房二间，西半则为"易牙居"的热菜（烧菜、炒菜）、火烧，后房设座。此店家常风味，久用不厌。

15. 饶家热粥

泡大豆磨糊，取浆，以小米水磨成糊混入，煮沸后即成。以喝一口后粥表层见窝（粥稠，不会很快恢复水平）、喝时粥四周表面不断紧缩、喝完后碗上无粥残余者为上。早市以西门内及钥匙巷两处程德明、程德顺兄弟者较好，晚市则以大同街西口浴德池门前饶家为佳。

16. 油条

最精者当推原一高学校门东者（现百货公司南墙处）油条锅，所炸八股油条，酥而不焦，在案前吃，即中横断，成短棒形，入口即碎。新中国成立后，民主路小学对面王有福的热粥与八股油条兴盛一时。

17. 炸油馍

一高学校门东油条锅有炸油馍，大如掌心，边软中脆，尚可代装鸡蛋，将油馍初炸取出，破口灌入鸡蛋，封其口再炸。

18. 馓子、麻花

用盐调面，往复数遍，搓成细条，套钎棒上揎细后盘成扇形，入油锅炸之。炸好的馓子条表层起泡密集，轻手取之，否则即碎。以太平街回民馓子和南关辛立亭馓子为上，所用为麻油，更超一等。

用油条面搓条，往复三股，拧作一起，炸后亦酥香。糖麻花，则调面时加糖，搓条盘作球拍状，外满芝麻，然后油炸。

19. 油茶

先将碎花生米炒熟、炒香，去皮待用。锅里放花生油、香油，油热后先放入碎核桃、芝麻，炒出香味后放入已经炒熟的面粉。依次放入五香粉、盐，不停翻炒，拌匀即可。水煮开后，冲入制作好的原料，搅拌均匀，加上食盐、香料即可。售者多以大铜壶盛放，大声叫卖。前两年任愚颖先生的一篇《卖油茶的姑娘》在徐州日报刊登后，被《人民日报》转载，徐州油茶轰动一时。

20. 糖糕、菜角

朱大桥（今诸达巷）南口早上有炸糖糕、菜角者，糖糕皮薄糖多，菜角则隔皮见馅，起层而酥，为早餐佳品。

21. 刘风来年糕

原南门瓮城影壁前设摊卖小吃食品甚多，其中，刘风来的年糕，用黏黍米磨成面糊，包红枣馅后炸之，借枣甜黍香之味，甚美。后迁于现解放路奎河桥南。

22. 豆腐脑

磨大豆成糊，煮后过滤去渣，豆浆煮开后盛出放缸中，用石膏（较少用卤）点之，略加搅拌即成豆腐脑。并有浇头，浇头中加有豆皮、海带丝及辣椒酱等，质软清香，以袁桥张秃子的豆腐脑较佳。

23. 豆腐卷

用发酵的面卷上调好的豆腐馅，切约寸厚，用平锅煎，外脆内暄，清素适口，后迁于永宁里东口路侧，旋即无，营此业者为河南人。

24. 糖糕

以面粉、白糖、红糖为材料制作的特色传统小吃，炸好现吃最能体现其香甜可口、酥脆诱人的特点。刚出锅的糖糕呈椭圆体，形状立整。

25. 马糊

用黄豆磨浆，加粉丝、芝麻、花生仁等炖煮而成，徐州也有人称为"豆沫子"。

26. 豇豆饭

豇豆煮若面烂状，取绿豆磨成糊状下锅同炖，制法一如徐州热粥，唯绿豆香气极浓，颇是诱人。

27. 油炸包

徐州供市的锅贴饺，在民国十年前后，仅东车站下大马路小饭馆中有，城内南关各地均无。有夏世荣者，夜宵所售油炸包，做法用于锅贴饺，以烫面加肉馅，捏作饺状，蒸熟后，入平锅油煎之，徐州人呼为"油炸包子"，每晚上市，只此一担。

28. 茶鸡子、豆腐干

售者担上一小炉，上有小锅，内煮鸡蛋及油炸豆腐干，用酱油、作料、茶叶以增其味，下酒甚佳。

29. 牛肉丸子

丸大似鸽卵，牛肉馅加淀粉油炸后，放入担上的铁牛（釜）煮之，丸有胡椒味。多是砀山、马牧等地中年男子所营。

30. 元宵

每年入冬前即上市，晚挑担击柝。糯米是外层，黏而薄，玫瑰、桃仁为内馅，甜而大。除挑担者外，西关博爱街、南关东夹墙（现解放路口）亦有设点晚间出售者。

31. 油炸臭豆腐干

臭豆腐干也叫糟干，夏季前后最盛行，除凉调吃外，油炸更妙。炸后，皮黄鼓起，外脆内软，未炸时有臭气，炸后则有特殊的香味，人乐食之（炒臭豆腐干也是徐州很受欢迎的一道热菜）。

32. 粽子

农历二月二日后，带金标的粽子晚间上市，其种类分：江米（糯米）、黄米（黍米），有枣、无枣等。形状分三尖、四尖、斧头等，所用枣皆圆红去核。徐州习惯吃粽子的时候加糖。各种咸味粽子如肉粽子等，多为南方人带来。

33. 野味

每年冬后，有刘老和哑嗓子、大明等人的野味上市，挑担摆满野鸭、漳鸡（水禽，较野鸭小，脚有蹼，尖嘴）、野兔等，香烂（熟透）非常，切块零售。春夏之间，则改营（小米面）炸拳鱼（小虾）和小鲋鱼。麦收前炸"麦鸡（音第三声）子"，状似麻雀，夏天麦田里最多。

34. 蚕蛹

油炸、油炒均可，是徐州的传统下酒菜。

35. 粉蒸荷叶肉

暮春至仲秋时期，有叫卖蒸肉、椒子酱者，用荷叶包肉，坐锅上小笼中，炉生火，既热且透。搪瓷盆除了有椒子酱外，另有卤鱼（炒小干鱼）、酱油豆干等，均午后上市。

36. 松花蛋、变蛋

户东巷有尹家变蛋坊，业主尹芳洲居于此。每年春，鸡、鸭蛋丰产价廉时收购，变松花蛋（鸭蛋制作），变蛋（鸡蛋制作），并腌鸭蛋。松花蛋七天开坛即成，但松花蛋溏心（糊状）、有淡盐味，吃得时候多上笼略蒸，使松花蛋中心的溏心状熟透成为固体。咸蛋须三周后方可，腌制好的咸鸭蛋蛋黄油外溢，橘红色非常诱人。小贩来到作坊批（批，徐州方言，批发之意）后，各自转赴市场零售。

八、食物象征

1. 花生

花生，徐州也誉名"长生果"，象征食此可得长寿。

徐州街头最多见的是炒花生。传统方法，用沙土炒熟后待凉酥脆而香。精细一点，就是炒五香花生米。花生去壳为"生仁"，以盐和香料卤后晒干再炒，其味更美，叫作花生米，人多用以佐餐下酒，老年齿缺，捣成末或用盐水煮食，中医常用作滋补品。家庭在年节给神像上素供时，花生是必备之物。食品店又用以制成花生糖，既甜又香。花生糖是徐州的名小吃之一。

2. 西瓜

形团、皮青、肉红、多汁，其团象征团圆（富贵人家八月十五多用）之意；皮青有绿纹，谓像翡翠而称宝货；肉红，谓红为轰轰烈烈、红红火火；多汁则称汁为水，水为财，财源茂盛。瓜子仁称为瓜瓤（音为"玉"），体薄而小，目之为碎玉，谓之内藏宝玉，是徐州糕点（如月饼）内的五仁之一。

3. 石榴

俗语"榴开百子"，即以石榴子多，寓生子众多之意。若妇女久婚不育，云吃对腔石榴（在一枝端两个石榴相并成长）即可速孕。石榴开花赤红，宅居之中多植石榴树，象征日子火红。徐州民众中秋节敬月亮时，石榴与西瓜必做供品。

4. 桃

徐州民宅多悬"福禄寿"三星画像，其中白发持杖、额头高高隆起者即是"寿星"，又称"老寿星"或"南极仙翁"，为司长寿之神，身前有二童背一大桃，所以桃则表示长寿。

徐州出产扁圆形的蟠桃。相传三月三日为王母娘娘蟠桃会，群仙皆至，蟠桃三千年开花，三千年结果，三千年成熟，食之可以长寿，得道成仙。原城东蟠桃乡有蟠桃庙会，1949年后渐渐不存。

5. 杏

杏谐音"幸"，寓幸运、幸福之意。色黄，朝廷色尚黄，故民间以黄色为贵，谓之"上色"。徐州有"巴斗杏"，果大色鲜，人称为"大杏"（幸）。

杏核有美好之意，故本地形容人目之美曰"杏核眼"。杏仁可治咳嗽，药有"杏仁露"。

6. 苹果

从前徐州人以花红叫苹果，与林檎不分，认为是"平安"之意，家有儿童曾患天花、痘疹或种牛痘者，痊愈后，于农历六月十五日摆平安供，敬痘哥哥痘姐姐必与桃并用。

7. 樱桃

人们惯以樱桃形容嘴之美，曰"樱桃小口"。但种痘之小儿忌吃，视为"发物"，能使痘苗失效。

8. 栗子

谐音"立子"，故嫁女的妆奁箱柜内和婚娶之家在撒帐之时都用染红的栗子及花生，象征生子之意。新人喝"子孙汤"时，汤内放有栗子四枚，谓四（是）栗子（立子）。

9. 枣

谐音"早"，婚嫁之家，与栗子、花生并用，寓意"早立子"，花生则谓"花搭着生"——既要生男，也要生女。枣色大红，又象征吉庆之意，"子孙汤"中放二枚，以为可生双胞胎。红枣确是有补益助气的食补作用。

10. 莲子

即"连生贵子"之意，"子孙汤"中放五枚，取"五子登科"之意，补虚益脾。

11. 柿子

孕妇吃之，其孕"是子"（是儿子）。但不得与蟹同吃，因柿性暖，蟹性大寒，故忌之。

12. 葵花子

向日葵又叫葵花，在徐州另有一个很形象的俗名——"转莲"。商贾负贩之家，除夕夜多炒葵花子吃（赚钱连连），象征利市。葵花向日，有光明含义。徐州俗信，黑色葵花子，生吃可治体晕病。

13. 梨

生梨汁多而香，一枚应独吃，不得分食，因其谐音为"离"，分食则为"分离"意，不吉。

梨生吃外，亦可蒸或煮，有清肺化痰功效。药用有药膏，中药和食品店有专售者。

14. 橘子

橘子徐地不产，多从南方运售，皮、络、核均可入药，疗咳化痰。忌分食，因橘瓣有四分五裂意。民国时期，售价颇昂，除官宦绅商之家外，一般购者甚少。

15. 葡萄

葡萄粒饱满而有光泽，青者似玉珠，紫者若紫珠。宅院宽敞之家，多种葡萄一架，果熟时珠串满垂，谓之"家藏珍宝"。

16. 南瓜

一般以为南者音"难"，寓"困难""艰难"之意，认为不吉，故筵席忌用之。民国后期，蒸南瓜盅才开始在宴席中出现，原来的俗信慢慢淡薄。

17. 豆芽

豆芽，除素菜馆煮汤使用外，一般筵席无用者，因其无土而生，其根漂浮不实。俗话好说："不值钱的豆芽菜，有你也成，没你也成。"

18. 榆钱

其名曰"钱"，每结成串，一枝无数，象征"钱丰财足"，故每仲春之季，家家户户多取而蒸食。

19. 公鸡

其形华丽威武，"雄鸡一唱天下白"，号令一出，太阳升起，驱逐黑暗，大放光明，有大将风度，不是懦弱形象，人们有取于此，故甚爱之。又因其名曰"鸡"，寓有"大吉、吉利"之意，凡亲友馈赠年节礼品必备，筵席之白斩鸡或油鸡、麻辣鸡是为佳肴，首先下箸，彼此互让，连称："吉利！吉利！"

正规宴席，"鸡打头，鱼扫尾"，即冷盘菜先吃白斩鸡，热菜最后一个大菜是糖醋鱼，是为"吉庆有余"。

20. 鲤鱼

又称"红鱼"，鳞含金光，人们认为是鱼类中之吉种，"鱼跃龙门"则化为龙，一般形容曰："龙飞凤舞""龙腾虎跃"。对于小儿又有"望子成龙""一登龙门，身价十倍"。封建时称皇帝为"真龙天子"，所以一般对"龙"特别景仰，鲤鱼则象征过龙门可以成龙，而人一跃过龙门即飞黄腾达，是以年节礼品与公鸡并列。

入学的儿童，开学之日必食之，希学成后身登龙门，每年农历二月初二谓之"龙抬头"，是日午餐居民多烹食鲤鱼，以希作吉兆。

21. 黑鱼

徐州人俗信，黑鱼鱼子孵出后，母鱼眼睛就瞎了，于是小鱼自动围在母鱼嘴边，供母鱼即食之，是谓之"孝鱼"，有的人家不食用（这个母鱼眼睛瞎应该是假的，其实是母鱼在保护小鱼，而不是真的吃掉）。

22. 没鳞鱼、牛肉、鳖

旧时有吃"大五荤"斋者，凡没鳞鱼、鳖等在禁食之列；牛一直是奉献的象征，因为人劳苦耕种，繁重的耕作工作没有牛是不可想象的，人以收获养人，人亦不忍吃其肉，故禁忌之。

23. 月饼

中秋节日，家家蒸制月饼，待月上东山，陈几案，列供品，首重月饼，既有自制者，又有食品店购得或亲友馈送者，恭敬分外明朗之月，祝祷"花好月圆人寿"。

24. 面条

糖制之寿桃、寿星、寿糕等，皆为祝寿的礼品之一，但是徐州最看重的是寿面。徐州习俗，筵宴过后进饭必用面条，称为"长寿面"，以祈多寿。这个俗信大约起源于汉武帝时期，当时人们认为从面相上看，人中（位于鼻下、嘴唇上）长则预示寿命长。相传彭祖寿高八百岁，所以滑稽大家东方朔开玩笑说彭祖一定面（脸）长无比。彭祖是古城徐州的创建者，所以徐州就继承与弘扬了看相学中的这个说法。徐州面条，民国时期，除手擀面与常规机制面外，有稍宽之玉带面、窄细之龙须面，均称佳面。

招待外地亲友的"接风宴"，主食用面条，取寓意"常来常往"之意。

25. 饺子

徐州好说"送行的饺子接风的面"。旧时送行多指出门经商、上学、为官等。饺子形状类似"元宝"，故称。另饺子弯弯成半圆弧，送行吃饺子又寓意"弯弯顺"。

26. 年糕

年糕，谐音"年高"，即"年高寿永""年高德硕"之祝祷和庆辞。徐州的年糕有两种，一为黍米面包枣馅油炸而食用做早点，一为糯米粉制块蒸后，或炸或煮，加糖而食，是除夕夜宵。

第二节　宴会习俗

清末以来，徐州宴会名目繁多，简录如下：

一、礼仪宴席

1. 会亲酒

儿女订婚时过启柬，请媒人为上宾，曰"敬大宾"，另请陪媒、亲戚十人围圆桌而坐，表示喜庆。这种酒分为"会亲"和"一头沉"两种。会亲是男女双方负担费用；一头沉则在男方家设宴，女方派二至四人参加，费用为男方独出。

2. 汤饼宴

小儿百日时设宴，遍请送贺仪的亲友，这个宴会名为"汤饼宴"。小儿周岁时如设宴请亲友，则名为"周岁宴"。

3. 团圆饭

新妇婚后第三天，祭祖以后回来，必须下厨房烹鱼。同辈妯娌、大姑、小姑等，亦须各烧炒一至数菜，全家老少，中午共同宴饮，俗称"团圆饭"。

4. 贺新居

凡搬入新居者俗称为"乔迁"。亲朋好友，须携礼物或食物（有鸡有鱼）来贺，俗称"燎锅底"。主人定期于新居请前来贺喜的亲朋，俗称此宴为"贺新居"。乔迁的新居门上须贴朱红对联，大多为："但日择仁里，岂敢谓乔迁。"

5. 贺升迁

官场中有人升任或迁转，亲友同僚作贺，并设宴公请升迁人，俗称此宴为"贺升迁"。升迁人如对地方建有功业，或周济他人，受惠者设宴相请，俗称"纪功宴"。这种风气盛行于清末及民国初年，后渐衰。

6. 饯行、接风

凡有亲朋、同事、同学因事长期出远门、调动、求学、经商等，亲友、同事们设宴相请，谓之"饯行"或"送行"。如远处来有亲友探视，为之设宴称为"接风"。

7. 成交宴

民间大些的交易，如买卖或典当房屋、土地等成交时，双方要宴请中人（保人）及四邻，此宴即为成交宴，宴后即签约、交价或交割。

1980年以来，当代人在工商贸易中也多借重此种形式。但较多的情况是，成交前迫切要求成交者出钱请另一家当事人。成交后，反而不再宴请。

8. 贺胡子

男子五十岁以上多留胡须，至时，亲友多宴庆一番，此宴叫"贺胡子"。

9. 起病、解恼、压惊

久病新愈者，亲友共同设宴请吃，俗称"起病酒"；有丧亡子女者或发生类似悲剧者，亲友宴请，俗称"解恼酒"；遭遇水火等自然灾害，或遇劫、遭盗，亲友为之设宴，俗称"压惊酒"。

二、岁时宴会

岁时宴习俗多多，如：

1. 春季

年除夕的"守岁酒"；大年初一的"团圆酒"（又称头顿饭）；正月十五的"花灯酒"；二月二前一晚福神会上的"暖寿酒"；二月十二的"花朝酒"；寒食或清明节的"寒食酒"；三月初三的蟠桃会（或"浴春酒"），源于古代的上巳节。

2. 夏季

五月初五的"端阳酒"；六月初一的"小年酒"；六月初六天贶节的"新麦肉酒"。

3. 秋季

入伏的"伏羊汤酒"；八月十五的"团圆酒""赏月酒"；重阳时的"菊花酒""茱萸酒"。

4. 冬季

十一月十五的"月当头酒"（此徐州独有）；冬至的"解冻酒"；下雪时的"赏雪酒"（又名"暖寒酒"）；每月逢初二、十六朋友间的"吃会酒"等。

三、宴席规格

徐州宴席的规格（品种）多样，一是根据人数多寡，人多了，就会要求规格提高，菜品也多一些；二是根据消费水平，同样的宴席规格，可以根据价钱调换其中的部分菜品。常用宴席规格有：四盘四（就餐人少时用）、五福面席（庆寿用）、五吉宴、六盘六、八大碗、三滴水（规格有大、中、小之分）、大十样（另有水十样、山十样、海十样）、龙凤宴、十全宴等。

徐州宴席上菜规矩，先摆好冷菜，入席后即可以先喝酒，话事聊天。讲究些的，第一道菜吃"白斩鸡"，大家随主席下筷子的同时，嘴中念着"吉利！吉利！"至于热菜，第一道菜是烧杂拌，俗称"全家福"。懂行的从烧杂拌的配料可以看出整个席面的规格档次。最后一道热菜大件，一定是整条的大个糖醋鱼（鱼肉吃得差不多了，可以要求店家用鱼头免费汆汤）或红烧鲤鱼。俗称"鸡打头，鱼扫尾"，取"吉庆有余"的意思。

总体上看，徐州食客风味偏咸，略近鲁菜。随着生活水平的提高，相信食风、口味会有新的演变。

一般说来，过去宴席一般请厨师到家中采办，相对饭店要节省些许。农村宴席多是"八大碗"，城中多用"大十样"。红白事略同，只是菜品可以调整。至于说丧事，徐州俗称"跑马宴"，是因为就餐客人多，分批次入席，一拨吃好，立马就走，快如"跑马"。丧事的气氛，即便好酒的人，也不宜拉开架子慢慢喝。另外，随着生活的改善，尤其是居住条件的变化，城市中人家到饭店办宴席应该会成为主流。

彭城鱼丸

四、饮酒规矩

徐州人好酒，传统上以白酒为主，不喝黄酒，少喝果酒、啤酒。近十多年来，青年人中好啤酒者猛增，白酒也多改为38.9度的低度酒。徐州人习惯，遇事不论大小，或遇亲友、同学、同事来访，均要喝一顿，俗称"摆场""端"。

1. 酒过三巡

酒过三巡，方才开始讲正题。前三杯酒的喝法，俗称"三二一"，即第一杯酒分三次喝完，第二杯酒分两次喝完，第三杯酒一次喝完。

2. 劝酒

徐州人好劝酒，总希望别人多喝点，以为非这样不算尽到朋友或东道主的责任和义务。劝酒的方法也多："三二一"之后，也可以再来个"一二三"，"一二三"再喝过，再加上"一二三四五六七"。被劝者若不喝，往往桌面上就会僵住，很少有客人能抵住劝酒关。喝酒时再加上"初次见面啦"（新朋友），"请多关照啦"（同事），"久别重逢啦"（老同学、老朋友），等等，使人不得不喝，不得不多喝。席间常有一二人被众人不约而同地视为主攻目标，非灌醉不可。

3. 令盅

席间，凡有自愿先喝一至三杯"令盅"酒的，可做酒司令，指挥大家做饮酒游戏。

4. 敬酒俩好

席间，初次见面的，必须同喝一杯，两人举杯互敬时，若杯子碰到一起，则必须再喝一杯，俗称"带响，俩好"。

5. 滴酒罚三杯

席间，该喝完未喝完时，被发现后往往将杯底朝上往下控酒，"滴酒罚三杯"。

6. 告罪

席间，喝酒中如感不胜酒力时，可将杯底朝上扣桌面上，表示"告罪"，别人不得再劝酒。但为照顾别人的面子，很少有人这样做。

7. 欢宴名号

饮酒人数不同，有不同的名称：一人自饮叫"独酌乐"，二人对饮叫"哥俩好"，三人以上同饮叫"逢知己"，老年人共饮称"耆年会"，多人共饮叫"蟠桃会"。

另有些重体力劳动者，或劳累时，或拉车挑担途中行至酒店旁，不用菜肴，喝寡酒消乏。近年来，街上卖小食品的增多，职工下班时，停在摊前，或打二两白酒，或买几碗啤酒，买几块油炸臭豆腐干、几把煮花生或一把煮毛豆，蹲在路旁便自饮自吃起来。什么行人众多、尘土飞扬之类，丝毫不放在心上，一副独乐乐自我陶醉的样子。

五、划拳习俗

划拳分"通关""应关""挑战""应战"之分，席间凡一人按逆时针方向逐一找人划拳时，即为"打通关"，被找者为"应关"。凡席间互有不服气，想比斗一番的，主动者为"挑战"，被动者为"应战"。若多人参加时，后继者须声明"打胜家"或"和稀泥"（与负者接战）。划拳的种类如下：

汉画像石中的六博与划拳

56

1. 戴帽

喊数字之前，先喊"满堂（伸拳）——蜷不手（手蜷缩握拳）"，然后伸手指喊数字开始猜拳，分胜负后，输者按约定喝酒。输酒之外，还有罚酒。

2. 不戴帽，一字清

划拳的两个人直接喊出一个数字，如：一、二、六、七……

3. 喜成双，不戴帽

划拳的两个人直接喊出一个数字的二字代称，如：一点、二喜、三星、四季……

4. 鳌子腿，不戴帽

喊数必须是三个字（徐州烙馍的铁鳌子是三条腿），如："一点红、两相好、三星照、四红喜……"

5. 四季红，不戴帽

喊数须为四个字，如："宝拳一对、二家有喜、桃园结义、四季来财……"

6. 唱拳禁忌

伸一指时不能用小指或食指，意指对方为小人。伸二指不能食指与中指并伸，意为仇视对方，要挖人家的眼睛；也不能拇指与小指并伸，自比为老大，喻人为小人。伸三指不能食指、中指、无名指并伸，认为是马叉状，又向对方不礼貌。唱歌谣的动作有误，即为负，先喝酒。

禁喊"五"；大拇指与食指同出作"二"时，不得做手枪状指向对方。

至于伸手指与喊数字相悖，算"失拳"，"失拳"是否为"落马"（输拳），按双方事前约定。

六、酒令

1. 猜宝

一人开，另一人猜，开者推四枚子于手中，可猜一、二、三、四、大个（三四）、小个（一二）、黑杠（二三）、红杠（幺四）。猜一、二、三、四单独一个数时，如喊错，但与开宝者所开为相邻数时，无胜负；喊中时，开宝人饮二杯。喊二字时，猜中后，开宝人喝两杯。猜者负时，与开宝人不同，仅喝一杯。

近年来变成"猜有无"或"猜单双"，庄家将火柴杆握手中，让对方猜。

2. 压手指

拇指胜食指，食指胜中指，中指胜无名指，无名指胜小指，小指胜拇指。压手指时每次伸一指，输者饮酒。

3. 杠子老虎

二人各持一根筷子，敲桌子喊令。老虎令分"杠子"（打老虎）、"老虎"（吃鸡）、"鸡"（吃虫）、"虫"（唪①杠子）。

4. 挤三十

一人先数数，另一人接数，众人依次数时，每人可数一个或两个连数，谁摊到数三十，谁就输了。

5. 接力棒

席中人从发令人起，依次的代号为一棒、二棒、三棒……，发令人先喊"我的一棒碰×棒"，被喊中者立即应声："我的×棒碰×棒。"凡被喊中者反应迟钝，接得慢，或喊错字，均为输。输者喝酒后，即成下一个发令人。

6. 蛤蟆跳水

庄家喝令盅酒以后，定好续接方向后，自己开始说"一个蛤蟆跳水——"，假如是从左手开始续接，那么他左边的人必须应一声："扑通！"再往下一个人立刻接着说"两个蛤蟆跳水——"，紧跟着的续接者说："扑通、扑通！"……几个蛤蟆跳水，就是几声扑通。说错的罚酒。被罚酒的人转为庄家，游戏继续。

第三节　服饰习俗

一、衣裙

1. 儿童

儿童衣裙，从色彩上看，多尚红绿鲜艳的服装。幼时夏天勒肚兜，穿牛腿裤。牛腿裤的做法是：把方布上角剪作半圆凹形，下角从中裁作二片，一片左右两角缝合而成。冬天上穿小袄，下衣为"连脚蹬"（鞋与裤腿是连体的，不另外穿鞋）。

三岁以前穿"开裆裤"，裤有"襻膀"套肩上。儿童五六岁时，即改

---

① 唪，读作 fěng，徐州方言，词义为"蛀"。

58

穿"收裆裤"，裤也不再带"襻膀"，而于腰间系裤带。再大些时，服装式样渐同于成人，唯色彩鲜艳些，衣服上也多带些动物、人物等图案为饰。

2. 妇女

民国时，富有人家的妇女，衣料以丝织品为最多，其次为日本进口的"洋纱"（又名"洋缎""泰西缎""洋蚕丝"），再次就是洋布，洋布以本白、漂白、青、蓝等色较多，多数是外国进口的。普遍人家妇女穿染色布较多。

衣服的样式，多为中式斜大襟上衣、灯笼裤。农村妇女均扎裤脚，城市中则只有老年妇女才扎。除官宦人家外，一般衣服多带补丁，农村妇女尤甚。至于颜色，尚蓝、红。以蓝为主，比较男子多一些靓丽。

3. 男子

民国初年时，不论青壮老年，仍穿长袍马褂，也有长衫套坎肩的。国民革命军北伐以后，普遍只穿长衫，但遇年节或庆吊、做客拜友时，仍须罩上马褂。长袍衣料多以毛葛做面，马褂或坎肩布料则多用素缎子或团花缎。冬季长袍内穿小袄或夹袄，多用本缎做成，下衣的灯笼裤和套裤也是这样。民国初年，套裤曾在徐州兴盛一时，不论男女老少都做了穿。

北伐以后，徐州渐渐有了穿中山装的、穿西服的，但尚未普及。到1938年徐州沦陷于日军手中后，徐人又复穿长袍马褂。

贫苦人家的出苦力和肩担负贩之人，夏天往往只有一套单衣，白天穿，夜间洗，棉衣则有袄无袍，俗称"撅腚小袄"。腰间系板带或布带。板带以粗线织成，中间一段宽约三四寸，双层如衣兜，可储钱钞。板带两头扁细，容易穿系。

家境富裕的，青壮年时，色彩、布料均求入时。且分季节穿衣，单衣有夏布、纱、罗、纺、天津市布等，夹衣用春绸、湖绉、哔叽等，棉衣有丝绵、棉花、驼绒等，皮裘有寒羊、狸子、灰鼠、二花、大毛、滩羊、紫羔等。什么季节穿什么衣服，绝不紊乱。

中产之家，衣料绝少用丝绸，以洋纱、洋缎、泰西缎为上品，线直贡呢、线哔叽、漂白布、人字呢最为常见。后来，洋纱、洋缎被绢丝等所替代，夏季虽穿麻布，但不是江西所产特细麻布。冬天十之七八穿棉袄，即便有穿皮衣的，多是羊皮衣。除了年节、拜会亲友外，平时穿布衣服，但补丁要少，没有更好，讲究干净整洁。

1949 年后，土织土染布减少，先是城市，后是农村慢慢不见。

4. 服装变化

50 年代以来，从样式上看，中山装、学生装、双排扣的列宁服最为普遍。城市中，妇女穿布拉格裙子的也越来越多。50 年代时，徐州人衣着仍多青、蓝色，60 年代中期以来，军装、军装绿渐渐受到青少年以至中年人欢迎，"文化大革命"中期以后，军绿色以外，劳动布、工作服又大受欢迎，男女老少都穿它。70 年代以来，化纤制品渐渐代替棉织品，但服装样式，男子仍然多为中山装、学生装、劳动服、军服，女子为劳动装、学生装、军服。80 年代以来，西装、牛仔裤、滑雪衫等相继流行开来，女子不但穿裙子的多了，裙子的式样也大为丰富多彩。也就在这个时期，服饰的地方特色越来越淡化。

二、帽子、头巾

1. 儿童

儿童帽有"福巾""狗头帽""亮帽""老头帽"等种类。

福巾：外形略同于风帽。帽顶额两侧留两个洞，有半圆形盖，以羊毛或兔毛边以代耳。额部与下片缝合而稍凸出，折回钉于下片。下片当额处钉有"长命富贵"四个银字（或银小剪刀）以示吉祥，上下两侧有丝线胡等为饰。帽顶绣花，脑后钉两条丝绦，下各坠一绒球，并系之。两旁有二指宽的飘带，头有小铜铃，头动则铃响，周遭镶花边。这种帽子，皆用水红或桃红缎子做面，以花绒或浅红布做里，中间加薄棉絮做成。

狗头帽：形状略同于帽巾，但脑后部分较短小，无飘带。

亮帽：又叫"格菱帽"。正面有"如意头式""蝴蝶式""虎头式"等。两端缝合宽约二指的"帽格菱"，使成圆形。中间裱以"袼褙"，以加大硬度。格菱上都绣花，戴时头顶部分露于帽外。这种帽，六七岁以上小儿就不再戴，多为家庭自制，现城中已绝迹，唯农村小孩偶有穿戴。

老头帽：呈圆锥形，顶端有一大绒球，状如小丑帽。

2. 妇女

徐州妇女原不戴帽。至冬季，为御寒均戴"勒子"，形如小鱼，前头瘦腹半圆，尾处少收，分为两片。后面钉有带子，戴时系于辫或髻下。"勒子"面料多用泰西缎、洋缎、贡缎，里子用花布或湖绿等色布，中衬袼褙，使其不太硬，又不太软。中年以上妇女所戴的多为素面韭菜边，少妇、小姑娘戴的，面上多绣花，掐丝带镶边，两片尖端相接处正当额上，钉金"豆壳"或银"豆壳"，也有钉翠片或烧料片的。

1927年北伐以后，徐州妇女才开始有戴帽子的。初时，女帽多为圆顶平口，上盘稍大，下镶叠边二或三层的檐。檐宽约二指，又有掐丝边做花凸出于檐之叠层间的。戴时辫髻罩于帽内。另有一种帽子，帽左右加"耳边"，形如勒子，钉于帽口处以护耳，脑后处留一缺口。

女帽的制作，多用青平绒或栽绒做面，花绒做里，栽绒次于平绒。绒帽兴起后不久，毛绒织帽大大兴起，很快便跃居首位。

老年妇女冬季多以布巾或丝织之"纱包头"系在头上。也有戴褙子（棉帽）的，圆顶钉勒子，但勒子较大，下交于颔，有纽扣可以扣合，发髻也收帽内。

1949年以后，徐州妇女有戴劳动制服帽的，"文化大革命"时，军帽也曾在青年姑娘中流行。各种毛线帽的再次兴起，约始于1980年后。

3. 男子

辛亥革命后，男子开始剪长辫。当时，徐州东南西北四座城门处，守城的官兵若发现有留"猪尾巴"的，不由分说，抓住辫子便用剪刀剪下。这时使发型呈"二道毛"状。一时间，农村男子不敢上街、进城，有事多令妇女出门，也有以巾缠头，或加罩一个帽子，把辫发盘于头顶，藏在帽内的。这种巾帽很快畅销流行一时。护辫的头巾多用青、白、蓝布做成。帽子则多为"六块瓦"之"瓜皮帽"，俗称为"帽垫"。

帽垫的种类分绒、纱、贡缎、洋缎、直贡呢、皂布等。绒帽为冬季御寒用，纱帽为夏季用，皂布为服孝人用，其余各种为春秋季用。

"六块瓦"的制作方法为以"八"形布料六片缝合后，下端加缝二指宽的圆箍，缝成上尖下圆式，顶处钉"帽结"，又称为"帽顶"。帽顶一般用黑丝绳编成核桃形，大小如指顶，呈方圆式，另有琥珀顶、红琉璃顶与黑琉璃顶等。如系绒帽，前额部钉有翡翠、玛瑙、金银豆壳（状如剖开的半个圆珠）。

外地帽子传入徐州，最初为南京的黄瑞芝。他在中道街租赁三间东屋，专营南京"玄缎帽"及扇子。玄缎帽分为尖顶、圆顶、平顶、折叠式四种，较受徐州人欢迎。

1921 年后，河南帮的制帽商也来到徐州，边生产边销售。其种类主要有"瓜皮帽"和"毡帽"。买毡帽者多为老年人，不带护耳的毡帽较受青壮年中出苦力者欢迎，额处钉二粒"兔儿眼"的可以给少年儿童，帽口上部镶一周"金线辫子"的，则专为妇女加工制作。

1924—1925 年间，针织帽兴起后，迅速取代了毡帽。针织帽又称"套头帽"，圆筒形，顶部束起，在眼部位开一"口"孔，不碍视线。冷时放下，只露两眼，可护至脖颈处。

1926—1927 年间，徐州受北伐军影响，戴礼帽者增多。以后，天津盛锡福来徐州专营呢帽，什么大檐、小檐、平顶、凹顶、挖顶、前坡后兜、粗呢、细呢、兔绒等无不具备。

4. 遮阳帽子

夏季，城中人多戴草帽。细草帽多为南京、上海的产品，大草帽（俗称"马兰坡"）草粗色暗的多为河南产品。此外，有形似头盔的布质"拿破仑"帽和"巴拿马"式的软草礼帽。

农村人多戴"席夹子"。席夹子为半圆锥光顶，下檐为六角，不怕雨水，是用苇片或竹篾子编成的。至今农村中仍有人戴，下地干活时，妇女也多戴席夹子。

三、鞋、袜

1. 儿童

徐州儿童，常穿虎头鞋、狗头鞋、兔头鞋、五毒鞋（绣有五种毒虫形

象）、绣花鞋及素面绿缎鞋。用料极少用布。

2. 女子

初兴双道脸（鞋前面上，掐成两条于鞋面的条状），后兴方口、圆口等。旧时妇女裹小脚，民国时号召放脚，但作用不显著，妇女一般着小弓形绣花鞋、尖头尖口青色布鞋。

1949 年后，中青年妇女多穿圆头方口、带祥的青布鞋，农村中青年妇女仍有穿圆头尖口的青布鞋者，但鞋面上多绣花。

老年妇女有"木底鞋""大脚会鞋"。木底鞋的功用，类似于今天的高跟鞋。每逢会客、拜客等穿上，较原来的身高陡增寸许，不但在外观上，便是在心理上也比别人高出不少。现今这两种均已不见。

3. 男子

民国初年，时兴穿双道脸和极尖子（鞋前正中隆起一针脚条，至鞋尖处上凸于鞋口处，作鹰嘴形外翘）。后来，方口、圆口、尖口、小口等式形变化较多，但都是青色。

4. 雨雪用鞋

1926—1927 年间，徐州始有穿皮鞋者，数量不多。阴雨天一般穿钉靴、钉鞋（前者筒深至踝骨，后者仅较普通鞋略深）。鞋帮上纳花，鞋底钉鞋钉。一只鞋底的钉十几个，多集中于后掌、前掌处。钉靴、钉鞋侧面均以桐油油过几遍，不透水，但穿起来感觉很笨重。

夏天防雨还可穿"泥呱嗒"（或称"鞋呱嗒"），即在普通鞋下钉一木板（大小与鞋底相同）。冬天遇雪雨天，则是在毛翁的前后掌下各钉一厚约二寸的木块。毛翁有两种，一种以芦花混麻草编织而成，称芦毛翁；一种以牛毛或羊毛混麻编织而成，称为"牛毛翁"。毛翁在农村极为流行，非常保暖，男女老少均可穿。

1921 年前后，徐州始有橡胶雨鞋，但数量少。同时，又有"晴雨鞋"，后改名"中山鞋"，与今天的球鞋较相似。

5. 岁时鞋

鞋的变迁和种类略为上述，又有三种鞋是他人制送，不属自制，因习俗所尚，不可或缺，即"全家鞋""周岁鞋""闰月鞋"。

全家鞋：新妇娘家接"对月"（婚时之日起十八天）时，新妇叩头请示，婆婆允住六天、九天、十二天、十八天不等，先期遍请全家少长之鞋样，预备在对月期间制作"全家鞋"。为了赶制鞋，多要发动姊妹或妯娌人等一同帮助，实在来不及，亦可向鞋店购买，但丈夫、公婆的鞋，必须亲做，不得购买。对月期满，送新妇回家时，轿柜之内有三四个红包袱，都是鞋。叩拜公婆后，呈上鞋，婆婆看过，立召全家人等，发赐下去，妯娌、小姑等称赞手巧心灵，晚辈称谢，各怀应得而去，婆婆令回房休息，方才退下。丈夫之鞋，须晚间丈夫亲到婆婆处领取。

周岁鞋：是小儿满周岁之时，由外奶奶所送，姨辈、妗子，亦均有所赠。小鞋易做，多为自制，出奇斗胜，工细式美，产妇娘家近亲亦有添送。鞋有小有大，多者可穿数岁。除鞋外，尚有童衣、银器、项圈、手镯等，物品稍减于送粥米之时。

闰月鞋：妇女年过六十岁的，在农历闰月之年，由闰女孝敬"闰月鞋"，另外附带"壮馍"一个。"闰月鞋"用金黄色布或绸等为鞋面，左右侧分绣鸡、狗等动物。俗称金黄色鞋，将来可走"金桥"，鸡、狗动物，可以吃邪祟，免除灾难；壮馍则吃了身体壮实，延年益寿等。

如果老太太没有闰女，侄女也要代做，向伯母或婶母孝敬，儿媳不得代为。

6. 其他

闰女除孝敬闰月鞋外，在母亲五十九岁时，须孝敬馓子或麻花，说是："老太太，五十九，闰女送来麻花帚，帚一帚，过时秋。"六十岁时，闰女应送扁食，说："吃扁食，活九十。"六十三、七十三岁时，送活鲤鱼，说："六十三（七十三），吃个鲤鱼蹿一蹿。"因为六十三岁和七十三岁是当"旬头"，常有灾难，吃鲤鱼，蹿过去可以免灾。

在民国十年前后，闰女给娘送戒指，风靡一时，所送的戒指为银质、方戒、面上镶珐琅属相，母亲属鼠，珐琅上就印一鼠，属牛，即印一牛（余类推），谓戴此戒指可避灾害侵扰。另外有的还送银禅杖一只，为僧人所用者，式样长仅如指，插于发际之用，亦属免灾祈福之意。

7. 袜子

民国时，男女袜均用白绸或布缝制，袜底纳花蝶，男用"包脚布"，女用"裹脚条子"（详见缠足）。脚条子多日夜不解，即便洗脚，也是洗后即复裹上。如多日不洗，则臭味充斥住室内，故而，经济条件好的妇女，往往备有熏香的软睡鞋。

机织线袜兴起后，很快风行。绸布质袜渐渐稀少，此时妇女缠足者也越来越少。除老年妇女外，多穿线袜、尖头弓鞋或木底鞋。尖头弓鞋钉银或铜质鞋鼻，脚背处系带，鞋后内帮钉有长方块布，名为"鞋耶巴"，以便提鞋，鞋穿好后，将"鞋耶巴"扎在裤脚。

四、缠足与穿耳

1. 来历

相传始于南唐李后主的舞女窅娘，美丽多才，能歌善舞，李后主专门制作了高六尺的金莲，用珠宝绸带璎珞装饰，命窅娘以帛缠足，使脚纤小屈上做新月状，再穿上素袜在莲花台上翩翩起舞，从而使舞姿更加优美。多有人加以考证，有的称晋代已有，女屐均尖头。但男屐尖头，晋代也曾风行一时。又据记载有一女子于河边涤衣，脱屐置岸上，一男者骑马经过，遗失自己的敝屐，取女之新屐去，女子回家时只好用布裹脚而行。

2. 缠足过程

缠足的痛苦难以备述，俗话说"小脚一双，眼泪一筐"。女孩一般至五六岁时，其母已开始予之缠足。以白布或帛剪作宽寸许、长数尺之带，其名曰"裹脚"。将女之脚从脚趾起向后缠裹，经脚踵至胫骨，末端用线缝合，外穿以布制之袜，每三四日松解一次，重行缠裹，每次必渐紧。以后，女年渐长，带亦随之渐长，至八九岁时，除大趾直挺外，余四趾均曲向脚掌。如缠裹稍松，则又直起，故越缠越紧，直至四趾骨变形，松带时脚趾不再直起，名之曰"趴窝"，方为功成。但恐其"回潮"，仍须每天紧缠，袜、鞋皆瘦小，以与"裹脚"同时束缚之。至年十六七时，两脚前尖后圆，长仅四五寸，而且瘦削，从此，毕生不去"裹脚"带，每日重裹，日夜为之，至死方止。

缠足之初，尚不甚紧，仅行走之时感觉脚下有物垫着而不踏实地，并无大苦。后痛苦与年俱增，因为年既长，而带愈长，力缠愈紧，束缚愈重，逐步升级，痛苦亦随之日益加剧，渐至两足红肿，不敢着地。有红肿达于两膝者，每欲行动，必持拐杖以辅助，一着地即如群针刺入，不得已乃卧床不起。虽不起，而双足尤似火烧水烫，带动发热，痛哭流涕，呼爹叫娘，饮食锐减，犹如身患大病。父母心软疼爱，自己欲去束缚弃"裹脚"，但迫于社会的压力，不得不勉强受之。

3. 歧视大脚

凡女子脚后圆而前不尖，人见后，嗤之曰"鲇鱼头""大脚板板""未烧熟的白芋""男子汉脚""与男人穿一个鞋样"等等，不一而足，父母以为耻，女子自己以为羞。

当时社会上之人，都认为脚小行动娉婷、文雅、端庄，视脚大为粗犷、鲁野、俗气，不是妇女应有之体形。由以而辨别出美恶，反而将贤德、体貌视为次要。相亲时，必先询问媒人该女脚大脚小，至相时亦首先注意脚，是以缠足关系女子颇为重要。

富庶之家的女儿多小脚，因在裹足时可以不做活计，有人代为。贫困家之女则不然，每日的生活茶饭，均要其母劳动自应尽情协助，如太紧则很难忍痛强做，虽亦缠足，但是"手下留情""宽容一二"，所以难得"三寸金莲"之称。

如果脚小与脚大者两会面，脚大者相形见绌，自惭不如，倘若旁侧另有他人必戏讥之，反而自悔幼时未受此苦，引为毕生憾事。以此可见陋习影响之深。

在当时，不论脚小脚大妇女，无一不缠足者，虽肩担负贩家之女，十五六岁帮同父母买卖走街串巷，早起脸不洗（更无漱口者）也须将足缠妥，方始外出。

4. 男子包脚

除女子缠足外，男子也给足有所限制，十岁以上的男童开始包脚，即把白布或帛裁作正方形，用以包脚，称为"包脚布"。将包脚布斜四角放平，脚踏布心，先将左右折覆脚面上，再将前角折叠提起盖诸其上，遂将布袜套上（布袜均用白布或帛绸自制，左右同样两片，上面缝合，下边缝以袜底。袜底有二或三层者，密针纳之，有的绣彩色花朵、蝴蝶、"卍"字等花样），连同包脚布之后角一并提起过踵，脚纳于布及袜之中，然后穿鞋。包脚的目的是使脚有所束缚，使脚不可过长过大而显得粗野，如有人不加限制而脚大者，人见之多讽之为"骆驼蹄子""大丫把子"。贫穷汉经常赤脚，自然无此。

5. 放脚运动

在民国十年前后，徐州的妇女，不论老少，均缠足，不过甚小的，除老年人外，年轻人和壮年人已不多见，女童偶有不缠足者。当时号召"放脚"，有弃去缠脚布者，将鞋也稍放大，名曰"大脚会鞋"。但响应者不多，待至民国十七年（1928）北伐军二次驻徐次年，文聚芸任铜山县第一区区长（其时辖境除无现在的贾汪区外，余皆同于徐州市区），厉行放脚之令，放脚者渐普及，青壮年"天足"者亦比比皆是。至于男子，在北伐前数年即废包脚布及布袜而改穿"洋袜"（线织袜）。从此，"裹脚条子""包脚布"则打进了历史博物馆。

6. 穿耳

徐州的女孩三四岁时，即予之穿耳，在耳垂上用针纫红线，将耳垂穿透，留一小段红线于穿透之孔内，以后孔周围长起，而孔独缺，抽去红线，以小环挂入孔里，随年渐长，再易其环。徐州俗称耳环为"耳圈子"。

五、发饰首饰

1. 男子

清末留发，只剃去额前及四周部分，长发向后梳理，分三股编一条大辫子垂于脑后，下端用黑色或红色头绳束好，名为"松辫"。民国以后，老年人剪去辫子，留成"披散毛"，中年人多剃光成和尚头；青年人多留大分头、小分头。新中国成立后，老人多剃光头，俗称"和尚头"。中年人或剃光头，或留长发、小平头、分头；青年人则多留大、小分头和大包头。20世纪80年代以来，中年人不再剃光头，老年剃光头者也迅速减少，青年人头型变化多，但已较少地方特色。

徐州男子少戴饰物，但吸烟的老年人好在烟袋上系一玉饰或古钱币，近十几年来，这种现象渐绝迹，但把玉饰、古钱币系在带上或钥匙链上的人越来越多。青年人曾经基本不戴饰物，一段时间里戴纪念章兴盛一时，青年人多买一些徽章戴在左胸外衣上，算是时髦。

2. 女子

民国时，女子一律编辫子，未婚者将辫子垂于脑后，婚后则窝成纂盘在后脑上，以包网包上系好，另戴些金银质或铅铜质的纂心花簪子、荷花针、纥针等为装饰。青少年女子戴耳坠子，手上戴银镯和花戒指。中年妇女戴耳圈子，指戴铜顶针（有钱人家，戴金戒指）。老年妇人戴耳钉子，戒指听便。

新中国成立后，女子的独长辫多改为双长或双短辫。"文化大革命"后期，青年姑娘留运动员式的"马尾巴"形独辫风行一时。"文化大革命"结束后，女子烫发大盛，但初期多为已婚妇女。青年姑娘结婚时才烫发，后烫发不再以婚否为标志，发型种类也日趋多样化。各种首饰也日益增多，青年姑娘多热衷于耳环、胸花，中年婚女则热衷于戒指、胸花、项链。

六、胡子习俗

1. 蓄胡规矩

徐州习俗，男子满五十岁才留胡子。五十一、五十二、五十五这三个年龄留胡子的最多。

留胡子要讲究节庆日，凡选"二月初二"留胡子，俗称"龙抬头须"，凡"三月三"留胡子，俗称"蟠桃须"，四月十二留胡子称为"纯阳须"（相传吕纯阳在这一天成道），五月十三留胡子，俗称为"美髯须"（这一天为关圣生日）。一年之中，除此四天，其他时间不准选作留须日。此外，这四天中选哪一天还要根据个人的生辰八字，翻检皇历，选择最佳的"黄道吉日"。

日子选定后，理发时预先告知理发匠，令其在光脸时预留部位。以后每逢光脸、剃头，都要加以整修。在保有原来的胡子造型基础上，力求美观。

凡第一次留须时，剃头匠要讨"喜钱"。即使剃头匠不开口要，留胡人也要主动赏给。

留胡子的这一天，合家备酒宴为之祝贺。如留胡子者家中上有长辈，宴庆时须先恭请长辈上座，并先向长辈敬酒，然后才是留须者的晚辈们敬酒。贺胡子敬酒，不论子、侄、媳、女都要敬。如有已嫁之女，这一天要特地接来。

第二日起，方为亲朋好友宴请贺胡子。凡至亲多将留胡子者请到家中，朋友们则凑份子共请。宴会地点大多在菜馆内，但也常有设在云龙山放鹤亭的，菜肴由菜馆派人挑食担送去。

2. 胡子种类

按形状大约流行这样几种类型："一指胡"，只在鼻下人中处留二指宽的胡子。"东洋胡"，又名"仁丹胡"，左右胡爪（末梢处）上翘，形状如日本仁丹商标中人头图案中的胡子。三绺胡，状如"三绺须"，除上唇留蓄外，在下唇下颔处也蓄一小撮。"八字胡"，仅上唇处留胡，但胡爪延伸于两嘴下，形如"八"字。"络腮胡"，徐州又名"闹腮胡"，除上唇处、下巴上外，两鬓处也蓄留起来，俗称"大胡子""毛胡子"。"山羊胡"，仅在颔下端蓄一小撮，状如山羊胡子。"五绺须"，左右鬓下、嘴角及颔处均留蓄，如关圣像上胡须。

以上数种，以留"八字胡"的人最多。留胡者，也多是因个人年龄、身份、爱好而定。或趋时，或标新立异，颇示"洋气"，或守旧以求稳重。

3. 提前蓄胡

徐州另有不满五十岁而留胡须的，一般为两种情况：一为三十岁上下，而父母双亡，在守孝持服期间，百日内不沐浴、不剃头，须发俱长，这种胡子叫"二十八宿胡"；另一种为不论年龄上下，自父母双亡为之守孝始，守孝百日满后沐浴剃头，但不去胡须，以此作为"孝思不匮"、毕生铭志的纪念。俗称这种胡子为"孝胡"。凡留孝胡者，不论年龄是否超过五十岁，均不举行"贺胡子"宴。

4. 胡须保养

留胡须后，均备小篦子一个，系在眼镜盒、钥匙或小荷包上，俗称"胡篦子"，忌称"胡梳子"。讲究些的，每天早晨、黄昏及饭后均应以清水洗须，另用胡篦子梳拢齐顺。胡须长且光泽乌亮，多认为是身体健康、福寿绵长的标志。

七、美容

1. 脂粉

民国初年，妇女美容内容较简单：洗脸后搽"馒头粉"（又名铅粉）。馒头粉多为本地制造，其制作方法为：先将铅粉细末放容器中，加中药香料，入水调匀成糊状。然后，倾倒于铁丝细筛内轻轻颠动，粉浆从孔析出，用平底竹筛接着（其形下圆稍厚，渐上凸，尖顶）放阳光下晒开即可，用时取豆粒大小加水匀开搽面。后来，渐渐有"鸭蛋粉""搽面粉"等新粉出现。

搽颊、点唇的脂粉，多用苏木（一种小乔木，高达五六米，叶子像放大几轮的绒花树）制成，也有用桃红色纸做的，后渐有"脂胭膏""口红"等出售。

2. 发油

梳头用"刨花水"，刨花水性黏，梳好头后发型轻易不乱。初时在头发上少刷些棉油或菜籽油，使头发光亮。后"生发油""发蜡""碧玉浆"等渐推广开来，不但看起来光亮，而且馥郁扑鼻。

3. 香水

夏季炎热多汗，床铺、衣服多有汗臭味，初时用草熏，后"花露水"

渐兴,进而又有"香水"。街巷之中,有手托木盘叫卖"白兰花"的。用铅丝穿花成串,二朵或四朵一串的多习惯挂在衣扣上,七八朵以至十几朵一串的,戴在发髻上,不但香气远胜于香水,在美容的功能上也大大上了一层。

总之,民国时徐州的美容习俗及美容化妆品的销用情况,多以上海为模板。因铁路之便,沪上刚风行开,徐州便已学着作为新时尚了。

第四节　居住习俗

一、建房习俗

1. 请"相宅"

徐州规矩,凡准备建"阳宅"(住房)者,均事先敦请"阴阳先生"(堪舆)来"相宅"。阴阳先生来营造处用罗盘测量地形后,凭《堪舆金匮》然后混合阴阳、五行八卦、天干、地支、月律、五音等,卜定建房日期、房屋布局后,用木橛揳进土中,标志方位。

2. 破土奠基

在选定的黄道吉日开工建房。开工前,先由房主在阴阳先生揳入土中的木橛两端交线内用镐刨数下,再用铁锨将刨起的土铲出(犹如今日之奠基),石工在一旁大喊:"开工大吉!"然后房主将工具交给石工,俗称这一仪式为"破土"。石工即可开始正常建房。

建房时先在房主"破土"的地方接着挖地基。地基挖好后,将槽底铲平,取五谷和紫灰撒一些在槽内,同时颂称:"五谷丰登,财气有余。"然后再下石块,灌石灰浆。石地基砌好后,石工取"红子"(红布或红绸)披在上面,建房工作暂告一段落,由主人设宴招待一番,并酬谢"喜钱"。

3. 砌墙

石工得"喜钱"后,待地基石灰浆稍干,即开始砌墙。砌墙无仪式,但墙的质料、种类有许多差别。

青砖到顶墙。从石基砌砖直到顶端,唯山头处从屋檐至屋檐处高出二三尺,俗称"风火山"(用于防外部来火,殃及自家)。

嵌空夹皮墙。内外均用青砖,但中空,填碎砖石块。较青砖到顶式稍次。

里生外熟墙。墙外壁用青砖,内壁用土坯。

（以上三种，屋顶均为合瓦。）

土挑墙。有二种，一种为用砖砌墙至一半高度时，土挑筑堆起；一种全部用土挑成。

土坯墙。石基上方砌几层砖（以防水浸），上面全部用土坯垒成。

单砖墙。此墙为一行砖砌成，较薄，砖也多用"半头砖"。

（以上三种，屋顶多为茅草或"翻毛脊"，即小瓦瓦面向下，瓦背向上。）

篱笆墙。用秫秸编成墙，再墁上一层石灰泥（此房屋顶也可用茅草或"翻毛脊"，均为贫穷人家居住）。

4. 上梁

墙砌好后，举行上梁礼。木工将房梁制好后，架起支于地面上，上披"红子"，在卜选好的黄道吉日吉时内，先在梁前上香（俗称"请梁"），然后提架于墙上。墙内有的预先埋有立柱，俗称"顶梁柱"，无顶梁柱者，亦砌有砖垛。

梁放顶梁柱或砖垛上稳定好后，在梁上贴红纸写的对联，一般联语为"姜太公择吉竖柱，公输子执柯上梁"，或"上梁欣逢黄道日，竖柱喜对紫微星"。另外，还要贴几张宽大的单幅，上写"上梁大吉""吉星高照"或"三星在户"等。

5. 摆供

梁下即设桌案，放供器、供品，房主燃烛上香后，对梁三叩首（也有的全家不分男女老少一律叩拜）。一木工坐梁前端墙上，持鞭炮鸣放，另一人向下抛撒印有红花的馒头（以八角、元茴蘸红色印在馒头顶端），下面多有许多邻人孩子欢呼抢拾，另有工头坐梁上大声祝词："吉日上梁大发财，斗大元宝滚进来""新房盖成，全家安宁""发福生财地，堆金积玉家"等。同时，在梁下烧一堆柴草，火光通明，借喻"家道兴旺，日子红火"，另一说，烧草也有驱除邪祟的功用。

6. 发喜钱

上梁仪式结束后，房主设宴请工匠庆贺一番，并赏发"喜钱"。然后放假一至二日，工资照发。

7. 送贺礼

上梁这一天，亲戚朋友来道贺，即便是久不上门者，也要备礼物前来祝贺"锦上添花"，房主将钟表字画、鸡鱼食品等礼物收下后，设盛宴招待。席间客人多说恭维话，如"五福并臻，集于一身"之类。房主则喜形于色，频频拱手致谢，连说："托福，托福。"（徐州有"与人不睦，劝人盖屋"的俗谚，极言盖房各项花费惊人，且多超出计划外，以致债台高筑。）

8. 晒梁

上梁后，必须停工晒梁一至二日，谓可以避怪、驱邪祟。晒梁后，工匠方复工继续建房，直至新房建成。完工后，除设宴招待工匠外，另须上荤供敬宅神。

9. 迁新居、燎锅底

房屋盖好后，近期内不得搬入新房居住。徐州习俗，须经过一个夏季，房中不再潮湿，油漆也干透了，才可以搬入新房。搬入之前先将内外打扫干净，门上披红贴对联"但日择仁里，岂敢谓乔迁"，横额"莺迁乔木"。锅灶上披红巾，搭上锡箔元宝后抬入，再搬入家具。设素供敬宅神，放鞭炮。敬神时将"神轴"挂在房正中墙上，一般为绘有观音、关帝、财神的三篷（徐州方言，好以篷代"层"）彩色画像，也有另加有火神、雷神的五篷画像。神轴供三日后方撤，三日内，一早、一晚都要上香叩拜。第一次敬宅神后，拜谒四邻。

另有习俗，初搬入新屋居住时，所有家用器物及衣物不得稍有残缺，否则认为不吉。也不得在屋内沾污物品，若不小心沾污，立即洗涤，当天晚上上香遣送，用清水一碗，泼洒于屋。

燎锅底。迁居三四天后，亲友持鲜肉、糕点来贺，俗称为"燎锅底"。主人在当日将所送鸡、鱼等物入锅烹调，另配荤素菜肴宴请来贺者。

二、房屋格局

1. 四合房

徐州传统上讲究住"四合房"，即东、西、南、北屋俱全，围成一个院子。门朝南的北屋为主房（又名"堂屋"），一条甬道便从主屋门穿过南屋正中。习俗上，条件好的，院内铺满石板，稍次则从各房门连院门口，仅铺在甬道上，甬道两旁种些花草。富裕人家，屋内用方砖铺地。

主房正中供神像。没有宗祠的，把祖宗神龛供在偏房内。主房内八仙桌、太师椅、条几、春凳俱全；卧室内窗明几净，箱、箧、柜、橱罗列，床帐被褥铺摆整齐；书房内设文房四宝；客厅里放置古玩，悬挂字画。

2. 公馆大院

官宦人家，居住地称为公馆或大院，前面冠以姓氏称呼，如李（家）公馆、徐（家）大院等。公馆或大院的样式，多为三进院落，更讲究的如李二柱公馆，纵横各三进院落。

从大院的布局看，每个院落都有主房。主房比其他房间高大，由房主居住，有三间（室）或五间（室）两种。讲究的要修走廊。如不修走廊，便在左右依墙砌台，覆上条石，高与人腰齐，俗称为"扶手石"。主房左右为配房，由儿、媳居住。另有客厅、书房、储藏室等。有花园的人家，多将花园坐落在院后，并设后门与花园相通。门洞房内多住佣仆。厨房设在院内左侧，厕所在院内右侧。

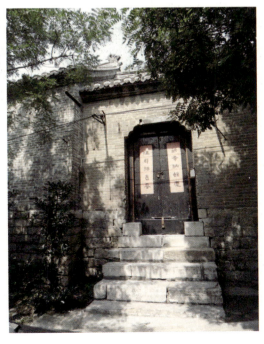

三进院落中，头门如果用"铁壳门楼"，门口必设置石鼓（门当）、闸板；门楣上，装饰伸出约一尺长的圆柱体户对，户对也可以做成木雕或是砖雕。

新中国成立后，公馆、大院逐渐成为多户人家居住的大杂院。

3. 草房、墩棚

过去，徐州草屋很多，泥土墙上墁红草、麦秸或小芦苇。

除草屋外，另有居住条件更差的草棚、石灰棚，俗称"墩棚"，均极矮，是用篱笆外墁泥土做墙而搭成。草棚、灰棚大多集中在徐州北关、东关及故黄河两岸，居民大都是家无隔夜粮的苦力小贩等。每逢炎夏雨季，这些聚居处臭气熏人，时疫多从这些地方发生。

1949 年后，城市中草棚渐被拆除，至 60 年代中期，草屋也终于绝迹。但乡村则是在 1978 年以来才开始这种变化。

4. 楼房

新中国成立后，居民住宅楼渐渐兴起，均为公建房，但大多为二三层高且多家合用厨房和卫生间。20 世纪 70 年代以来，住宅楼群迭起，多五六层高，每房自成体系，或一室，或二室，或三四室，均有厅房、厨房、卫生间。

三、居室布置

徐州传统民居为四合院，厕所下水道居左，厨房在右，院内石板铺地，以石板铺成甬路者次之，用砖铺甬路者又次之。中、上等之家为此，一般小户皆土地，晴天尘飞，阴雨泥泞，遑论其他。

1. 主房

上等人家居室布置，主房有三间，有五间，后者徐州人称为"明三暗五"，即当门三间敞开，左右各一间有隔扇隔开；三间只敞当门一间，左右两间亦隔之。不论三间或五间，后墙冲门必悬神像，两旁挂祝福对联，联为八团花八言。神像前置供柜桌，其式较条几宽大，有抽屉三或五个；下有门成柜式，内专放年节敬神使用的瓷器等物。供桌上放香炉、烛台、香筒等，皆锡制，香炉有无盖及有盖之分，有盖者，盖上制有狮子滚球或二龙戏珠等，四面镂字及花纹；烛台有二层三层者；香筒亦四面镂花，各件分别嵌各色玻璃珠等，工甚细致，香色若银。供柜前放八仙桌（方桌），桌分水线边和净边二种，桌左右置椅，此椅须为太师椅或圈椅、纱帽头。隔房进屋门处为房门，用以通内间，隔房前置茶几，几左右放凳挂椅（椅只有靠背而无扶手）。

2. 内室

内室即是卧室。对房门靠山墙处并排立二大柜，柜上叠放皮箱各一；前墙窗下放梳头桌或梳妆台，衣架置于梳头桌之内端或房门后；后墙放床。床有"台宫式"，即床前沿出厦上有横板，左右竖板均雕花、人物，内有竖柱，两端之柱稍近，嵌尺余高之雕花"影枕"，中档较宽，由此登床。床又有"架子床"，竖柱及床顶有木板盖谓之"床顶"，挂帐时将帐压于床顶下，其他均为"台宫式"，唯不出厦。床上悬帐，内具被褥、蓝布枕头、长几等，枕顶绣花，枕上蒙罩巾，放"影枕"内。后来，间有用铜柱床者，在一般经济情况较差人家，则用板床，仅有板面而无其他（铜柱床的底面有棕绳者，有钢丝者）。再次则为单人床，赤贫之家，茅屋简陋，有无床而打地铺以宿者。

3. 配房

主房前之左右为配房，上首（左边）配房，家主长子居之，室内布置略同于主房。另有家祠者，则祖宗之神主供于供柜上，后墙悬挂书画，左右设茶几处挂"四幅屏"，门内侧上端或房内窗之上悬"条幅"。其他器物放置，多同主房形式。

绅商富户、阀阅门第，有的在客厅、书房陈设有炕床、古董架、书橱等，古玩、瓷器、丹青、书籍、笔砚俱全，此非普通人家能望其项背。一般颇裕之家，则珍藏或摆列于主房、配房之中，虽如此，已使贫者望尘矣。

徐州的富庶大户、中产人家，其居室布置，大半雷同，均如上述，相沿久远，一成不变。偶然有所置放不同者，亲友见之，必谓其零乱无章，物乱而心不静，多招物议。

第五节　行旅习俗

一、启行

1. 选吉日

旧时凡有事外出，均翻检皇历，选择黄道吉日出行，以免不顺。

2. 祈祖先

出远门前，必到祖先神龛前叩拜，说明"不孝子（或孙）"外出原因、方向，祈请祖先神灵保佑出行办事顺利。

3. 吃扁食饯行

外出前一顿饭，家中必为之包扁食饯行。"送行的饺子"，饺子为弯弯的半月形，俗称"弯弯顺"。凡外做生意者，扁食多故意不捏严口，煮时扁食张开了，便说："挣（开）了！挣了！全挣了（大赚之意）！"以求吉利。若扁食全部好好的，"一个也不挣"，就不好了。

4. 接风面

凡出远门回来，家人以及亲友或请客接风，接风宴主食是面，是长长久久在一起的意思。俗称"送行的饺子接风面"，即是。

二、行旅工具

1. 轿

徐州的轿子，多用木板制胎（框架）。除了前帘，其余三面为黑布，左右开小窗。轿内偏后处有坐板，前有轼，俗称扶手板。轿前敞开为门，门有布帘，分上下两截。上帘有小窗，可以从内向外探视。轿上有顶，轿身左右各有一长杠穿过。轿分小轿（工人抬，俗称"二抗子"）、中轿（四人抬），大轿（八人抬，俗称"八抬大轿"）。大轿为官府所用，巨族豪绅在婚娶时偶有用之，但亦属少见。

徐州习俗，名医出诊，必乘轻便小轿；若送已嫁出的闺女必雇轿。此外，婚嫁用轿为"四明轿"；丧葬用轿为"引魂轿"；妓女坐轿为"绿呢轿"；囚犯上刑场均坐"无顶小轿"。

民国时，普通民众用轿，可到老东门"王家轿行"、道衙门"马家轿店"去租。有的尼姑庵如"广慈庵""大慈庵"也出租轿子。

2. 车

车有人力车和畜力车之分，大致如下：

独轮车　独轮车有两种，一种为"土牛"，车面为一平板，板下有两个轮子，当中一个木轮，四周钉铁皮护着，一人推，上面可坐2—3人。另一种为"洪车"，洪车又名"二把手"，车面中间有一凸形中空短木栏，左右为平板。车轮一半在板下，一半凸出在短栏内。一人推，木栏左右可多坐一人。推车时车把手两端系一宽扁带子，挂在后脖上。推车要求上身稳，腰要活。俗称："推小车子不要学，只要腿腔磨的活。"

马车　远途货运或带客多用马车。徐州有专门营运的"马车档子"（又名"马车行"）。收费多少视里程、人数、货物的数量而定。

徐州官宦世家、豪绅巨贾，家中多自备马车，只作坐人用，出远门时，另附载货马车。

胶皮车　西式人力车，又名胶皮车（俗称"东洋车"），两个橡

胶轮，上面载一车斗。一半内设垫，车斗后侧有布棚，撑起后既可遮阳，也可挡雨。车厢内后有靠背，下有踏板。因乘客多要求快速，拉车人极为辛苦，多为穷苦劳力从车主处租来，每天交车价（租车钱）。日军侵占徐州时期人力车曾十分兴盛。

巨商大贾、官吏豪绅、名戏子往往备"包车"自用，以显气派。新中国成立不久，人力车便绝迹了。

火车　1911 年（清宣统三年）、1915 年（民国四年）徐州津浦铁路、陇海铁路先后通车，是全国较早通火车的地区。从此人们的出行，特别是跑买卖方便许多。对原有的出行风习震动最大。

自行车　1921 年前后，邮政局出现了徐州第一辆自行车，当时极为稀罕。不久，以自行车代步的情况便渐渐多起来。

老汽车、人力车、道路

汽车　用于交通，徐州一带最早始于军事，大致在 1928 年。真正用于民，则是新中国成立之后的事情了。

3. 驴

在徐州，驴作为代步的交通工具，曾时兴了很长时间。民国时期，徐州以毛驴"赶脚"的人极多，农闲时，更有许多农民加进"赶脚"的队伍。

一般说来，中老年人、妇女好骑乘毛驴，价格也便宜，远路、近路都很适宜。有"骑毛驴，到萧县"的歌谣（徐属萧县，县城距徐州城不到二十五公里）。

4. 船

津浦铁路未通车时，即民国初年及更早的时候，从徐州南下，多乘坐运河船而行。运河的支岔河道也很多。1910年徐州府火车站建成后，陇海、津浦线先后通火车，乘船的渐少。

第六节　卫生习俗

一、环境卫生

新中国成立前，徐州环境卫生很差，春天干燥多狂风，飞沙走石；夏季潮湿多雨，城中积水洼多，蚊蝇滋生，疫病流行，常常致人死亡。一般街巷内，常年垃圾堆积如山；通街要道，两旁商店只扫门前，虽有清道夫负责扫街心，但基本上草草扫划一通便走，俗称为"王婆画眉"。

全城之中，仅有少数男厕所，多为土筑矮墙，厕所内摆石或砖为磴，另挖坑为小便处，每日有乡农挑筐来城中买粪。如遇连日阴雨，厕所中粪尿溢流街巷中，污秽不堪。家院中女厕情况也大抵如此。因为历史文献少见相关记载，不知习俗起于何时，这种不讲卫生的习俗当形成久远。见怪不怪，久而久之，竟成徐州的一种陋俗。

环境改造

新中国成立后，环境卫生状况开始逐步改善，但直至 60 年代初期，变化虽大，厕所情况依旧，只是买粪的乡农换成了环卫工人，每遇阴雨天，也有人打扫厕所。堆垃圾的情况依旧。但变化大的方面也有两处，一是植树多了，减少了春季的风灾；二是城中积水洼基本上填平了，减少了蚊蝇滋生地。60 年代中期以后，各项环境卫生状况才有显著的改变。

二、个人卫生

20 世纪 60 年代初期以前，徐州地区由于经济贫困、文化落后，个人卫生习俗也差。全家人同用一盆水洗脸、洗脚（有些人根本无洗脚习惯），刷牙习惯也只有在学生中及机关干部中存在。此外，不论室内室外，大家都有随地吐痰、擤鼻子（涕）、丢字纸和瓜子皮壳的习惯。更有甚者，擤鼻子以后，随手抹在身旁的墙上、立柱上、器物上，也有的抬起脚来，抹在鞋后帮上。至于洗澡，每周洗一次算是较好的，双周洗一次或是一月洗一次，也算正常。

那时，饭前便后多数人还没有洗手习惯。由于经济条件差，普遍缺手纸用，最初人们便后常常是用土块、碎砖石或草棒擦腚。一时找不到东西，便在厕所的墙角、雨棚的撑柱上蹭一蹭，大家也都习以为常。到 60 年代，城里人都用手纸了，但农村人仍旧。60 年代初徐州有讽刺性民谣，形容远乡农民进城看到的这种变化："徐州人真阔哈，满街飘薄纸，张张沾红糖（指粪便）……"

同样是经济的原因，人们衣服少、补丁多，换洗不便，身上生虱子的很多，60 年代以前，冬季虱害尤其重。经常可以看到，人们的棉衣上、女孩子头上（头发长）有虱子在爬。那时除虱子的方式，头上的就是用手，最彻底的办法是用篦子梳。这种窘困的情况，城市中直到 60 年代中期才有了根本性的转变。

三、防疫习俗

民国时期，每遇过节，人们才进行室内外卫生大扫除。头上虱子多了，把头发剃光，衣服尽可能多煮几次以防虱害。在饮食方面，一方面常好说"不干不净，吃了没病"，但另一方面，在吃荤菜、吃凉拌生菜时，大都注意配食生大蒜。冬季讲究多吃生萝卜，俗谚称"生吃萝卜喝热茶，饿得大夫满地爬"（意即大家都因吃萝卜而不生病，大夫就赚不到钱来维持自己的生活）。又说："过了九月九，大夫抄着手（把手袖在袖筒或抄在背后，意为闲着没事干，因为没人来看病了），遍地是萝卜，疾病何处有。"

四、治病习俗

1. 求医

徐州旧时有句俗话："穷不离卦摊，富不离药铺。"家庭贫穷的，非遇大病状况，不敢请医生；富有家庭，则是小病人治，无病保养。

凡因病求医时，病情轻的，去医生处（有的医生在药铺旁边）号脉开单（处方），然后到药铺抓药。病情重些的请医生来家中诊视。那时名医多乘轿或坐人力车出诊。医生到门口时，须有人恭迎。入室后先奉烟茶，闲话一番。然后号脉，切着寸、关、尺脉，望诊、问诊、闻诊之后，执笔在月梅纸上写脉案，写完吸烟喝茶后才告辞，病人家属自去抓药。这种情况也是到60年代中期以后才有了根本上的好转。

那时治病的特点是：医生对初诊病人多是少用药，多试探，俗称"头三服药先趟趟"，然后才真正下功夫开药治病。因此，穷人也确实无财力看病。

2. 熬药

病人家属按处方买药后，煎药时忌"干锅"，认为对病人"大不利"。煎药剩下的药渣，俗称"痨渣"，必须倾倒在大门外路中间，让来往行人踩踏，认为这样能"踩断病根"。

3. 常见病与草头方

穷人请不起医生，多觅民间所传"草头方"病方，俗称此为"偏方治大病"。民国时期，徐州钥匙巷（今艺波巷）有位"余二先生"好研究、搜求"草头方"，每得新方，必详加研究，认真试验，认为确有疗效的便留下来储用。凡有来询问者（此人不是医生，亦不挂牌行医），便取出来详细告诉问询者，济世良多。时间长了，不但声名鹊起，所储"草头方"亦积纸成册不下千条。1938 年日军侵占徐州后，在逃避战祸时散失，残佚碎页，十不余一，现举例子如下：

咳嗽：冬季人多患咳嗽，一般用油炸面糊、油炸鸡蛋（均加姜，不放盐）或炸柿饼，每晚睡前和早晨空腹食之。

感冒：冬季间易感冒，除煎"十消饮"疗以外，熬葱须成茶，酒冲胡椒、普洱茶均有效。

小儿痘喉：小儿呼吸不利，作呼噜声，用槐豆入油炸，冷后给服，俗曰"槐豆油"。

小儿箍牙：婴儿牙床上起白点，不吃奶，给之则咬，用白矾水，清洁擦之，数次即愈。

哮喘：用萝卜、荸荠、生姜合捣，取汁去渣，加蜂蜜，早晚服用。

胀满：胸膈胀满，不思饮食，时欲叹气，嚼金桔饼可愈。或熬煳粮食（炒焦的五谷）加气萝卜（收过种子的萝卜），再烧焦原吃之物（饺子、粽子、年糕、馒头等），一并煎饮。

痄腮：用仙人掌捣碎敷之。

疮子：长于指甲处的疮及疔疮，均可用重盐麦糊之，或用猪胆套患处，或用牙轻咬患处，经久不停，二三日可消。

害眼：用针刺耳后暴起之青盘或刺太阳穴，起紫血即愈。

狗咬：俗谚有"三六九，打疯狗"。此三个月中，时有疯狗。一旦被咬，不知是常狗还是疯狗，可用棉籽油熬至沸，以鸡毛蘸滚油滴咬处，觉烫痛，即为常狗所咬，若不痛，或麻或痒，则为疯狗所咬，续滴之，至痛为止，则可免疫。

打嗝：儿童饭后常打嗝，打不止时，一人猛暗击之，使之惊吓，遂止。亦可饮茶徐咽，满口分咽七八次，多则两遍即止。

赤白带：赤白带下，取凤仙花上虫（状为蚕）煎汤饮之。又，红白凤仙根与棵煎汤饮亦有效，但不如虫。赤带加白糖，白带加红糖，俱下则红白糖均加。

蛇咬伤：香白芷研末，加鸭嘴、胆矾、麝香各少许，调匀。用净水洗患处，随洗随换至脏血尽，用清洁纱绸，兜以药末，先将药末撒咬处，再裹紧，毒水涌出。次日仍如法用之，至毒尽，视之可见新肉生，渐平复。

敷药期间，忌食生冷荤膻。

溺水、吞金屑：溺水与吞金屑者，用鸭血灌之，即瘥。吞金器者，整吃生蔬菜，金器可于大便中出。

上吊：松上吊者，须先将口鼻、前后下阴处紧掩，然后松绳，使其盘腿坐，使其胸中气不得出，喉响憋有声，少闪其鼻，吸入气细，出气暴粗，喉痰呼响，掐吐后，有呼吸时，方渐去堵物。

水肿：用田螺、大蒜、车前草，共捣成膏状，净布摊饼，贴脐上，水随便泻出。

骨卡喉：骨卡用狗涎，麦芒卡用鹅涎，鱼骨用猫涎，徐咽即下。取涎法：用大蒜擦猫狗鼻，涎即出。又：用橄榄核水磨，服后鱼骨即下。

眼障：眼生障，用白螺蛳一个，去口盖，以黄连末倒入，置外承夜露，肉即化为水，取而滴眼，眼障自除。

生发：头上生疮，出脓后结痂，痂落成疤，疤处光滑，用生姜切片擦，发可生。

鼻出血：烧头发吹入鼻孔，新棉蘸发灰堵之，可止血。又，用草三七（小椭圆叶，黄碎花，梗蔓状）揉团塞鼻孔即止血，如常出血，则用其叶炒鸡蛋（不用盐）食之，并用藕节煮水，淡饮。

疮疖：疮疖初起，夜醒，用不出语的唾汁抹之，连抹数次，夜二三回，不日即消。

偏头痛：用新萝卜取汁，加龙脑少许，调匀，滴入鼻孔，左痛滴右鼻孔，右痛则滴左鼻孔。

痞块：用大蓖麻去壳，一百五十个，槐枝七寸、香油半斤，前二味入油浸三日夜，熬至焦，去渣，加飞丹四两为膏。入井水中浸三日夜，取出，先用皮硝水洗腹患处，贴之。

痔疮：以甘草煮水烫洗，再用五倍子、荔枝草（癞蛤蟆草，面青背白，有纹）煎水烫洗，治痔疮无漏管者。

血崩：用猪鬃草四两，童便、黄酒各一盅，煎成一盅温服。猪鬃草叶圆，如莎草。又方：用红、白鸡冠花等量，同煎温服。为昏厥，以铁烧红，浸醋中熏之轮换使用。

中毒：菌内黑者不可食，食后即大吐，可毒人猝死，亦有剧毒者，如为误食，急嚼食金银花，可愈。又方：掘地盈尺深，注新井水搅之使浑，少时澄清，取饮，名曰"地浆"，治诸菌毒。

中暑：猝然中暑，气闭。急取大蒜二三头，与路心热土共捣碎，新水搅和，去渣，灌之即醒。

痢疾：久医不痊，以人乳煎荜拨（荜草根）服之，立愈。

治痘：痘黑倒靥唇口如冰，用狗蝇七个捣碎，和酒少许调服，移时痘即红润（冬天，狗蝇藏耳内）。又：痘毒上攻，内障。用蛇蜕，净洗焙干，加天花粉等份，共研细末，破羊肝，纳药其中，麻皮扎紧。泔水煮熟切食，十日内即痊。

扭伤、跌伤：用樟木枝煮水洗烫，一日数遍，并用毛巾热敷。

癞痢头（秃疮）：儿童剃头，剃刀不洁，易被传染。用刀砍楮树，刀口处渗出白汁液，取液涂疮上，每日一二次；夜睡，用巾扎头，次晨洗去陈液露肉，或渗血，再涂如是数日可愈；顽疮不过十余日，愈后无疤，发仍生。涂后干时，痒疼，不可搔抓，手拍之即可解痒。

害耳底（耳流脓，甚臭）：用人乳滴之，每日二三次，数日遂愈。

疥疮：用狼毒（山里的草根）熬水洗烫，此方易攻疥毒，四肢虽愈，归于腔，经久不痊，应慎用。另方：疥初起，逮蝌蚪，清水洗净，凉喝，每次七八个，一二日，疥爆出愈亦较快。又方：活鲋鱼，剖去肚内物，实以黑矾，新瓦焙焦，捣细，调香油，烫后搽，奇效。再方：用猪膘油，加硫黄细末、葱白、蒜，共捣成糊状，用细布囊盛，烫后轻涂，亦效。

4. 食疗

徐州的食疗传统源远流长，若从"斟雉"的彭祖算起，则有四千多年的历史了。祖国医学中向有"药食同源"的说法，现存最早的医学典籍《黄帝内经》明确指出："五谷为养，五果为助，五畜为益，五菜为充，气味合而服之，以补益精气。徐州民间至今尚有"药补不如食补"的俗谚。食疗方法也极多，既有饭粥类、菜肴类、糕饼类，也有药饮料类、药膳酒类和药膳糖类。徐州基于前人的经验所得，对于一些饮食疗法已是家喻户晓，久之可以为俗，普通小疾微患，不必求医服药，自选对症菜蔬、食物等服用带有不可思议的效果，现略举部分民众最方便也最常用的食疗方如下：

赤小豆粥：

［配方］赤小豆50克，粳米200克，食盐、味精适量。

［功效］本品甘酸，内服利水消肿、除湿散热、通水解毒，外用清热毒、散恶血。

［制作过程］把赤小豆、粳米洗净，放入钢精锅里，加适量水，置炉上用武火烧沸，用文火熬成粥。放入食盐、味精即成。

［备用单方］（1）治疗缺乳：产后乳汁分泌过少，气郁奶结，每天早晚用赤小豆半斤煮豆饮浓汤，连用3—5天，效果很好。（2）治脚气浮肿：赤小豆50克，花生肉带衣50克，谷、麦芽50克，红枣10个，水200毫升，煎好服用，一日数回温热服。

山药粥：

［配方］山药30克、白扁豆15克、粳米15克、白糖少许。

［功效］补益脾胃，适用于脾胃气阴不足、乏力倦怠、气短少、口干欲饮、便溏等症。

［制作过程］把山药切成厚片，白扁豆、粳米洗净。然后将白扁豆、粳米放入钢精锅内，加水烧沸，熬至八成熟时，加入山药、白糖，熬熟即成。

［备用单方］（1）治小便频数：山药以水煮过，白茯苓等份为末，每次冲水饮服6克。（2）治糖尿病：生山药120克，以水浓煎服。（3）治小儿长久腹泻：山药半生半炒为末，每日服二次，每次3—6克，小米汤送下。

生姜：性温、味辛，能散风寒感冒。用姜一块拍烂、煎汤，加红白糖（赤痢加白糖，白痢加红糖）饮之，痢可止。姜又可开胃，增食欲。妇女腹寒痛经，煮姜水代茶饮，亦可缓和病症，故俗语曰："冬吃萝卜夏吃姜，不用医生开药方。"

桑叶：霜后桑叶洗净晒干，以文火炒之，存收储砂罐中密封，至春夏之交取代茶叶饮用，可以疏散风热，清肝明目。目赤以浓桑叶水频洗，可止痛退赤，旧时农村中居民多收藏待用，村头集内茶摊卖茶者亦多用此。

西瓜：西瓜解渴利尿，清暑热，除烦躁。炎夏时节，家庭皆备，虽经济拮据者，亦必于街市摊上购切块瓜而食之，尤其劳力之人，直吃至大腹隆隆，顿时暑气全消，一身清凉，疲解神爽。瓜皮俗称"翠衣"，削外硬层可炒汤用，亦具瓜瓤同等功效。

大蒜：俗语称"蒜有百益，唯不利于目，茶有百损，唯利于目"。蒜消肉食停积，解毒杀虫，煮食可治痢疾、水泻、虫积腹痛，久用能治痛肿、疥癣疮毒，用多则伤眼。每年端午节，各家必用"独头蒜"（蒜分二种，有"独头""分瓣"之别），掺以雄黄，用酒泡白矾，是日午时曝晒，干后收储，夏天蚊子、臭虫、跳蚤等咬后奇痒，或起红疙瘩，取矾蘸唾液擦之，痒可立止，故无家不备，有小孩之家更不可或缺。食用之蒜，以紫皮者为佳，白皮者功能稍差。

萝卜：萝卜可消食积，能降气化痰，秋季以后，做汤炒菜等，生吃熟餐，差不多家家不离，故有俗语云"过了九月九，医生抄了手，家家吃萝卜，谁把病来有"。其功用降气祛痰，消食除胀，止咳消喘，宽腹和胃。如觉胸腹胀满，生吃萝卜后，再饮以热茶，即觉有冷气由胸逆上而"打嗝"（如饮汽水后），顿时胸膈舒畅，其效立见。

绿豆：绿豆性凉，善清暑热、平烦渴，能解药物毒和疮疖溃疡热毒，故夏天家家煮绿豆汤饮用。

其他如荠菜可止血利尿；芹菜能降血压；韭菜治遗尿；葱白须治外感风寒，解表发汗；芫荽可散风寒、透痘疹等，当时的老年人熟记，一旦需要，即指示方剂，用之无不效。

每年入夏后，常给小孩戴香荷包，以避蚊虫的侵咬，端午节喝雄黄酒，增强抵抗疾病的能力。

以体育锻炼来增强体质，防病治病；以讲究个人良好的卫生习惯来减少疾病的侵害，这种习俗也是至60年代中期以后才真正形成的。

第三章　工商习俗

从民俗的意义上看，生产习俗可以是含生产工具在内的生产过程、行业崇拜、行业规俗及拜师传业等各方面；"贸易习俗"则应从行规、行俗、标志、贸易方法、拜师收徒等诸方面看。其余，如数字暗码、劳务费、回扣、行业密语（暗话、黑话）等亦是。但调查的结果显示，前者较容易了解清楚，后者从整体上看，仍是个不大不小的谜，这不能不说是一种遗憾。

第一节　手工业行俗

一、敬奉祖师

俗话说，"三百六十行，行行都有祖师爷"。一般地讲，敬奉祖师爷均在年节间、祖师爷生日纪念、行业庙会、拜师收徒时举行。供奉时燃烛上香、叩头礼拜。徐州一代，各行业公认的祖师爷为：（1）洪炉业供奉李老君；（2）木工、瓦工行供奉鲁班；（3）制笔业供奉蒙恬；（4）修鞋业供奉孙膑；（5）染坊业供奉葛仙翁；（6）医药业供奉华佗、孙仙人；（7）烹饪业供奉彭祖；（8）烧窑业供奉女娲娘娘；（9）饭馆茶楼业供奉灶君；

（10）典当行供奉赵公明；（11）酿酒业供奉杜康。

其他如干鲜果行祖师王母娘娘，戏曲行业祖师唐明皇（老郎爷），曲艺行业祖师周庄王，相声行祖师东方朔，说唱道情的祖师张果老，娼妓行祖师管仲，乞丐行的祖师范丹，媒婆行的祖师月下老人，渔业祖师姜太公，等等。总之七十二行也好，三百六十行也罢，都有祖师供奉的。

另徐州黑篷底小吃业供奉彭祖、秦忠（按老厨师胡德荣解释：秦忠相传为秦末汉初徐州的烹饪能手，是街头小吃业的创始人。故徐州一带，烹饪行业又可称为"秦行"。此说法与传统的"勤行"音同意不同）。

二、行业庙会

祖师供奉较典型的是行业庙会。

1. 鲁班会

徐州原中和街（今文油坊，东起彭城路，西至云龙电影院）稍南处，原有一个鲁班祠。鲁班即公输班（"公输子"）。在徐州，木工、石工、瓦工等均奉之为祖师。鲁班祠门不高，正中上方有"鲁班祠"三个凹形字。院子不大，但很方正。院门朝东，内有三间西屋，当正中一间内为鲁班塑像。南北屋各两间，地道一间，偏东处有两间南屋。

七月二十一为鲁班生日，正月十五为鲁班会日，逢会时，由同行中资历较高者主持上告、供礼、叩拜。这一天，爱热闹前来游玩观赏的也比较多。

2. 老君庙会

老君被铜、铁、锡等小五金从业人供奉为祖师。老君即李耳（又名"老聃"），是中国古代最伟大的哲学家。后世道教兴起后奉他为祖师。崇

道而又认老君为本家高祖的唐高宗追号老君为"太上玄元皇帝"，同样崇道的宋真宗据此加封号为"太上老君混元上德皇帝"。正是因为道家好炼丹，神魔小说《西游记》一书中又写太上老君的八卦炉，所以，哲学家李耳终被洪炉业（五金业须烧炉熔冶五金）奉为祖师。

农历二月十五，相传为老君生日，五金业人员均前来老君庙赴会，行拜祖师礼。老君庙在云龙山西北坡下，庙宇较大，山门上有"老君庙"三字竖匾。院内南北房各五间，大殿五间，建于山坡上，主殿内塑有老君像，左右两房各立一道童。逢会时，同业人中资深望隆者任主持，指挥拜祖礼节。

至期，庙外有许多临时出摊做买卖的，烧香人也从早到晚，络绎不绝。有许多人醵金（徐州人俗称"打平乎"）在庙内共同进餐，多时可达一二十桌，天黑后，燃火炬，内外一片通明，多至三更方散。

3. 罗祖庙会

罗祖被理发业奉为祖师。会期在七月十五，罗祖庙在云龙山东麓下一高台上。庙无山门。院内南北各有两间房屋，西屋三间为正殿，殿内有罗祖塑像，像年久失修后，改为神龛。至期，理发业人员均来上香拜祖，拜祖后，往往有人在庙内聚餐。

4. 华祖庙会

华祖即华佗，被医药行奉为祖师。徐州原有四处华祖庙，唯以今云龙区卫生防疫站（原华祖庙旧址）前院的华祖庙最为盛大。

华佗青年时代曾在徐州一带游学、行医，其弟子樊阿即

是徐州人。相传曹操将华佗杀害后，樊阿带华佗的头颅葬于徐州南郊。后因年久、战乱等原因，墓所失察。明永乐年间，徐州知府杨节仲修城南山川坛，挖地时发现华佗墓，并掘出巨骷髅头一个，考证认为是华佗的头骨。另以土厚葬，题碣。国子祭酒胡若思为作《吊华佗墓》诗云："徒把金针事老瞒，千年荒冢朔风寒，后来枉却陈琳檄，到底西陵泪不干。"万历初年，刘顺之墓前立祠。后因大水、地震等原因，屡遭破坏，雍正二年曾重修墓、庙，乾隆四年（1739）和道光二十九年（1849）曾两次大修。"文化大革命"中被毁。

云龙区卫生防疫站的华祖庙大门朝东，门楣上有石刻"华祖庙"三字。院内的西屋三间为正殿，透屏棂槛，丹楹刻桷，正中设神台供铜铸华佗坐像，两旁另有泥塑的采药童各一，一童执刀圭，一童捧青囊书。正殿前有南北厢房数间。稍南有一小院，月亮门，北向，门楣上有石刻"华祖墓"三字，门两旁有两石狮。入门，小院中是华佗墓。墓高约2米，圆形，上端出檐成伞状，伞形墓顶正中塑一凹腰葫芦（俗称"宝葫芦"）。墓前有石供几、石香炉，两旁有四个石人侍立，均头绾双角若药童状。今月亮门、华祖墓都在，采药童子不见了，大殿没有了，石柱础、石鼓倒是随处可见。

华祖庙会春（三月三）秋（九月九）两次，除医药行人员来此拜祖外，善男信女也多前来顶礼膜拜。

除庙会外，各行业者有拜师收徒等要事也有到祖师庙来拜祖。

三、师徒传承

以往，手工业的传承多通过收徒弟拜师傅进行。

1. 拜师

以前学手艺，多有家长或本人托亲朋介绍，师傅同意后举行，草拟"写纸"（拜师协议书），选定日期，举行拜师仪式。

拜师的时候，师傅、徒弟都要选本行业的人以及重要亲属参加。由行业内一定身份的人主持仪式，无非也就是叩首、敬茶，发给师徒二人"写纸"各一份。

2. 师徒关系

拜某人为师，须终身孝敬师傅。俗称"师徒如父子"，"三年为师，终身为父"，所以徐州人习惯称徒弟为"徒儿"。若遇师傅、师娘病故，徒儿亦同孝子一样服"斩衰"丧服，只是不需提哀老棒子。

手工艺者较重义气，同门之中，不论先后，均异常敦睦，不论为做活，或是为生活，讲究互相帮助，师兄师弟间往往情同手足。

年节之时，师傅也酌情给学徒一些过节费。学徒家中有婚嫁丧葬事，师傅也必去庆贺或吊丧。平时，也偶尔会送给学徒鞋袜等物，数量多少则视学徒的成绩好坏及师徒关系亲疏而定。

学徒有生病的，必令回家，但酌情给一些医药费。

师徒关系另有家传式。师傅的子弟在本店从父兄学艺者，不需有"出师"名义，俗称"家传"，同行中均予承认。对此，俗话称为："门里出身，不会也懂三分。"

3. 出师

出师日期，不限定在"写纸"日期的三或四周年时，既可提前些，也可推后些，徒弟多的大店铺，精明强干学习快而精的徒弟，往往两年有余，便可以同期满者一同举行出师仪式。至期，人员到齐后，即燃烛上香，鸣放鞭炮。出师者先敬祖师，三叩头后，再向师傅、师伯师叔及其他参加者逐一叩头致谢。师傅此时将出师者向同行前辈逐一介绍，并请加以关照。这时，前辈们多说着鼓励劝勉的话语。如："师傅领进门，修行在个人"啦，"师傅能教以规矩，不能使之巧"啦，"青出于蓝而胜于蓝"啦，"有状元徒弟，没有状元师傅"啦，等等。之后，家长向师傅、师兄及介绍人致谢。

4. 谢师宴

来客依辈分及年龄长幼依次入座。宴席一般设两桌，一桌师傅主座，一桌由学徒家长主座。按规矩师兄与师傅不能同席。出师者不入座，仅在席前侍立，斟酒点烟，恭恭敬敬。这时，觥筹交错，猜拳行令，满堂人均欢乐非常。出师者更是其乐陶陶，视此事为毕生的荣典之一。

出师仪式的花费，一般由师傅与学徒家长分摊。即便经济困难者，亦须分担三分之一。

举行出师仪式，无论师傅或徒弟都很重视。因为，举行仪式便是向大家公开宣称某某是某某人的师傅（或徒弟），出师者是"本行"中人，如无仪式，同行业便不予承认，称其为"租"的，也就是"野"的。手艺即便高明，也无人邀请做活，即便有人邀请，同行中也要派人出面干涉。

5. 帮师

学徒期满后出师，按照习俗及写纸规定，仍要跟师傅、师兄一起工作，俗称帮师。帮师的时间为一年或二年。帮师期满后，方可自由做主，或受聘、或自营。帮师期满后，待遇与学徒不同，均发给一定数量的工钱。

帮师有禁忌，其间私自为他人"干私活"或径自找门路"跳槽"的，如被发现，聘请者往往被罚请客，徒弟则听师傅处理（学徒也是这样）。

四、客师

师傅年老体衰，学徒又因技术等原因顶不上来，为撑住门户生意，往往请有经验的师傅来店内主事，此即为客师。凡本店承揽大宗活计一时干不完，或包揽某活技术难度大，请高手来帮忙，亦称受聘者为客师。

客师分长期与短期两种，长期客师受聘期限为一年，在店内要代为教导徒弟。店中供食不供宿。吃饭时，菜馍汤全备，每日三餐，早点可简单些。工资按月计算，数量视技术高低定。与同等技术的短期客师相比，工资稍偏低。

1. 长期客师。在约定时间内，不得"客辞主"另去高就，有敢辞业另就者，则称为"跳槽"。同行中人必出来干预，罚聘人者请客赔礼，受聘者亦须无条件回原聘处。没有到期的"客师"，店主也不得"主辞客"，这同样为同行中人所不准。

2. 短期客师。某宗工作开始后便请来，该项工作做完后便辞退，这种师傅俗称为"短期客师"。如有新工作需要做，便重做协议后再干。技术好些的，往往一宗活接一宗活的长期干下去的。

客师外出干活时，所请帮手不得私用他人，只准用本店人手。

五、其他

1. 加夜班

喝了重阳酒，就把夜来守。这是手工业工人熟知的常识。徐州习俗，每至重阳节这天，晚饭时，店主必定准备螃蟹和其他酒菜，请本店工人饮宴。九月初十起，每晚便须加夜班至十一二点。这是因为，时至仲秋，农村收储完毕，农民手头既宽裕又有些闲暇时间，嫁娶之事多安排在此时，手工业也因此成为旺季。恰在此时，白日渐短，仅日间工作产量有限，供不应求之际，便须夜以继日。

2. 禁纂行

手工业者各有各的行季，不得互相纂行，抢别人的"饭碗"，如木作业，分"大木作""小木作"和"雕工"三种。做寿材者为大木作，制作家具者为小木作，木器上雕花则为"雕工"。承揽活计时绝对不准超出自己的业务范围，否则被认为是"纂行"。

凡有"纂行"者，同行知道时，先来劝止，如不听劝说，即可强行没收工具，不道歉并改正者，不发还工具。

再如石匠，专门刻碑文、碑坊上花鸟图案、对联者，俗称为"镌刻石工"，盖房子打地基、砌墓、板石等杂活者，俗称为"石匠"。石匠不准雕刻，镌刻石工也不准做石匠分内的活，否则即是"纂行"。

如有人打嫁妆、打柜子要檐，打床要出厦，便须"小木作"和"雕工"一起请，分头做。如有人建坊又要立碑，也要石匠、雕工一起请，使其各做分内活。但联系做活时，顾主只需请一种工人即可，工匠可以自行联系。

一般来说，木工中以"雕工"工资高；石匠中以镌刻石工工资高。

附：行规行俗（由当事人数十年后凭记忆追述）

木器行行规

民国三十三年（1934）中秋，铜山县（今徐州市）木器业同业公会发起订立行规，并请商会协助。当时，商会派人前往，经过三个晚上的研究，草定出行规。三天后，召集全体会员大会通过，遂决定付诸实行。商定行规如下：

1. 同行方面，团结互助，任客投主，不得乱扒生意。同样工作木器定价要划一，不得贱价招徕或高价欺客。凡成品价格公议，明码出售。

2. 本会会员所包括之三个行业，大木作（寿材）、小木作（家具）、风箱；各按本行生产，不得纂行（即兼营，寿材店不得做家具，家具店不得做风箱等）。

3. 购料方面，遇有市面的原材、物料短缺时，同行店可集资到乡间或外地采购，按出资多寡分用。如自己单独采购来者，也可加薄利分给同行店。

4. 公会认报的捐税（营业税、地方税）、临时摊派的费用，概按已定一、二、三等店比例分担，不得推三阻四。如情况实在难者，经众同意，可予减免。

5. 新开的店要向公会登记，报商会注册，视其营业情况，再定等级，歇业店如有余货，他店可以代销，余料可以分用。不得压价取巧或拖延付款。

6. 请师傅：需要请师傅帮助工作者，长期定为一年，可延长；短期即是临时的，工程结束即止。其待遇视被请的师傅技术如何，双方协议。长、短期均供食，宿自便。

7. 收徒：徒弟由介绍人送店后，试看一个月，足月后拜师、写纸，三年出师，出师后帮师一年，学徒期间供食宿，帮师时起薪水，一年满后正式定薪水。

8. 同行业客不得扒别店师、徒，更不得以高薪引诱各店师、徒，不得吃里爬外或在家偷打成品私售。

9. 带徒外出干活的，家远不能回店吃饭的，由店主酌发饭钱。

行规定好后，由商会代为分发各店遵行，并报商会备案。互相监督，不得违犯，如有违规者，临时会议，给予处罚。1938年日军侵占徐州后，此行规方废。

瓦工行俗

徐州的瓦工，没有特定的行规，仅有一些长期沿袭继承下来的行俗。据调查大约可分为以下几种：

1. 行内按技术高低分为"高手""低手""帮手""上架""下手""小工"等。对帮手以上均称为师傅或"老师（儿）"，其他则依姓氏称为"老张"或"小李"。

2. 某少年跟着工头或上手、高手干过几次小工，即可被收作徒弟，师徒数人在一起宴聚一场，行拜师礼即可。拜师后，凡有活，师傅均带去同干。

3. 每一工头，手下均有一群师傅。工头视揽活大小、用人多少，分别通知需用之人。干活时，工资每三五天发一次。凡工头只负责管理者，只领一份工资，兼做活者领两份工资。大工领一份，手艺极高的可以领一份半或双份（由工头定）。此外，工头从工人每人每天工资中提取若干作为己有，但"上架"以上不提。

4. 承包工程可分为两种方式。一种为包工也包料；一种为包工不包料。前者属工头负责购备用料，若包料中出现亏累，亦有工头去交涉追加费用。

5. 瓦工分三种。经过拜师者叫作"本行"，父兄为瓦工者称为"吖刁里"，不经师自学且不是门里出身者为"稆"的。（以上三种，徐州均习称为"泥水匠"。）

6. 凡石工为盖房打好地基后、瓦工开始砌墙前，事主要设宴招待石工和瓦工，并发"喜钱"。上梁时，事主要宴赏木工和瓦工，亦发放"喜钱"。房屋落成后，大宴瓦工，再发放较丰厚的"喜钱"。

7. 凡盖房屋门窗上方的墙或屋脊时，往往由工头事先准备某种物体砌该处墙内，以为可以去邪避灾，俗称"压胜"。至于压入何物，工头多不言。

第二节　商业行俗

一、职务职责

1. 掌柜

"掌柜的"即是店主，大多不问细事，百务均委经理，即便坐在店中亦如此，但店主若亲任经理，便须负责一切管理事务。

2. 经理

"掌柜的"聘请的高级管理人员，凡商店一切业务事项均以经理的名义进行，若遇大事要事，方与店主洽商。店内隔三岔五的业务会议，检阅账目，对下层工作人员的业务训练和指导，均由经理负责。

3. 司账

俗称"先生"。是店主聘用的财会人员，地位仅次于经理。规模大的店铺有内账和外账之分，内账登记进货账目、仓库账目及分类账、总账；外账专司门市销售和批发业务账。

4. 帮账

学徒入店后二三年，精细者可提为"帮账"。帮账主要是帮助内账工作，是司账的后备人选。

5. 伙友

店主聘用的一般工作人员，负责接待客人、洽谈业务、与经理协商进货、逢年过节催收欠债等。其称呼，经理及同事可直呼其名字，学徒则称为"×爷"（不依姓氏，而是取名字中间的一个字）。业外人称"大伙计"。

6. 练习生

俗称"学生意的"，即"小伙计"。一般多依姓氏称为"×相公"。三年后可升为"小伙友"。练习生的职责为：下店门，洒扫卫生，替值夜班的伙友倒尿盆、打洗脸水、整理床铺，站柜台。伙友与顾客谈生意时，在一旁侍听、敬烟茶，交易成功后，替客人包装货物。晚上伏柜台上练习算盘。晚十时，上店门闭市，洒扫内外、整理货架、涮洗待客用的水烟袋、打纸煤儿，侍候值班伙友入睡后，再打地铺（无床）就寝。

练习生学习期为三年，学习期内无薪金，店主仅供食宿。练习生衣服上不准钉衣兜，以防止私窃现象。食品店的果品允许练习生肆意白吃，但不得携出。

二、开业礼俗

1. 开业典礼

旧时，凡商店新开业前，多用红纸书对联云："先行交易，择吉开张"。嗣后，亲友、同业前来祝贺送礼，礼品多为牌匾、财神轴、香烛、贺对、瓷器等。礼物摆好后，店内布置一新，贴"开市大吉"大幅红条，放鞭炮，披红挂匾，送礼人排成一队，店主及股东另站一队在前，后随全店工作人员，向碑匾三揖到地（后改为三鞠躬）。礼毕，店主在前，其余人众随其至后房挂财神轴处。财神轴前的供几上摆干果供（果子、白果、红枣等），神轴左右依类斜放尺剪或斗秤（视营品种而定）、账簿、算盘等物。店主先上前燃烛上香，行三叩头礼，次为店中人等。贺客们仅躬身一揖。店主向来客致谢后，互道颂祝性语言，即散。

当晚，店内设酒宴谢客，席散客人离去后，店内全体工作人员同聚一桌，大家猜拳行令，店主也亲自劝酒，并说些谦恭和勉励的话，夜深方散。

2. 贺礼规矩

贺新店开业所送牌匾，除匾为该店字号外，牌均不同，多写些吉祥话。如京货店则写"天孙云锦"，广货店则写"琳琅满目"，杂货店写"汇集南北"，行栈牌上写"宾至如归"。

馈送人的名字，用红纸另写，其格式如下：

×× 宝号开张致禧

××× ×××……（同贺者名单）

嗣后，由商店按名单发帖宴请答谢。帖式如下：

谨订于×月×日×时敬备菲酌恭候

×× 商店 ×××（经理人）谨订

席设：×××（酒店或本商店内）

3. 招牌与幌子

民国时期，商店均有招牌或幌子。悬挂本店门外，以便辨识和招徕顾客。招牌多为木制，白油漆铺底，绘有花边；幌子系纺织品制成。招牌及幌子上的字，除店名"×记"外，另写有经营项目，例如，京货店多写："哈拉哔叽""绸缎布匹"。广货店（百货店）多写："申江广货""瓷锡铜器"。酱园店多写："秋油陈醋""伏酱腐乳"。毛烟店多写："瑞云超尘""兰花留香"。馃子店（食品店，徐州人习称糕点为"馃子"）多写："南北果品""蜜饯糕点"。

4. 广告词

有的招牌或幌子上的词语，除标明经营项目外，又颇有广告意味，读来诙谐有趣。例如，茶楼上多写"无扬子水""有蒙山茶"或"清蒸香茗""千丝肴馔"。酒店的招牌（幌子）最为醒目，多写："太白遗风"或"糟丘精华"。中药店的招牌较大，高约2米，宽约30厘米，上写"道地药材，遵古炮制"。

除上述木制、纺织品制作的招牌或幌子外，另有一些店用石粉湿粉抹在店门左右墙上（略高于门的上端）绘上花边，写上字代替招牌。

客栈多写"任官行台""安寓客商"，另在门上端写"宾至如

98

归"。菜馆多写："包办筵席""随意小吃"。粮行多写："汇集百谷""代客买卖"。

5. 行业标识

除幌子和招牌外，也有在店门口悬挂某种物件，作为行业标识使顾客易于识别。油漆店挂猪尿脬（盛油漆用）一串。纸坊挂彩色纸一大束。做衣店挂衣服一件。香烛店挂大红蜡烛模型一个。帽店挂破毡帽一个。浴池挂灯一盏，太阳落山后即点亮。

三、营业习俗

1. 开业典礼

每年农历正月十五前后正式开业，直至年终。开业具体日期，一般由商会择定吉期，印刷在红笺上分送各店。开业前一天晚上，商店内好像过除夕：贴对联、放鞭炮、敬财神。店主互相拜访祝贺发财，店员则聚赌或敲锣打鼓娱乐通宵。次日即正式开业。

徐州的规俗，正式营业前，允许临时性营业。

2. 记账暗码

商店记账均用于大写，计算多用暗码（又名苏州码）。从一至十分别写为："〡、〢、〣、〤、〥、〦、〧、〨、〩、十"。

3. 歇业

商店歇业时，必须在店门上贴"歇业招揭"条。

4. 算账与分红

每年开始营业前准备工作：初五"扫架子"，清理内外。初六盘点货物，新店员及"铜锅"留用者均参加，司账连夜结算账目。

初七、初八凡合资商店，均召开股东会议，公布账目、分红，独资者，则召集店员，公布账目及盈亏情况。对利润的使用为：提出一部分扩大营业，留出一部分做公积金，剩下的"分红"。凡入股者，股息另计。

四、其他规俗

练习生的衣服上不准缝衣袋，以防偷窃。食品店的果品，允许随意吃些，但不准带出。

每年除夕，营业时间必须延至第二天凌晨，然后上门、敬财神，同进夜餐。店主、经理介绍当年营业盈亏情况和来年打算。除向店员们一年的辛苦致谢外，也宣布辞退的人，俗称"打锅"。如想复工，往往利用这个时机，托人说情，俗称"锔锅"。

每逢端午节、中秋节、年终，为商店讨欠债期，委派专人持清单去各地讨还欠账。

商店伙食，视经济状况各有习规。人多的吃饭分两班，平时均为素菜，每月初二、十六两天，加荤菜一至二种，名为"打牙祭"。

食品店逢端午节、中秋节，粽子、月饼各供吃三天，另赠给店员白糖、月饼若干。此外，另备有酒。春节时则更丰盛些，一般从除夕供应到初六，也有稍长些的。

练习生无上下班，均常年住店。伙友轮流值夜班，约半月一次（视商店大小、伙友多少而定），值夜班时俗称"上班"，回家时称为"下班"。

附：万隆昌绸布店的规矩

万隆昌京货（现称绸布）店位于徐州原中道街路西，四间门面，规模中上，业主为李雅言。其人最重规矩。

1. 上午七时，练习生下店门。这时，店主李雅言必准时来到店内。

2. 练习生下门后，拿起算盘用力摇晃数次，取尺剪敲打几下后再放回原处，然后去厨房打开水沏茶。这时伙友们陆续来到店内。

3. 练习生为各伙友上茶后，另取水烟袋、燃纸煤儿送到店主李雅言手中，李一边吸烟，一边吩咐工作。然后各自就位，营业正式开始。

4. 主顾上门后，伙友与之谈交易，练习生侍立一边，除观察、默记学生意外，主要负责烟茶。成交后，由练习生包扎货物，送客离店。

5. 进餐时，练习生先摆桌凳，李雅言与伙友们入席进餐。练习生帮上饭、上菜后，方可入席进餐。餐毕，练习生收拾餐具。店内每日有固定菜单，由司账在前一天晚上交一较早进店的练习生，叫"下小柜"。伙食账由该练习生管理，大师傅（厨师）负责早上买菜，晚上报账。

平时，素菜四盘四碗，初二、十六加荤菜一味。年节更丰盛些。

6. 晚十时，练习生上门。上门后，店主与伙友开班后会，谈全日营业情况，检阅账本，计划须添置的货物，指令司账往外地发信。

练习生此时扫除、整理货架、涮烟袋、打纸煤儿，替供宿的伙友及留宿客人铺床、提便壶。

7. 晚十一时，店主洗脸后离店，下班的伙友回家，练习生伺候供宿伙友及留宿客人睡好后，打地铺熄灯睡觉。

8. 练习生三年内，营业时间不准坐，讲究"站"字。营业时间无客人上门略有闲暇，即练习珠算或整理货架。

9. 练习生凡有事离店，须向伙友请假，准假后方能离开。回店后须报知。

10. 练习生衣服上不准缝挎包（衣兜）。

11. 剃头师傅每月来店两次，全店人剃头光脸，由司账结算统一付账。练习生一律剃光头。每次剃头后，晚八时去浴池洗澡，澡费由司账付给。

12. 练习生入店第三年，成绩好的可提前提升为小伙友，更好的提为"帮账"，并按月发给少量"月薪"，俗称为"起身钱"。至第四年（入店满三年）方正式开月薪。

13. 年终"分红"等级：经理、司账一等，大伙友二等，小伙友三等。另取一小部分分给练习生。

14. 月薪等级，1927年时，分为十元、八元、五元三个等级。

其他规矩：

1. 太山会放假三天，并发给零用钱二至四千文不等。端午节、中秋节另发店员"过节钱"若干，春节加倍。

2. 除夕夜吃"砸锅饭"，设宴前先敬神，财神轴下摆荤供、上供香、燃烛、斟酒、烧元宝（锡箔），同时在店门外放鞭炮。店员随店主依次叩头后，将摆在财神像左右的算盘摇晃一阵，再拿尺剪敲打一翻，然后入座开宴。

3. 新年营业前一天，贴对联："万家齐兴隆；昌盛积余财"（内嵌"万隆昌盛"四字）。门头挂红绸彩球、小方招牌。招牌共有四块，分写"哈拉大呢""直贡哔叽""苏湘顾绣""绸缎布匹"。招牌上披红。

店内、后院、房屋里，贴满"川流不息""开市大吉"之类的吉祥语红报条。

4. 店员家中遇婚丧大事，除店内出账给予补助外，店主李雅言自己另送一份厚礼，并亲到店员家去庆吊。

5. 店员习称李雅言为"老掌柜的"。李有二子亦在店中做练习生，众人习称为"大、小掌柜的"或"二小老板"。此二人所有待遇与练习生均相同，遇有差错，亦当众责骂甚至施以拳脚。

6. 对经理称"×爷"，对司账称"×先生"，对伙友称呼同于经理，对练习生称为"×相公"。

（注：此店规系数十年后据回忆所列。据调查得知，与其他同业店相比，此店店规比较严格，但对店员的待遇也较优厚些。一班老店如徐允兴、王信成、蔡永兴、永康祥等，均逊一二，尤其规矩一项，多失之宽。）

五、徐州的专业街

1. 粮行街

清末以来至民国时期，徐州的粮行共有三处：一是今丰储街（原铁佛寺南），一是坎子街，一是四道街。每条街有十数家至数十家粮行不等，农民将粮食运来交粮行代售，粮行另收佣金。

2. 银市街

徐州今统一南街原名银市街。民国初期，因官方在这里设"平市官钱局"经营银钱业的汇兑和存放，慢慢形成银行业一条街，在五六十米长的街道上，当时集中了七家银钱业机构。

3. 红炉街

徐州人俗称铁匠炉为"红炉"。清后期以来，逐渐在鼓楼街（今鼓城路北段）形成红炉一条街。该街上有姚家帮（十四五家）和范家帮（江南人，五六家）约二十家铁匠铺。

4. 铜器街

清末在今建国东路西段，形成了铜器街。共有马家门和戚家门二十多个铜匠铺，除箱、柜上的装饰和配件外，刀、剑、斧等兵器也制作得非常好，在徐州地区很受欢迎。

5. 苇席街

今兴隆西巷（原名席行巷）原是苇席一条街，大约在清末民初形成。徐州通火车后，常有整火车的苇席向外运，足见其规模之大。

6. 皮行街

徐州是黄淮干皮、马皮、驴皮、黄鼠狼皮和狗皮等的集散地，其供销地点集中在建国西路（原英士街西段）。20 世纪 30 年代初，这里共集中了二十多家皮行店铺，形成了皮行一条街。

7. 烟摊街

徐州奎东巷中段原烟摊一条街。1938 年日军侵占徐州后，外地香烟进不来，本地手工香烟猛然兴起，日产量可达三百万支。每天人们便携了香烟来到奎东巷（原习称东坡墙）出售，鲁西南、皖北、豫东等地区的烟贩均齐集在这里采购。

六、民国集市

徐州的集市，不论在清朝还是在民国时期都是距城二十里以外方有，距离越远者越大，如西北乡之敬安集、郑集，东北乡之汴塘、小塔山，北乡之利国驿，东乡之单集，南乡之宝光市、褚兰，东南乡之双沟镇，西乡之王门等。当时贾汪镇也属于这个范围。

1. 集市日期

凡集市均有固定的日期聚集于某处市场，进行买卖交易，名曰"逢集"。有的日期定为一四七九，有的定为二四六八和三五八十（均为旧历），其隔一日者为"小集"，隔二日者为"大集"，也有的间日逢集。是日附近农村居民担挑、驴驮、小车推运出售之物赶赴所在地求售，购物者亦来选购，俗谓之"赶集"或"上集"。逢集之日，市场上熙来攘往人流稠密，期过则顿觉清淡，是为"闭集"。有售物未能全部脱手，或购物未得者，则等下一集再来。回时则曰"下集"。

市的日子除上述之外，其时间约有三种，早集在上午太阳升时市场已满，太阳稍偏东南即"罢集"，俗称为"夜猫子集"；太阳升起上集至午过"罢集"，谓之"晌午集"；又有的午前上集，太阳平西"罢集"，曰"晚集"。罢集以后，除临时售物者各自散去外，市上之小商杂铺、茶馆、饭铺、酱菜店等仍照常营业，零星物品尚可买到。

尤其茶馆，常有一班茶客和饭铺里的酒客直至罢集犹逗留谈天说地不去，人称之为"集混子""酒子"，故集上常有酗酒骂街生事者。

2. 集市管理

一般集市多成立悠久，远近皆知，地主、乡董、团练、村长等欲在所居之村庄新设集市，必于事前数月下帖请附近村庄之头面人物和近处集市的集主，请伊等大力支持，广为宣扬，并介绍果农、屠户及粮油、牲畜经纪人，请其代为拉拢联络，然后辟家前或左右本村大路两旁为集市地点。两旁房舍规划出商铺、茶馆、饭铺、粮油行，另指定场地为牲口市、菜场等，并指派专人管理。每集按业务规定收取费用，向集主缴纳所有钱款。房屋修整、街道打扫、雇用人工等，概由集主开发办理。每集收入为数可观，大集有专雇一人司账。人们习称集主为"集（老）板"，尊称则为"×爷（按排行第几）"，司账为"账师"或"先生"，管事人为"管爷"，背后则呼作"腿子"或"跑腿的"。

3. 集市交易

集市交易用现钱者少，赊欠者，除售方记账外，另立操票据随时记入，年节结算，故以高粱换酒、肉换蔬菜，一切物品均可用食粮交换，唯独牲畜须付现款。至于粮食牲畜交易各有"行人"居中议价，可定期分次付款，行人亦须领有本行执照即行帖，方能营业。

4. 评理

如因账目往来、争行霸业、强占地点等情事发生纠纷，以致吵骂斗殴情事，管事人出为调解，较甚者集主予之评理，重者令其赔礼道歉、设宴请客，或永远不准来集售物。

凡年节之际，集上坐地之荣业主，必备礼物送集主，以希加以关照。

5. 代购

商铺的货源、茶馆使用的茶叶及酱菜店酱菜等购进，有代各集进货的"推脚"者，进城按各自所开的货单代自主顾。商店购进，备齐后，用"二把手"洪车或土车（俗呼"土牛"）推送，结算账目，核计盈亏，次日即下门应市，也有的商店范围较大，运交付原主获得脚力运费。集主有时亦使推脚人捎带东西，虽付以酬钱，而推脚人未有收受者。

6. 小吃与娱乐

在逢集之日，集上卖油条、烧饼、火烧、糖糕、热粥、辣汤等黑篷摊点，满布街旁，而说评书、唱丝弦者也各有场所。晚间偶有梆子戏于土台上演出，汽灯辉煌，二三十里以外村庄之人也来听戏。凡集均开有"挡子店"（客栈）一或二处，有的为集主自设，有的为本村居民之家附设，以便来往远客投宿。逢集之日，间有城里商贩推车带日用品、香烟赶集兜售。

7. 小市

徐州城区十余里内，向无设集者，因为城关间商店林立，百货俱全，买卖物品，互为方便，故无集。但有"市"，凡无店铺，设摊兜售，相聚一处，相沿称"小市"。

现云龙电影院处有原称为"小市"者，在初设时，仅少数小摊就地营业，后逐渐扩展，延及马路两旁。东至彭城路，摊点栉比，道路为塞，当时的警察局因其妨碍交通，勒令均迁往现解放路南之空场地，摊点剧增，布匹、百货、西药、鞋帽等，凡商店有者此市无不具备，已非"小市"，故改称"晓市"。至于营业已由零售发展为批发，顾主多系河南、安徽贩运商，采购后再向内地转运，其营业额颇为惊人。直至抗战时期飞机轰炸后始罢。

8. 开市与庆典

徐州的商业店铺行栈每年"一元复始，万象更新"的时候都有"开市"之举，在民国期间，由铜山县商会（沦陷时由徐州市商会）印发红笺通知，略谓"谨择新春正月×日，定为开市之期，用炫市家之繁茂，而期善润于万镒，特此通知"等语，云云。

开市之期，一般均择定每年的正月十五前后，然而商业上的习俗，是由正月初一闭市。商店里仅留一二人轮流值班留守，余均外出，回家过年及分赴亲友处拜年，至初四，齐集店内打扫货架，清理内外。"五忙"（正月初五，财神下界）象征性开市，初六盘货（盘点），连夜结算账目，核计盈亏，次日即下门应市。也有的商店范围较大，货物较多，盘货、结算颇费时间，而应市时间较远，但最远亦不超过正月初十。也有个别商店，为了盈亏关系或因其他事故而发生纠纷处理未决等，迟迟不得下门营业，但延至开市之日，无不营业者。

开市之日的前夜有如除夕，最醒目处贴着"开市大吉"，门上粘贴对联，什么"买卖兴隆通四海，财源茂盛达三江""莫道鱼盐无大隐，须知货殖有高贤"等。店内货架上贴着"川流不息"长条，铺柜、账桌前面则为"招财进宝""日进斗金"，后房或仓库贴着"货堆为山"等"斗方"，均为朱红纸书写。内房悬财神像，陈列算盘、尺或斗秤、香烛果品，灿烂夺目。全店人员分别理发。十二时，鸣放鞭炮，开始敬神，业主或经理燃烛上香率先三叩首，以下"管账"、走街（又称"跑街"）、"店伙"而至"相公"相继拜神，并向业主（经理）躬揖致贺。仪式完毕后设宴，按秩排坐，推杯换盏，觥筹交错，极尽欢娱。席散，玩"麻将""牌九"（又称骨牌），分桌聚赌。至晨曦破晓，再敬神。上午七时前后，下门应市，练习生持算盘频频摇晃咣啷声响，以示生意兴隆，握算不停。此时通街鞭炮齐鸣，震耳欲聋，儿童拾炮者往返乱窜，居民支使男童抢先至商店购物。商店尚未开门，即立待门外，一俟开门即至柜台前声言购物，所购者多为小件，商店收值不过其价之半，谓此童为"招财童子"。

接着，街坊邻舍、同业之人等纷纷前来称贺，彼此抱拳拱手致意，互道祝愿，斟茶奉烟，不暇停坐，遂匆匆转赴他家。此去彼来，络绎不绝，店中亦派员外出至别家道贺。

戏园（宏裕昌鸡蛋厂对面），梆子的班底，穿着破旧戏装，扮作文武财神，锣鼓前导，彳亍而行。自上日晚即赴市，一路喧喧嚷嚷，至商店前排站，口说吉利颂语，商店即付给喜饼若干，得钱遂去，一晚难于遍去，所以次日开市时仍走街排店讨索。

前夜与是日晚，有的商店备有锣鼓，纠合亲友等一同奏演，铿锵之声不绝，有的初习，锣鼓不协，使人烦厌。又有胡琴悠扬，高唱京剧，生旦净丑皆备。白天有留声机之声此起彼落，全无歇止，引得路人停步，街道阻塞。购物者认为，开市大吉之日，货物必薄利销售，于是争先购买，以致店里店外，人几为满，一时盛况空前，次日营业始复常规。

9. 争行霸业

在民国十年前，徐州争行霸业之风，极为盛行。所谓争行霸业者，多系摊贩，在某处安摊设点，久占为业，他人不得占用此处，该摊点所经营的商品，邻近之摊点不得经营。一经最早设摊点之主发现，立令停售或驱逐使之他移。

当时的南门内外街道两侧、石库门商店窗下，售卖袜子、手巾、针线、肥皂等商品之小摊鳞次栉比，其营业额，较大之摊，不下于小型商店。此种摊点，多为经营者一人购进出售，按批发价进货，一般加利润二至三成零售。其时军阀互争，常常运输不通，货物难进，他们也知囤积居奇，虽存货无多，却可获厚利。较大之摊，不过二人，或夫妻、或父子、或近亲，早设晚收，雨日则止，以此积至小康之家者颇不乏人。

城内城隍庙里外、韩家牌坊（现徐州日报社后）、南关现彭城路奎河桥东、东关陶公阁（现月坡街）等诸市，贩卖蔬菜之挑担、肉架、调味品小摊等均为固定地点，别人不得占用。菜农进城卖菜或新干者，不仅在市场内难摆放，更无其放置筐笼之处，并且同业加以排挤，使之立脚不住，故只好遍街串巷叫卖。

祠堂巷张勋生祠前、西关校军场（现医学院处），以后又有宏裕昌鸡蛋厂前（现青年路东段百货站处）等处之游艺场，凡评书、渔鼓、扬琴、戏法等，亦各有场地，毫不紊乱。至于庙会设摊，事先多日及早前往占地，撒上石灰，或摆上砖石。所占之地，上午为别人使用，则必须另觅地点，不得使用他人旧例地点。

不论市、游艺场或庙会等，皆有"头人"，虽欲使用一席之地，也必须向其联系，得其允许方可使用。否则谓之"私干"，同处之人，群起而攻，吵骂斗殴者，时有发生。有连闹多日不休者，后则有人出而调处，软硬兼施，"私干"之人结果必自认输，登门拜谒"头人"。言归于好，从此可入一伙，与他人之间，彼此照顾，有如旧交。

除有固定地址使用者外，流动之挑水夫也有一定风习。挑水夫代居民、商店等挑水，有一定的家数，别人不得代挑，谓之"水窝子"。原挑水夫不愿挑时，即将"水窝子"出卖与他人，则由某日起，归买主接挑，挑水费亦归买主收取，从事此业者称为"挑卖水的"。挑水夫因故不能供水时，则可找人代替，代替人不能向用户直接收费，水费应由原挑水夫付给，而用户之费亦由其收取。

争占地点，尚有卖早点、夜宵等人，街头巷尾通衢路侧，早市有热粥、油条、糖糕、辣汤等挑担或炉灶摆设，晚间卖夜宵者，也有各自的特定地点，晚九时前后，挑担放置原处，开始应市。他们在固定的地点上设摊，有数辈人相沿袭不移者，如果营业的人因事或生病不能上市时，则食客多感不便。

旧城南门瓮城（现彭城路奎河桥北）路中心原有"嘉保太平"之影壁石碑一座，高三米余，碑之前后，卖吃食者林立，全天营业。他们与卖早点、夜宵者一样，都是"久占为业"，本人年老，则传给儿子，或索价出卖，谓之"卖窝子"。冲要之处，所索之价甚昂，有的由"中人"玉成，有的直接谈判。

上述多种行业的争行霸业，既不定纳课税，又无政府保障，纯系风俗习惯相沿而成，所谓"积习难返"。当时执政者虽原欲废此陋习，言者谆谆，听者藐藐，直至抗战胜利后犹如此。

10. 要诳

"徐州府的买卖——连腰砍"这句歇后语和"漫天要价，摸地还钱"这一句俗话，是徐州妇孺皆知的。尤其是在民国十七八年以前，无论是开店坐铺的门市商店，还是挑担负贩的小商小贩，出售商品向顾主要价时，无不"要诳"，顾主无不"还价"。熟悉行情的，可买到便宜物品，"两眼一抹乎"（不了解市价、质量等级）的顾主，无不上当，有的较精明的顾主，本着"货买三家不吃亏"的精神，便可少吃些亏。

要价"说诳"，是一般较小商店的通病，而挑担贸易者流尤甚。中上等之商店"要诳"者也有，但差距较小。自天成百货商店开业以来，首创"一言堂"，悬牌挂出"言不二价""童叟无欺"以后，许多稍大商店步其后尘，风气稍为一变。

"要诳""以劣充优""欺骗顾主""抽梁换柱"等，无所不用其极，尤以粮行、皮行、脚行等行商特甚，牲畜市场，专在袖里摸手指谈价钱，而各行商又各有其特定的"暗语"（黑话），代客买卖时，虽卖主、购主当面谈交，行人居中斡旋，所说语言，外人多为不解，彼则从中渔利，"吃红控黑"。购销双方受愚，彼既得利，尤言"见瞎不拿、一律同罪"，"拿瞎""捉冤"。

善于辞令的刁狡商人，在应付顾主时，他们有一套秘诀是"软、硬、刁、憨、钩、搂、奉、承、敬"。有的顾客较难应付，则敬烟奉茶，温言笑语，夸奖货物尽善尽美、货真价实，竭诚相待，于是攀亲叙朋，牵强附会，渐亲渐近，声言"一回生，二回熟，三回老主顾"，使顾客入彀于不知不觉之中，当时商业道德之沦丧、风习之坏，大略于此。

第三节　矿工行俗

一、敬窑神

贾汪区内有两座窑神庙，夏桥煤矿东大泉村窑神庙规模较大。庙内有大殿和东西两廊房，房内塑有十八罗汉像。大殿内塑有窑神像，黑脸、相貌凶恶、手执钱串。农历三月初三为窑神庙会。庙会这天，工人分早、中、晚三班排队去窑神庙烧香还愿。去时以吹鼓手为前导，抬着整猪整羊，一路燃放鞭炮，从夏桥煤矿门口一直燃放至窑神庙门口。一路吹吹打打，烟雾弥漫，以示矿工对窑神之虔诚，乞求保佑下井平安。

二、禁忌

井口不许妇女靠近，连工人上班路遇妇女都认为不吉利。井下忌说"灭""神"。灯灭了说"灯渍了"；坑木打滚说"翻个"；井口往下送车皮，不说推下去，说"搡下去"；窝子里掸石头、矸子叫"冒顶"。井下大巷的转盘被认为是香炉，新工人下井，要先在这里磕个头，乞求窑神爷保平安，才准许去干活。

第四节　药行俗

一、祖师崇拜

徐州药行对祖师的崇拜，因帮派和地域的不同而各有区别：武安帮敬药王孙思邈，华阴帮敬奉邳肜（华阴帮系来自安国，当地的药师王为邳肜，每年农历四月二十八有庙会）。因徐州是华佗的主要行医地区，华佗死后头骨也被大弟子樊阿葬在徐州，并盖有华祖庙，故凡在徐州经营医药业的，又都入乡随俗，崇奉华佗和以"尝百草"著称的神农。

供奉祖师的仪式多在收徒及重要节日时举行。以武安帮为例，客房内挂药王像，像内药王头上是一飞龙，脚下卧一猛虎（相传药王曾用银簪为飞龙疗治被蜈蚣精所蜇的毒伤，为猛虎取出卡在喉中的棘刺。此即"龙盘枯井，虎守杏林"典故）。在像下设神案（大条几）、供桌，案上摆供烛、香炉，至节日、收徒之时，前来上香叩拜。

二、收徒

学徒均由各帮自原籍招来。收徒时要有二位保人，并立契约，契约大致必有这样几条：

1. 当学徒后一切听从店主安排；
2. 学徒期间生病、逃亡、病故、走失（民国时军队常抓夫），药店概不负责；
3. 学徒三年期间不准回家等。

三、职责

1. 老板

又名业主，是药店的产权人。

2. 经理

药店负责人。一般讲，经理人员分大掌柜、二掌柜、三掌柜，大掌柜管大局，二掌柜管人事安派，三掌柜管具体业务工作。

柜台上有大伙计、中伙计、小伙计和学徒。后面作坊内有刀工及负责人刀头（刀头亦可称为掌柜）。

四、服饰习惯

上柜台者均着青衣大褂，犹如昔日说相声的衣服样式。1938年日军侵占徐州后，逐渐才有穿白洋布褂子的。夏季天气无论多热，必须衣着整齐，扣好每个衣扣。民国时期，店员头上多戴瓜皮帽，学徒及年轻人均为红色，年龄大些的均为黑色。

五、薪金级别

学徒管吃住，无薪金。学习期满后，即升为小伙计，年薪为二十元，这时可回家探亲，四个月后方准回店，此为"一转"；干小伙计二年后再回家探亲，回来后为"二转"；二转之后，即"八仙过海，各显其能"，干得好的，可提为中伙计，年薪为三十元。中伙计再经数年历练，方可提为大伙计，年薪为七十至一百元不等。经理略高于大伙计。

六、分红

分红按钱股（资金）和人股（有劳力技术的大伙计，又称为"干股"）以正六四（钱六，人四）的方式分配。但店主可将分得的红利继续投入店内赚钱，出人股者分得的钱却不能投入，可以另用来做其他生意。

七、营业习俗

1. 不问不搭

不准向顾客主动介绍药，而是问啥说啥、买啥卖啥。称药（习称"抓药"）分量要准，不多给，但也绝不能少给（当时大户人家，买药后有专备的小戥子校秤，轻则恶言相向，重则骂上门来，如处理失当，便失掉了一位大主顾）。药称好后，用彩色纸包扎。包好后，由老师傅按药方点号，对照无误后，方按药包的大小，由大到小叠起包扎。

2. 精心包装

凡细货（贵重药材）的包装纸上，均印有药材的形状、名称、疗效及店铺字号。包好的另附一小红纸标明。凡有易散发药味的药物如冰硼散之类，则专用乌金纸（折光纸）包扎。

3. 站台与待客

站柜台时一律不准坐。柜台外各有供顾客坐的桌椅条凳，遇有大主顾，必有烟茶招待。按店规，服务态度一定要好，务必使顾客满意而归。若遇顾客要药，店中恰巧缺货时，也必用烟茶招待、聊天，暗中让学徒或小伙计从别的店中买来，换本店包装后付给顾客。

4. 服务规范

来有迎言，去有送语，笑脸躬迎，热情招待。接药方后，先"审方"，即询问病人姓名、年龄、性别，详察药中有无"相反""相畏"和妊娠禁忌及超剂量的有毒药物，不贸然配方抓药。抓药时，将处方列药配备后，另有专人复核，剂量无差错，药味无短缺后，在处方下签名备查，然后包药。包好药，另包扎标号，按处方的"脚注"，在处方上写明"先煎""后下""另煎""分冲"等熬药方法,并附上一张印好的六寸见方的"文图仿单"和滤写,上面有各药及疗效、用量、用法禁忌等详细说明。

药物包扎好交给顾客时,按要求,对顾客交代自加引药如葱、童便、黄酒等。并说明各注意事项。

八、标帜

大门处立一石座(高约 1 米),上面竖一大通天招牌(高约 5 米、宽 0.7 米),上面用红、白颜料写上药品名称,如:"高丽人参""印度牛黄""暹罗犀角""海南沉香""精选饮片""丸散膏丹""批零兼营"等字样。

店内外或张贴或是挂有醒目的广告用语,如"名稽尔雅""谱按群芳""药本神农""医发岐黄""理精素问""效奏青囊""搜山踢海""市隐韩康"等。

九、用具

柜台内外均设有八仙桌、太师椅,供顾客临时饮茶休息用。另设客房,房内有雕花漆床、罗帐、铺盖,上挂中堂字画、条幅楹联,八仙桌上摆茶具、古玩等专供大客商留宿用。

仓房内设货架、木箱、瓷坛、盖缸、铁锅、铜锅、蒸笼、箩筐、筛子、细箩、簸箕、铁刀、铜刀及各类炮制工具。

十、密码

药行无行话、黑话,仅药物标价用密码,密码系选用汉字部首作 1、2、3……10。为怕顾客识得,每过一时期,便另行换码。

第五节　房地产买卖

民国时期,徐州的房地产买、卖、租、当,均有一套较完整的交易习俗。这些习俗传袭久远。房屋多余的,可租赁一部分赚钱。家境艰难的,往往临时将房子典当给别人住,典当者至期无力偿还典当费的,也只好将房子卖出(此外也有因搬迁等原因卖房的)。

徐州习俗,不论房屋的当典或是买卖,都要请中人说合,设宴成约,定约上载明各种条件。

如果是当房，一般最多以三年为期限，届期回赎。但多数当房者均过期限拿不出钱或物来赎当，只好无限期地拖下去。但住房人家往往抓紧时间催逼（当房费回赎时不加利息，久拖对己不利）。央请中人出面后，房主往往"坐价"延期，拖不下去又赎不回时，也只好改换契约，将房屋卖给承当人。

一、房产买卖

1. 看房

凡拟买卖、租当房屋及买卖土地者，均须先行相看，然后，或依房屋所处位置、质量，或依土地所处位置、肥瘠等，先行论，决定之后，择期成约。

2. 成约

成约时，买主先下请帖，所请除原介绍人外，另请三人一同做"中人"。此外请买卖双方亲友各二人及"四邻"。所有人众到齐后，由原介绍人（俗称"嫡中"）同双方商定各项条件，然后开始写契约。契约由代笔人取"桑皮纸"写。写好后，所有在场者均画押，这种仪式叫"成约"。

3. 办税契

上述这种契约，俗称"草约"，尚须办"税契"，方能取得官方认可。买房者凭草约去铜山县（今徐州市）署二科办"税契"，然后由县署二科发贴有"印花"的契纸，这种契俗称"官契"或"大契"，享有法律保护权。

4. 期限

房产买卖中，凡成立草约，完成税契等一切手续的，一般买主先付房价的百分之七八十，其余的不付，改成欠款条。并说明卖主把房屋全部让出后，凭字据付清欠数。卖主迁出时间，三月至半年不等。在此期间，房子白住，不需付房租之费。如果所卖房屋是营业用房，迁出时还要由中人出面协议，请买主另付些搬迁费。

如所卖房屋早由卖主出租他人营业用，多由卖主找租房者协议，限五至六月内搬出，未搬出前，房租仍由卖主收。到期如租房人不搬，可与买主另签租约。原租约即行作废。

二、地产买卖

买地者，凭草约至二科下属"丁四科"办理"官契"。当时，铜山县辖区共划分为十个乡，每乡专设丁四科一处，办理税契。

1. 种子费

土地买卖中，凡地上还种有谷物，买主须另付"种子费"。庄稼已长成者，则另行作价，习俗上"种子费"及庄稼费均略高于实物。俗称此为"瘦牛不瘦角""置产强于变产"。

2. 交地边

买卖土地者，成立"草约（略同房产）"后，即定期丈量，丈量时必须敦请四邻土地的主人，请他们各自站在自己的地边，然后由卖主安排丈量。

除中人外，另请集镇上买卖土地的"行（háng）人"，持"檀子"（又名"弓子"，战国时有檀公，善于礼，故称）就地丈量。量好后，详细析算无讹，且确与四邻土地主人无争议，方告完成。这种方式，俗称"交地边"。

3. 交老约

如果卖主存有所卖地亩之官契，须将原纸移交买主，但买主须另外付些钱，因为有了这官契，就不必再去办新税契，俗称"交老约"。

也有买卖土地者成约后拖好几年不去办官契，双方仅以草约为凭证。往往有卖主之亲族人等，借某种理由出面纠缠。这时，买主须请中人从中斡旋，补偿一些代价，闹事者得钱物后，须交字据，保证不再纠缠。俗称为"坐价"。

三、房地产出租

1. 土地出租

土地出租给他人种时，须订立租约。一般租费为每亩夏粮、秋粮各三斗（每斗重约 7.5 公斤），地肥者略高些，地瘠者略减些。夏粮指小麦，秋粮为高粱。不给粮食，也可以按市价折成钱。出租了的土地，其他粮纳税的责任仍由出租者自负。

另有一种"看陵（徐州读音为 lín）的"，可以在坟地中耕种庄稼，不

114

需交租粮，只要在每年清明、中元节、下元节前整扫、添筑一番即可，陵地的主人另外还视情况略付些酬金。

2. 房屋出租

房屋租赁，一般不立租约，若是营业市房均立租约。租约上写明租金、租期，租房人有时要交部分押金，凡拖欠房租时，可从押金中扣除，凡押金扣完或无押金者，房主可令"退租"。

四、契约形制

1. 卖房约

立杜卖约人×××，今因正用不足，甘愿将自有坐落××街××巷路×，房产一所，绝卖于×××名下执业，卖主亲族人等，均无干涉，四邻在场，亦无侵占，更无其他任何纠葛。同中言明，房价××元，成约之日，钱房两交，嗣后房屋修建、捐税物项，概由买主承担，与卖主无涉，当面议完，多无异议，恐口无凭，特主杜卖约为证。

计开

（某某某房屋、×间，有无隔扇，是草或瓦房，占地×亩×分

廊 等，并列）

下则开列四邻，后书：（约内的"同中人"均为四人）

东	× （姓）	立杜卖约人	×××押
西	× （姓）	买　主	×××押
南	× （姓）		×××押
北	× （姓）	同 中 人	×××押
			×××押
			×××押

"计开"之下，不载"房屋"等，而开明"南北×弓，计合×亩×分"。并加于约内"完粮过户，当日交割清基"等字样（量地所用之弓，一弓合1.6米，二百四十弓为一亩），"计开"下，分列四邻×（姓）。

其余略同卖房约。

2. 当房约

立典当约人×××今因正用不足，自愿将坐落××巷路×瓦（草）房×间或院落一所，出当于×××居住，同中言明，当期×年，当价××元，当即清交，亲族人等，概无瓜葛。典当期内，房屋大修原主，小修房

客。至期回赎，交还当价，不得短欠，至期不赎，铺无利息，房无年限，中途不得有转当、出租、抵押等情事。成约之后，×月交房，回赎后亦于×月内退房。典当期间，如有天灾人祸，概由当主负责，恐口无凭，特立典当约为证。

以下主典当约人、当主、同中人均画押（签字）×年×月×日

格式同杜卖约。卖、当约只一纸，归买主或当主收存。

3. 租约

立出租约人×××今 将自有 坐落××号市房×间出租

承租约人××× 租到×××

于×××经营×××号，同中言明，租期×年，每月帮助金××元，到月凭折支取，不得短欠。租赁期间，天灾人祸，及房屋修缮费用，概由承租人负担，如有大修，须经出租人同意，允其在租金内扣还，如改建装饰，则归承租人负责，事前亦应取得同意。租期内，承租人不得转租、互换，到期原房交还，方得停付租金，亦可再议续租，另换新约，恐口无凭，特立租约，一式二份，各执一纸为证。

以下之下计开，则列市房×间，石库门楼或板门，后房瓦（草）×房×间，门窗一概俱全。后即出租人、承租人、商店盖章签押，同中人签名，年、月、日。商号租房营业地址繁华，多另出押金，押金至退房时方退还。一般无押金。有押金者，租金可稍低，无押金者则稍高。押金多寡明照约上。租赁住房多无租约，只在口头协定，更无押金，至于租期亦多不确定。杜卖、典当、租赁房产或买卖地产，事前下帖，邀请中人、四邻等，帖式：

订于×月×日×时，××（处），为转让（典当或租赁）
房产（地产）成约，恭请

驾临

×××谨订（卖或当主、出租人）
×××谨订（买或承当、承租人）

五、牙行

新中国成立前，各城乡集市均有牙行，即提供交易场所、负责说合买卖并从中取得佣金的商号或个人。这种经济人俗称"行人"。

按规矩，买卖双方必须经过牙行定价、报价、讲价，由行人在双方之间用摸手指的方式表示出来，而手是被双方的袖筒遮住的。九个常用数字的暗号是：双二、品三、方四、土五、挑六、捏七、撇八、钩九。成交后，行人提取双方的佣金。

行人为多捞钱，往往向双方瞒价，但为了显示其忠诚，一张嘴却不停地赌咒发誓以显其无欺。所以，俗话说"牙行的咒，三千六"。

新中国成立后，牙行逐步消失。

第六节　借贷民俗

徐州民间借贷习俗，大致有四种表现方式，兹分述如下：

一、互助借贷

1. 摇会

摇会的实质为"互助"。徐州的摇会，实为社会下层民众所好。摇会的产生，各因事而设。如某人（或某个家庭）生活中遇有困难，或因其他种种原因急需筹集一笔款额，便组织摇会借贷。

"起会"时，一般由首倡者联络十余人（多者可达三十余，多为亲邻、朋友、同事）共同参加，互相约定每月拿出一定数目的钱（具体数字视大部分参加者经济情况而定，少者一二吊，多者可达十吊）存入会中。犹如今天银行设办的零存整取。但取钱则从存钱的当月（实为当天）开始，每月由参加者一人取用。一般由"头家"（摇会的发起人）拿第一份，余则以纸条写上顺序号，搓成纸团，放入某容器（帽子亦可）内反复摇动后，由参加者各捻一纸团展开共视，另用纸将各人顺序号录出，即为各自取钱的顺序。摇会的名称，亦由此而得。除"头家"外，如有其他人也想早日取钱用，则必须在抓阄判定顺序后，个别商量交换取钱次序。

这种因事而设的摇会，以帮助发起人解决困难为目的，对发起人和排在前面领钱的人来说，实际上是一种无息借贷，对其余的参加者来说，也不失为一种零钱聚整钱的较有效的积蓄方式。

摇会亦有不因事而设的，概因当时的社会环境太差，一者政局变动频繁，市场流通的货币无论种类或价值都经常随之变动，二者当时的银钱业如钱庄，亦有突然倒闭或席卷钱财，逃之夭夭的。

下层民众当然无法承受这样的打击，为尽量把平时节俭的一点零钱积聚成一笔款额，为防不虞，便建议与他人同设摇会。但此类摇会多无"头家"，所有参加者一起抓阄决定取钱的先后顺序。

2. 四总会

四总会可以说是摇会的一种形式。有会首一人，会友少者八人，多者十二人，都是会首的朋友。会首联系好后，定期请客，人到齐后，开宴前先出会帖，会帖用红字印成，四折，封面有"四总会帖"字样。内有"小启"，注明会首姓名、与会人数、会底、会金钱数及参加开会者名单，名单按得会顺序排列。

得会顺序的排定用掷骰子来确定。会友到齐后，环立桌旁掷骰子，骰子的一点、四点为红色，取四粒骰子同掷，以红点的多少为标准定先后，全红第一，三个红第二、等而下之（若掷骰子掷全黑时，可以重掷）。红色数相等时，以四个骰子点数和最大者为先。排定顺序后，依次写在会帖上。然后入座，上酒菜开宴。

起会宴结束后，会友交会底（1921 年前后，会底一般为四元或四千文）及第一次会金。每次会金数为会底的一半。会主将钱全部收下后，留下会底，另将会金交给第一位得会者（俗称"头会"）。大家离席前，另将起会宴宴资交出。

按规矩，会期每季一次，八人者需二年会完，十二人者则需三年。起会期间，每次集会均宴饮一番，宴饮费用仍为大家分摊。会期结束后，会首将会底钱交还大家。

如果有人需要用钱，亦可再起金，首倡者自任会长，以取得会底金的使用权。

3. 老人会

自任会首，以取得会底金。又称"绵龄会""耆年会""龈寿会"等，本质上亦是摇会借贷。凡家有老人者，其子孙为之起老人会，会员十余人到数十人不等。老人会推选主持人一二人。起会的目的，全在于为老人故后办丧事用。凡某会员家老人死时，主持人即到丧主家协助办理丧事。其余会员，均听从会主安排协助办理。

办会人员视家中老人多少出会钱，一个老人出一份，两个老人则出两份，以此类推。会钱每份多至五元、十元，少者二三元（此为1927年前后的数字）此数由主持人收储备用、作为替丧者做寿衣寿棺的费用。俗定，遇丧事时，会员再另出些赙仪。

老人会的情况大约可分为三等。上等会会员不多，均为家产丰厚之家，起会时即派定会员的职务如账房、库房、厨房、监护、官厅招待、招待等。一旦有事，即各司其职，在会主的指挥下协同丧主家办事。这一类会，只图遇丧事有人帮办，不在赙仪的使用。

中等会人数略多些，会员均为小康之家，会中专备有联幛、茶具、炉灶等物，遇事即取出使用，悬挂联幛，以壮观瞻。全体会员亦都参加料理事务。

下等会员多为手工艺者和经济状况欠佳但又常在外办事者，需要讲究面子，就用这种方式来为老人办丧事。每会人数也相应多至三四十人，故每遇丧事，会金确实也是一笔可观的数字，足济急用。此外，人数众多，不但各项事务主事者有人负责，各项杂役如厨师、杂工等也均由会员兼任，其互助的优越性在人力、财力、物力均显示得十分充分。

日军侵占徐州（1938年）前，老人会一直较为风行。

4. 老丈人会

民国二十年（1931）徐州水灾后，原大巷口（后转入丁字巷）的塾师汪劲生发起组织老丈人会。因为汪有子女十一人，其中九个是女儿。他联合了报界人士及其他好友，订立入会的标准为，家有三个女儿以上者，均可入会，以便嫁女时可互相资助。当时会友约七八人左右。一时仿效者迭起，但未形成新俗之际，1938年日军侵占徐州，老丈人会从此绝迹。

徐州"摇会"的由来极久，据老人们讲，这种以互助为主要目的借贷方式已不知存在有多少代了。从其发展变化来看，新中国成立前极多，新中国成立初及三年困难时期尚有存在，但随着国民经济的发展和人民生活水平的不断提高、社会上其他福利方式的增多，摇会亦随之减少，目前已基本绝迹。

二、高利借贷

顾名思义，高利贷是以较高的利息为条件的借贷方式。放贷均于借贷者急需用钱而又无处筹借的时候，以高于常息数倍的利率贷出，期限一般较短，往往使借贷者既受到高利盘剥，又可能届期无法偿清，从而利上加利，越陷越深。亦有因受此害，竟致典卖家产、儿女甚至受逼而死的。正因为如此，高利贷者在人们的心目中极坏，当时的政府亦反对这一职业。因此，在徐州一带，从事这一职业的多为瞎子和无儿女的孤寡老人。从这一现象来看，大概也是为生活所迫、无可奈何之举吧。

高利贷的利率一般为常息的3—8倍不等，如当时银行借贷为一分多，在高利贷者最高者可达十分。因为此职业不受社会保护，借贷方式均为暗中交易，放贷者为防失手，一般均需借贷者找介绍人（实为证人、保人）联系方可贷出。旧社会常有个别人家门口有瞎子或孤寡老人哭闹的，多是由于借贷者一时还不起债，而放贷者来追索的。由于银行借贷利率与高利借贷利率差额甚多，亦有个别银行职员借工作之便，从银行借出款来，再倒手以高利贷出的。

高利贷盘剥之重往往使世人不愿问津。然而，在当时社会的政治、经济及生活环境中，常有意料不到的祸事突然降临到一般民众的头上，迫使他们不得不冒着家破人亡的风险去忍受高利盘剥。正因为如此，新中国成立后高利贷便很快绝迹。一来政府对从事这一职业者予以严惩；二来社会生活既安定又有经济保障，即便有敢偷偷从事这一活动的，也找不到放贷的市场。

三、钱庄借贷

徐州的钱庄出现于清末，由钱摊转变而成。那时的货币均为金属质，携带不便，钱摊即专门经营银与钱互兑（另收利钱）的业务。待钱摊又增加经商和存放业务并以此为摊，便升格为钱庄。至20世纪30年代初徐州的钱庄已有数十家之多。

钱庄的生意主要是经营商品囤积和贩运，这往往需要大批资金，钱庄借贷便由此产生。为扩大经营和确立信誉，各钱庄都发行庄票，票面值均为五百文和一千文两种，庄票多在上海用胶板彩色印制。庄票的实质，实际上是一种借据或债券。钱庄以此为信物，按票面值用来大量收购徐州本地的农产品，然后装火车南运，谋取厚利。买卖愈兴隆，钱庄的信誉愈高，则更加大量印制庄票作为货币购物。庄票可以到钱庄兑成现金，携带亦方便，在当时尚无纸币流通，故民众多以庄票作为货币来直接使用。当时的金融行情，五千文制钱当银圆一元使用，于是一千文的当票便等于二角钱，五百文的当票便等于一角钱。用时可整用，亦可撕作两半，各作当票原面值的一半使用。

印制并发行庄票以购物的借贷方式，对每个钱庄来说，实在是一本万利。故而，除钱庄外，更有一些诸如货栈、纱庄、油坊类的各种商号亦自行印制庄票使用。为扩大经营多盈利，无论钱庄或商号，都尽量多印制庄票，但由于其准备金一般均远低于庄票总面值，一旦发生意外，形成抢兑风潮（俗称"抢险"），极易发生票号倒闭的情况，那时，散存民众手里的庄票便等同于废纸。因此类情况屡有发生，遇有灾荒年尤甚。至1931年，由当时的铜山县长具情呈报省政府后，由省财政厅下达指令，禁止发行纸票，现行庄票亦停止使用，并限期收回。至1933年12月，徐州所有发行庄票的钱庄均宣告停业。这种以债券为形式的借贷活动亦终于停止。

四、当典借贷

当铺是旧社会从事高利盘剥的又一形式，借贷者必须以实物做抵押，方可在极苛刻的条件下借到现金，此即为典当。其不同于高利贷者，社会允许其合法存在；另外，当户除交高利息外，如到期不赎（或未交清利钱办理续当手续），信物（抵押物品）则归当铺所有。

徐州的当铺最早可上溯到明末，为山西人所设。嗣后出现的几个当铺亦多为山西人所设。当铺的门面款式：门墙高二丈多，中间留一拱圈门，两扇漆黑包铁皮板门，门上钉满铜钱大的露头铁钉。进门后可看到院墙内有一大"当"字。院内设有钱房（管理银钱收支）、饰房（保管金银首饰）、包房（保管皮布衣物）。当典处店堂高大，柜台高达二米。凡当物者，先交物估值，再去领票、取钱。但典押实物所贷金额，一般仅为该物实际价值的一二成，最多不超过五成。所当物品，以金银首饰和珠宝玉器、古玩字画当价最高。月息二三分，押期三个月至一二年不等。

当铺成员多少视铺面大小而定。据《徐州史志》载："谨丰"当铺，前后上下达一百多人。有老板、经理、头柜、二柜、三柜、四柜（以上四柜统称"朝奉"），写票、清票（均为店员）和小郎

（学徒）。其中"朝奉"是看贷、估价、办赎当及拉号（拖长腔喊出当物人姓名与所当物品及当价）的业务骨干。

当票上所写的文字符号为当铺独有，只有当铺的自己人才能看懂，比如衣服类："、"是单衣，"0"是棉衣，"∕"是长裤，"∕."是棉袄。此外，收当时故意把当品写得很糟。赤金写成淡金，上等写成次等，衣物写有虫蛀，瓷器写有损伤等，既降低了贷款金额，又可在借贷者赎当时再捞一把。凡有逾期不赎的死当物品，当铺或批发或转托商店代销。

第四章 民间组织

　　民间组织的方式、方法及表现特点极多。但从种类上分，大致也就是以家庭、家族为表现形式的血缘组织，以工商贸易为目的行业公会等业缘组织，以乡籍相同、同处异地而组织的同乡会、会馆或以同住一地区行成的自然行政单位如街道、村、社等地缘组织。

　　民间组织中另有一大种类比较特殊，那就是帮会组织。近代徐州地区的帮会组织极多，除常见的大刀会、红枪会外，还有一些组织严密而又处于半秘密状态的组织，如安青帮、丐帮等。

　　收养义子女，拜仁兄弟、干姊妹等，类同于一种亚血缘组织，故一并

海外刘氏、彭氏回徐州祭祖

123

收入在民间组织中，以便进一步研究。

第一节　血缘组织

一、家庭家族

徐州习俗，讲究多代同堂。这样的大家庭关系最为复杂难处。老人以长辈自居，颇有"清官难断家务事"之难，青年人思想相对活跃些，每遇管束，好以"老不问少事"来搪堵。如此，大家庭往往在家长的主持下，订立共同遵守的家规、家训，以之作为家教的依据，形成各自不同的家风。

1. 家庭

家俗亦可称为"家风"，繁复难列，现试从家庭关系的习俗上列项试说之。家主与家庭："家主、家主，一家之主。"在徐州，家主均为男性，即便有女性实际掌权者，但家主的名义仍归男性。家主的权威主要体现在这样几个方面：（1）家中主房由家主居住，主房正屋为客室，设条几、八仙桌、太师椅。太师椅仅来客与家主可坐，其他人不能坐。（2）家主与晚辈说话时，非家主允许，晚辈不能坐下。回话时，晚辈不得粗声大气。（3）大家庭内，家主另有小灶专用。其余人吃大锅饭，进餐时，男女分席。（4）与亲友往来，均以家主名义进行。（5）家主是旧礼法的监督执行者，从早至晚，要求家中人"立必直、坐必正、行必稳"。如有不合要求的，当时便予以训斥。

对妇女、小孩要求更严，忌行走时左顾右盼、站立时躬腰斜背、坐时

124

偏倚或架二郎腿（一腿架另一腿上）摇晃，忌说话时口齿不清、头动身摆、指手画脚。进餐时应目不斜视，忌吃食物时发出声音。故而，大家庭中的少年儿童呆头呆脑的，活泼天真劲儿全无。

小家庭、贫苦人家没有这许多讲究。

2. 夫妻

丈夫为主，妻子为辅。"男主外"，从事经济创收、社会往来；"女主内"，负责衣、食、住、行，操持家务、带孩子。夫妻间称呼，妻称夫为"外（头）人""领家的""孩他爹"；夫称妻为："家里人""家下""女掌柜""孩他娘"。至于"老爷""夫人""外子""内子""贱内"之类的称呼，仅局限于大家庭内。

夫妻之间，习俗上要求"和和美美"，夫妻间常吵嘴、打架者，邻里多讥为"违俗""不敬歹""不懂规矩"而卑视之。

忌男子不务事业，"坐吃山空，啃倒金银库"，"有一个花俩，死不成人"。忌妇女不知勤俭，"流离喇叭，不会过日子"，讲究"男的会挣，女的会省"。

3. 母女

徐州人好说这么一句俗话，叫"闺女跟娘亲"。闺女有错，做母亲的多背后劝导，不当众指责。如有人人皆知的大过错，亦当面怒声指斥、责打，但"举重落轻"，跟管教儿媳截然不同。所谓"私房话"，除夫妻外，只发生在母女之间。

4. 婆媳

旧时婆媳关系不好。无论出什么事，婆婆往往归咎于儿媳妇，有不顺心的事，也是找儿媳妇的碴出气。且以此为荣，俗称为"多年的媳妇熬成婆"（意即我的这个权利，是以前当媳妇多年熬出来的，既然娶了儿媳妇，当然要把以前所受的加倍在儿媳妇身上找补），多"拿事、拿事"（徐州方言"拿事"即刁难之意）。

婆婆们在一起聊天，话题总是责怪、数落儿媳妇，并称："婆婆说媳妇古来有，媳妇说婆婆活丢丑。"

儿媳们在一起，也多是议论婆婆。互相诉苦多有声泪俱下的，但媳妇们说婆婆只能是背后，婆婆说媳妇可以公开。多有婆婆故意在人众面前责骂媳妇表现自己"能"者（"能"，在徐州方言中意指"本事大"）。

5. 晚娘（继母）

徐州人习俗，称继母为晚娘。晚娘初来，多视前任之儿女为已出，若有了自己亲生的孩子后，往往便有偏看，严重的更虐待前任所生的儿女，所以，在徐州，晚娘是一个极具贬义的名词。常说"晚娘亲妗子（舅母），想起来一阵子"（意指继母、舅母不关心人）。对这种现象，徐州另有俗语总结为："猫养的猫疼，狗养的狗疼，不养的不疼"，"丑娘有个猪八戒，各娘养的各娘爱"。

徐州人又说，"有晚娘就有晚爷"。这句话有两层意思，一为随母改嫁后，继父可称为"晚爷"；一为继母入家后，挑拨丈夫与前妻所生孩子之间的关系，弄的亲爹也跟"晚爷"似的。

二、家法

大家庭往往有家法，体例大致如下：

语云：父兄之教不先，子弟之率不谨，故有家礼以劝之者、教之也，即有家法以惩之。惩之者亦教之也，集家法。

1. 重祭祀。族人悉宜斋戒致严、致诚、必敬、必诚，至期赴祠行礼。

2. 避祖讳。古礼重讳，凡子孙命名表字，不得与祖、父之名有同音同字。寻常言谈之际，亦应避讳。

3. 珍谱牒。谱牒之设，以溯本源、别支派也，子孙必须珍重。

4. 敦伦纪。一门之内，为父慈，为子当孝，兄弟友恭，夫妇当和顺。如有忤触父母、兄弟忿争、夫妇垂泪者，轻则集祠治以家法，重则鸣公惩以官刑。三犯，逐令远徙乡避，不致遗玷通族。

5. 明劝惩。人生百行，必以忠孝廉节为先，在家庭当为孝子悌弟，处乡党当为善士明伦，入仕途当为忠臣谦吏，居闺阁当为节母孝妇。行良者于祠堂内匾上（东西各一块，男左女右）书名彰之；不肖者，必注明罪犯大书草条，贴祠门之处以警惧。

6. 摈败类。士、农、工、商各执一业，自不玷辱门风，倘有不肖子孙甘居下贱，或为优人、屠户、禁卒、门皂等业者，初犯，家法责惩，勒令改业，再犯，逐令远徙。

7. 励言箴。五宗五世仕宦皆以谦谨，子孙如有脏私狼藉而问成罪名者，生不许与祭，死不许入祠。

8. 惩邪行。肆凶、贪酒、嫖赌忘家，国禁綦严，家法尤禁。凡我族人设有犯者，先请官刑，再设家法。

三、家训

指导家人做事的教化规矩，往往编成三字经似的歌谣以便于记忆。如徐州某程姓"家训"：

凡治家，宜起早。桌要撢，地要扫。
粗布衣，菜饭饱。孝父母，敬哥嫂。
夫与妻，要和好。一家过，莫要吵。
亲良朋，敬师保。睦邻里，帮贫老。
世间事，耕读好。学圣贤，行正道。
赌博场，莫去跑。种田苗，勤锄草。
沙薄地，功要好。要养猪，莫玩鸟。
学手艺，心要巧。做买卖，要公道。
存良心，莫奸狡。忍耐些，省烦恼。
国家税，早完了。出人情，亲自到。
问是非，都不晓。成家子，粪如宝。
败家子，钱如草。胆要大，心要小。
戒骄傲，防跌倒。钱难赚，莫费了。
减色欲，增寿考。光阴快，人易老。
望青年，创家道。依我劝，福不小。

四、处世铭

大家族为家人指定的为人处世典范，往往用歌谣方式，如徐州某程姓为人处世"百字铭"：

欲寡精神爽，思多血气衰。少怀不乱性，忍气免伤财。

贵自辛勤得，富从俭中来。温柔终有益，强暴必招灾。

正直真君子，刁唆是祸胎。养性需修德，欺心枉吃斋。

衙门少出入，乡党要和谐。暗中休放箭，巧中藏些呆。

安分少有辱，防非口莫开。世人依此言，灾退福星来。

五、新家庭公约

新中国成立后，上述含有旧思想旧意识的"家训"被新的教育内容所取代了。如郊区下淀乡圩子村 1982 年 2 月制订的"五好家庭公约"有五条（各条有详细内容，不录）：

1. 政治思想，生产工作好；
2. 遵法守纪，安全卫生好；
3. 家庭和睦，邻里互助好；
4. 计划生育，教育后代好；
5. 勤俭持家，移风易俗好。

六、家族与家规

徐州一带均为父系大家族，农村居民，同一祖先所生的同姓后代往往聚族而居，势力强大。无论新旧社会，家族的力量往往不亚于当地行政组织，以"家法""族规"代替国法指导人们言行的现象仍很普遍。

家族中设有族长管理一族的事务，并设有司仪、副司仪、司祠等协助处理。

下面为徐州某姓族规：

孙谒祖宗祠堂须敬谨。公祭时大宗主鬯，小宗子孙不得越分主之，议请族中齿德兼隆者为族长。择本族一德足服人者为司仪，另设一副司仪，拣历练而殷实一人立为司祠。凡有本族聚居之地，不论城乡，立一族正、一族议主事，族中识字能书者数人为宗书。族人地亩，每顷出小麦五升、秋禾一斗呈送祠堂，族中老年无依者，祠酌给供膳。族中孤幼无靠者，给粮养育。族中赤贫者，每岁春冬酌给粮食。族中男女务要及时婚配，男不过二十四岁，女不过二十岁。

第二节　地缘组织

徐州地缘组织约有两种：同乡会、同乡会馆、校友会；村庄、街道（居民大院、住宅楼）。第一种最为活跃，第二种因为原居住大泽园居多，民里自发活动也多，如今则基本半行政化。

一、同乡会

1. 成员

此处所谓"同乡"，恰恰是指客居者。又分为两种，一种外来但入本土户籍的；一种来此经商、上学、当兵、工作，但未入本土户籍的，均以籍贯为标准，组合在一起，成为互帮互助性组织。

新中国成立前，外地来徐经商者，多有同乡会，并共同出资建立会馆，作为组织活动场所。如今改革开放来徐经商的较多，新的同乡会以及会馆设立，当为期不远。

2. 会馆与会规

徐州同乡会，以山西最为有名，其余安徽、河南也有，均在徐州建有同乡会馆。从同乡会馆制定的规矩，可以领略同乡会的职能：

（原）徐州河南会馆所订会规

一、同乡来徐州谋生无资金的，会馆负责介绍其做工，或少贷些资金，以为谋生资本。

二、同乡无居住地的，会馆帮助解决。

三、同乡有生病而无钱医治的，会馆延请医生看病。

四、同乡人死，会馆通知同乡协助办丧事。

五、同乡人有干不正当营生的，会馆出资，令人押送回原籍。

六、遇年节，会馆出面买些物品，慰问无亲属的老弱病残者。

3. 战友会

这个出现不久，多为转复军人到地方工作后，以战友的名义所组织，基本上是交流工作经验以及互助。尤其是第一次聚会的时候，祝词、贺词、礼仪等很是隆重。这种战友会往往有一定的社会能量。

4. 同学会

许多毕业多年的老同学，进入中年后回想少年时代，于是组织同学会，小学、中学、大学的都有。有的属于松散活动，还有的定期活动，非正式组织，互相关心，属于友谊长存式的纪念。

二、村与街道

以村庄、街道（居民大院、住宅楼）而结合的，是本土地缘组织。一般说来，居民大院、住宅楼的居民很少定有公约，村庄、街道现已纳入行政管理，城市居民往往以居民委员会为一地域组织管理机构，并拟定大家共同遵守的居民公约。

村委会、街道组织敬老

居民公约（摘录）

一、认真学习国家的法律、法令，履行公民义务，不侵犯国家和集体利益，不侵犯他人各种合法权益。

二、礼貌待人，遇事讲理，发生自己解决不了的纠纷，冷静正确对待，及时申请调解。

三、不损人利己，不长时间占用公用水龙头。开放收音机要控制音量，照顾邻居休息。

四、搞好家庭和睦。男女平等，禁止虐待，尊老爱幼，正确管教子女。

五、讲究卫生。住所、衣着、院落要保持整洁，不乱倒污水、垃圾、粪便，保持下水道口、自来水池清洁卫生。

六、不准赌博，不收藏淫秽书画、录音带等，不穿奇装异服，不留怪发型，提倡穿着朴素大方。

七、反对封建迷信，不准搞反动道会门活动，不占命算卦，不信风水，不信巫婆神汉，移风易俗，简办婚、丧事，不借婚事、丧事、生子大办酒席，反对借机取财敛钱，死人提倡火化，反对土葬。

……

（1982 年鼓楼区兴徐居委会全体居民讨论制定）

第三节　业缘组织

一、同业公会

同一行业间为解决内外事务而自动组成一种组织，徐州习称为"同业公会"。公会对内处理诸如市场竞争、商品价格、原料进出、同行争端等事，对外，则以处理税务为主，兼理本行与他行、本行与社会上的来往、争竞事务。至 1937 年止，徐州共有四十八个同行公会。现将调查所得情况列入下表（36 个）：

1937 年徐州同业公会表
公会主席及其店号

南货业　张相臣（洪昌顺）、张田坡（义昌号）

纱布业　高玉汝（元亨利布庄）

广磁业　杨进贤（杨泰记）

绸缎业　王宜之（乾震恒）、陈纯卿（鑫丰布店）

粮米业　宗明伦（普利公粮行）

皮行业　王鸿芝（合顺皮行）

酱　　业　孟广远（葛洪记）

药　　业　刘仰文（中和堂）

木　　业　任少卿（同仁利）

卷烟业　刘呈祥、程子良、朱家庆

食品业　姚鼎臣（稻香村）、武朗轩（万生园）

银钱业　述路（平市官钱局）、张绍芝（公裕银号）

浴　　业　文聚（毓秀池）、张绍武（宝莲池）

转运业　于东海（新浦转运公司）

旅馆业　曹良辅（江苏旅馆）

烟　　业　曹子范（宏泰烟店）

木器业　王伯龄（王义聚）、刘步月（新昌）

染　　业　陈鸿顺（义顺染坊）、王全福

菜馆业　张品文（一品香）厉诗纯（致美楼）

杂货业　刘雨生（太和顺）

棉织业　沈钟歧（久达）

茶叶业　李兰溪（竹记）、赵镇西（晋泰）

酒　　业　张绍棠（聚盛）、刘文彬（同祥）

竹器业　苏玉赢

钱货业　范秉同（协成记）、王相合

印刷业　章梓庠（元章）、阎风岐（风鸣轩）

面行业　程××

西药业　魏鸣德（西药房）

猪行业　曹玉昆

服装业　宜继笙（新泰祥）、李朝臣、朱景全

银楼业　刘登润（吉祥楼）

照相业　薛景云（紫光阁）

自行车业　张玉昆（协成木行）

鞋　　业　张景林（三景鞋店）

豆腐业　程文权（程记豆腐店）

书　　业　黄徽祥（大中）

上述各行业公会中，以纱布行业最大，当年即有三十多户，资金也最

为雄厚。与南货、绸缎、广磁（后改为百货）并称"四大行业"，是商会的"四大支柱"。此外，粮米业（后改称粮行）影响力亦颇大。

二、公会会规

1. 不得欺行霸市。
2. 不得任意哄抬物价。

老式同行聚会纪念

三、特色小五行

一般认为，用于礼仪性服务的五行之道，始于夏商，行于周秦，盛于楚汉，传承至近代，是旧社会不可缺少的一门行道。礼制始于周代，"三礼"——《周礼》《礼记》《仪礼》分别用于朝廷官场、士吏及民间。"朝廷官场"：如皇帝官员祭天地、祭孔，以及接官送亲、官场往来等。"士吏"：婚丧嫁娶及与上司往来等。"民间"：传启（订婚）、出嫁、结婚、做寿等红事，到头（死亡）、棺殓、殡葬、遥祭、拔新茔等白事"朝廷官场"：都有因时因地不同的礼俗仪式。就产生了为礼仪服务、做具体工作的"小五行"：行竖行、吹鼓行、土杠行、揽守行、顺执行。他们在礼仪服务中互有连带关系，是旧社会不可缺少的行道。现就徐州的小五行情况简介如下。

1. 行竖行

行竖两字是贬义词，不走就站着，无坐的资格，旧社会视为下役行道。他们的服装有规定，上活时规定四季服装青色长衣（大褂或长袍），光头，蓝布束腰，衣裤鞋袜整齐。20世纪40年代前，行竖行头甚多，如过去三位颇有名气的行头：陈叔庆、杨园、吴锡九。他们都精通地方礼俗，都有门徒世代相传，各有系统也互相协作。大体可分为三派：陈叔庆为官场（府县道）及士绅家庭服务，如董家公馆、杜家公馆、李家公馆等；杨园为绅商富户之家服务，如景盛公、周西顺、李同茂、潘益泰等（号称八大家）；吴锡九为中小户人家服务。三家行路虽不同，但性质是一样的，也互相合作。现有耿荣华、程福庆两人健在，是吴锡九和陈叔庆的传人。

工作内容列举如下。传启：端启笺、传聘礼、操持举行换笺仪式及有序入席上菜。结婚：搭彩棚、下帖催请、摆香案桌、操持婚礼仪式等红事。到头：下传事禀、设灵桌、操持点汤、送盘川。殡葬：搭灵棚、下帖（请照应及知客）、张悬铭旌、家祭传供、报时发引及回灵设祭等白事。（最难的也许是在点主家祭中要懂得喝礼生所喝出的礼仪。）

2. 顺执行

抬轿的，俗称轿夫，以轿之杆长而顺得名。他们的服装也有规定：官场及民间结婚抬新人（八抬轿）穿蓝色号甲子，胸前背后带红色卒字。顺执行大体可分有三派（有长短工之分）：左明月、周云、刘大肩一伙是为官场（府县道）服务的，李德功、刘学先一伙是为绅商富户服务的。以上皆长工。张明元、呈麻勾一伙属民间红白事临时雇用的，属短工。另有一排抬轿的专为庙会服务，如城隍出巡、督天大帝出巡及五毒神出巡。都是八抬彩楼式，俗称"彩子"，上坐神像（城隍），前边有二抬或三抬彩子，上边有青年彩装"红霓关"（王伯党招亲）或"白蛇传"（西湖借伞）等装饰。抬彩子的功夫要更胜一筹（最难的是八抬彩楼的前班二肩与后班的前启）。

服务范围：官场接官送钦，民间红事抬花轿，白事抬引魂轿、彩子和女眷及随棺，民间宾客往来迎送等事。

3. 揽守行

揽守行是包揽婚丧嫁娶所使用的东西，给予送守而得名。他们是以城墙为界，各揽一方。揽守行为首的有两位：一是田玉春，奎东巷人，出身于下五行（红叫、吹喻、唱花相、打枫机、耍骨牌）。他是掌管霸王鞭的一方霸王。他的传人有王大三（小名）、麻柱（小名）、饶明田等人。现有周宝山、李景忠、曹文胜健在。他们包揽范围是西关与东关，以城墙为界。另一位是范学义，城里祠堂巷人，出身于六扇门（县衙内的某种差役）。他的传人有来玉（小名）、武恒财、武恒发（回民）等。他的包揽范围是城里与西、北两关，以城墙为界。

服务范围：出嫁过"妆奁"（抬盒子）、扛五堂"执事"，白事挑幛伞、抬狮子、扛大幡等。揽守要保证所包揽随送物完整无缺，否则赔偿其损失。一次，潘益太出嫁闺女，二十四架盒子，到男家收点时发现少了东西，并且把柜子角碰坏了一点。田玉春为保持信誉，加一倍赔偿，深受赞许。

4. 土杠行

为殡葬者的棺椁扎扛、抬送入土而得名。他们的服饰亦有规定，为官场上人和大户人家服务或抬独龙杠，都得穿蓝色号甲子，胸前背后带白色卒字。

清末民初，土杠行有四位把头：苑玉春、宋文忠、熊太荣、余化谱。苑玉春（清帮头目）住祠堂巷，兼营赁轿店。他是官场土扛工，有俸金，民初转向为民间服务。他的传人是苑继先。他的服务范围：以城墙为界，城里和西关。宋文忠（清帮头子），足智多谋，有胆有识，是苑玉春的干儿子，有"北霸天"之称。他的服务范围：城东、北两关。熊太荣和余化谱都为南关服务，主要是上下两街（现彭城路与解放路），分东西为界。

他们用的工具有大小杠、抬杆、杵杆、大经、小绳等。有独龙杠、太平架子、小独龙。有三十二抬、二十四抬、十二抬。另有走空喝号的。

此行的服务范围：到头，为死者穿寿衣、请进棺材、安置方向、入殓、出殡、向外请盒、扎杠、抬送陵地、打金井至下地掩埋。对社会上路倒及匆死的人也给予掩埋，这是他们应尽的义务。另外，官场祭祀、接官送钦、搭棚动土、传送公物等事，他们也应召服务。

苑玉春在所辖区内，对豪富人家殓葬加倍要价，贫穷者分文不取，被称颂为"仁义光棍"，至今传为美谈。

5. 吹鼓行

吹鼓行是为红白事和官场礼仪奏乐而得名。清末民初，吹鼓行头甚多，在徐州享有声誉的仅举三位：马玉升、张廷良、孙志华（老虎）。他们各有传人，互有门户。马玉升，他是府衙门官场吹鼓手，民初虽转向民间，仍为公馆官府人家红白事服务。门徒众多，遍及各地。以大喇叭吹乐器牌子著称，久享声誉。张廷良，黄口人，住奎东巷，兼营理发铺。民国初年以小喇叭（吹梆子戏、柳琴戏）著称。当时也算是改革进步，但比大喇叭容易，技艺感低，兴盛一时，享有声誉。他的服务户主大多是中等户人家。孙志华也是以小喇叭著称，他的服务范围只是一般小户人家。后来又有创新，吹喇叭的同时掺杂魔术，嘴里出火、喇叭里蹿出纸条子等。

服务范围：官场祭祀，接官送钦，节日大典，民间结婚，到头、点汤、送盘川、出殡，庙会出巡及节日活动等。

四、以食为天的秦行

徐州民间的小吃业，大都集中在庙会、集市等热闹场所，搭起黑色布篷经营，俗称"黑篷底"。篷下设灶案，摆桌凳，既生产，又坐客，也经常流动。20 世纪 30 年代前，它们既不属于菜馆业，也不属于汤点业、面食业，是民间自发组织的一门饮食行道，也是徐州一带民间小吃业的大帮派。

1. "秦行"称谓的来历

黑篷底尊彭祖为祖师，称秦忠（汉代人，善烹调，诨名好味）为黑篷底创始人，所以，从事这一职业的自称"秦行"。行帮内有众人推选出来的"老大"和"小老大"负责组织管理。作为黑篷底的老大或小老大，在社会上一般都有些神通，凡行帮中出现问题，都由他们出面解决。

黑篷底行业人员间有通用暗语（黑话），连"1、2、3、4、5、6、7、8、9"这几个数字，也分别以"留、月、汪、窄、中、神、星、脏、爱"九个字代替。这种用汉字代数字的方法，后来又被"杂八地"中做"金"（星相门）、"汉"（卖草药的）与"缺门"（不属工商业）生意行当的人广泛使用。

2. 黑篷底的饮食种类

黑篷底的饮食种类很多，各具特色。最受群众欢迎的也有几十个品种。现分述如下：

稀洒（汤羹）类：

卖辣汤的，行业黑话叫"拨云"。辣汤中有面筋片、鸡蛋穗、鳝鱼丝。卖辣汤时锅下有火，始终保持汤微开状，上述配料不断随滚汤涌上翻下如云片飞动。盛汤时为使每一碗厚薄均匀，用弯把铜勺横拿拨动，恰似拨动云片一般，术语也说："辣汤烧得好，要凭盛得巧。"盛汤在拨工，故称卖辣汤为"拨云"。

卖豆腐脑的，行业黑话叫"托月"。徐州的豆腐脑微咸带辣，吃来鲜嫩可口。盛豆腐脑时，用铜勺卧执平旋，一片片雪白浑圆如月，故名为"托月"。

卖热粥的，行业黑话叫"掏井"。盛热粥时，用弯把勺子，以手直执盛粥。因热粥缸深大，盛时需将胳膊伸进缸里弯着腰一勺一勺往碗里盛，似挖井之势，故名"掏井"。

卖马糊的，行业黑话叫"扯条子"。这种稀酒是用槐豆子（起搭色作用，也有清凉止血功能）与稷米同磨作糊，下有五香料、花生米、黄豆与粉丝等。马糊做好后，其中的粉丝又细又长又滑，不易盛匀。盛马糊用长木把勺，不盛时漂浮在马糊上，盛时先加大半碗糊，而后用勺扯（盛）条子，扯（盛）出的粉丝量要准，需一次成功，放入碗内时，既突出碗面，碗内的糊又不溢出。行谚云："五香马糊滋味浓，盛得得当在勺工。"而难就难在盛粉丝上，所以叫"扯条子"。

其他稀酒类品种还有丸子汤、羊肉汤、杂粮稀饭、素辣面、小米稀饭等，也都有行业术语（黑话）代称。

面点类：

卖包子的，黑话称为"摆棋子"。庙会、集市中的油煎包子，大部分都是圆的，个头也大。因那时的蔬菜便宜，面倒是贵些，所以俗话说"包子大了净韭菜"。但这样的包子皮薄馅多，又因为黑篷底单项品种师傅制作技术高，煎出的包子个大黄疙托出顶面。煎包子前需先把生包子在锅中均匀摆好，所以叫"摆棋子"。

卖糖糕的，黑话称为"毛滚子""油滚子"。糖糕是锅烫面，性柔而糯，包上糖呈扁形，经油炸后鼓成圆形，因外皮起酥，所以叫"毛滚子"或"油滚子"。

卖油旋的，黑话称为"摆盘子"。做油旋的面糊中应加五香料，用特制的铁勺（长把圆头、中鼓边洼）抹上糊子放在油锅中炸，出锅后形如盘，所以叫"摆盘子"。

卖反手炉烧饼的，黑话称为"摘月"。反手炉烧饼也叫花边烧饼，是用半发面剂子包椒盐面，用手然（揉按之意）成饼，反手贴炉上，底火上炙，熟时用特制铁铲从炉顶铲下，因为饼是圆形的，所以叫"摘月"。

此外还有"挂月"，这是一种圆形大烧饼，外皮撒有许多芝麻，里边包少许椒盐，熟后外脆内软。烤时一个个贴在缸炉内，所以叫"挂月"。

其他面点品种还有油条、年糕、油馍、朝排、蒸包、馒头、肉合子、马蹄烧饼、麻花、藕形甜麻花、石子馍灌鸡蛋、发面炕饼、煎鸡头包子、鸡蛋饼、馓子肘、煎豆腐卷等，也都有黑话代称。

3. 黑篷底的经营方式与范围

黑篷底经营范围很广，厨师们用独轮车（或挑担）推着黑篷、灶案用具，流动在四乡八集，以至外县，甚至出省。他们都掌握了各地庙会和大集市的日期，一个接一个去赶场，出点经营，以至出去一次，数月才回。也有在城市闹区设点的。

赶庙会或在集市设点，均由专门的人统一安排。供应品种相同的，设点有一定的距离，同一地点往往搭配不同的品种，行话称为"干湿配合"。如炸糖糕、油条的与热粥或稀饭相配合，包子、油旋子与辣汤或马糊相配合，既方便顾客，又易于销售。

他们经营时，每到一处，先扯起黑篷安灶支案，然后就地进料。"稀洒"类都是就地挖地窑子，用泥块在平地加高坐锅，买秫秸或豆秸做燃料，烧制好再放入缸里卖。煎包子则就地起灶，在平地和泥、摔泥块盘灶安上锅，煎、炸、炕都是这样。卖羊肉汤的，就地杀羊在锅中煮，以卖肉为主，羊肉汤则无价格，买肉时添汤，因煮好的羊肉汤要保持原汁本味，不另加水，肉卖完汤也就净了。

黑篷底经营的另一特色是叫卖，各自介绍品种特色以招揽顾客。叫卖时多拖长音，如"酸辣鳝鱼辣汤——""五香马糊——"等。

卖包子的，多是摔打着锅铲，大声吆喝："包子多大油多深，一个四两（旧制，十六两为一斤），两个半斤。"在庙会和集市，这样的叫卖声不绝于耳，吸引群众，以致许多人不饿也想买了带回家吃。

20 世纪 30 年代前，徐州黑篷底的老大是徐州人张敬尧。小老大分别是，南关高玉亭、东关陈学礼、西关高四、城里赵德胜等。

第四节　帮派组织

《三国演义》中的桃园三结义，普及了自古以来的结拜异性兄弟的民间传统。三教九流，往往形成各自的行帮。这种帮派或是与信仰相关，如拜仁兄弟的信仰关公。或者与历史上的某种政治诉求相关，如洪帮，致力于反清复明（明朝第一个年号洪武）；青帮，源于洪帮，成为"安清"。或者与谋生有关，如丐帮。

一、丐帮

说起乞丐，其中也是有帮有派、有一整套规矩的，人们把他们叫作丐帮。在徐州，行乞者在行帮之内的，其实是职业乞丐。他们讲规矩、拜师传徒、重义气、尚互助。

1. 敬奉祖师

徐州人的说法，丐帮流传和祖师爷应追溯到周代的豫让。他是春秋战国间晋人，晋卿智瑶的家臣。赵、韩、魏共灭智氏，他因为主报仇，刺杀赵襄子——用漆涂身变形，吞炭变嗓，吹嘘乞食于市。为此，吹嘘乞食起源于豫让之说，后人称他为丐帮祖师。

另一说丐帮之祖为东汉范丹。范丹为河南杞县人，字史云。恒帝时，任他为莱芜长，弃职不就。因生活极贫，无隔宿之粮，被称为"甑中生尘范史云，釜中生鱼范莱芜"。因其贫穷，乞丐称之为祖师。

另一说是六朝人王逸仙，他看破红尘，弃名利，乞食云游四方、到处为家，以了余生，自称"逸仙"，有唐人为王逸仙题诗云：

> 赋性生来嗜冶游，手持竹竿历神州。
> 饭篮向晓迎残月，歌板临风唱晚秋。
> 双脚踏遍尘世路，一肩担尽古今愁。
> 从今不作傍门客，村犬为何吠不休。

这首诗淋漓尽致地刻画了他乞食的情景，因此丐帮尊崇为祖师爷。

然而，最出名的，或者说丐帮真正供奉的祖师是郑元和与郑子明。徐州乞丐帮分"白行"和"红行"两个行道。白行敬唐时的郑元和（据白居易弟白行简小说《李娃传》：唐代官家子郑徽，字元和，一度沦为乞丐，得妓女李娃帮助考中状元，于安史之乱立大功封为国公）为祖师，红行则敬宋时的郑恩（字子明，宋朝开国大将）。

2. 头人

丐帮，与地方性乞丐不同，它是以乞钱而形成一门帮派。它以师徒相继，世代相承，并在各地（府县）皆有一方之把头。把头是经本帮乞丐选定的，他具有一定的权力和威望，亦说是"皇封"的。他执着霸王鞭，专为管理乞丐用的。丐帮的头，俗称花子头，多系年老者，在家不出，徒弟时常来照顾，徒弟年节或跑码头回徐，必然献一些财物，以示孝敬。花子头择徒弟中较能干的定为传人（将来可以传其衣钵），这人每日须到头人处，听其有何指办，无事自去。在从前的庙会上经常可以看到，一个人手持两节棍，一边走一边摇动，咣啷咣啷地响，这就是传人，他不直接行乞，而代表头人监视乞丐是否有不轨行动。那两节棍便是头人的令箭，如有违法乱规的，他可拿棍责打。外地来徐州行乞的须先到头人处进见，得到允许，方能出市，否则即遭干涉。乞丐行的人多有家小，某家有事，虽不同师，知道了也自动前来帮忙。头人与地保及揽头（即揽守行头目）等都有联系，手下的人在外面出了什么事故，头人找地保出面维持。当地有办婚丧嫁娶者，揽头则通知头人，头人即叫乞丐的子弟辈去扛仪仗，可以得到一份收入。

农历元旦，行中人要到头人家拜年。如有事外出，要去告辞，回来后也要向头人报知。

徐州丐帮头子是田玉春，奎东巷人，因他是 20 世纪 30 年代地方主要揽守行的头子，属小五行。是为红白事（婚丧嫁娶）拿礼仪、扛大幡、挑幛伞、抬盒子、扛高灯，并为五堂执事敲开道锣、喝道子等事。这些人大都出自乞食为生的（俗称叫花子）及贫穷人。

3. 丐帮管理

田玉春有霸王鞭，南来北往的五帮人都得先来拜望他，说明行帮，并经他同意以后，方可在这地区行使其术。行帮规定，头一天得来的钱都要拿出来买吃食之物到把头家与大伙同吃共进，在这地区行使其法得益后，走时向把头辞行，还要送点礼品。如若某帮人在这里因故未得到养生所需，把头可给予补贴，也可送给川资。

丐帮把头在地方下五行及叫花子中也负有一定的责任。他们闹市起横，做不正当的事，他即出面制止；这些人在地方无故吃亏受害，他要出面干预，甚至集众示威与对方斗殴。虽是下五行，作为地方把头及本帮人互相之间都很讲义气的，在下层社会里有潜在势力，是在当时社会的影响下，为了养生而产生的一门行道，流传很久。

丐帮中人的称呼为：女丐为"马子"，童丐为"崽子"，男丐为"爷们"或"哥们"。不在帮的乞丐，统称为"租的"或"散混"。

下面将两个行道分别介绍如下：

（1）白行。包括唱数来宝（俗称唱花相）、鬼（黾）来到、送财神、贴财神、唱喜歌等。

唱数来宝：一人头戴有缨的小花帽，仅盖着头当顶，用红布带系于下巴，穿各色布补缀的长衣，比舞台上的"富贵衣"还花哨，左手持两片竹板，右手执着莲花落（是用七八片竹片每中间加两个制钱，后片宽约二指，长度不到十厘米，向前每片稍小），颤动手腕，发出一连串响声，鼻孔塞两个苇制哨子（短苇筒一头蒙以薄绸），呼吸即响，在街上专向商店乞讨，不找住户。他随机编唱。如到绸布店前，遂唱："街东站，街西串，眼前一座京货（当时称绸布为京货）店。门头高又大，柜台架子真体面。有粗布，有细布，各色布匹红黄蓝，有绸子，有哗叽，哈拉大呢湖洋缎，婚丧嫁娶衣裳样样全。掌柜的，赏件寿衣给我穿。"如果是瓷器店，就唱："走几步，停脚站，原来是家广货（当时称百货、瓷器均为广货）店。这个店，真不小，架子都比屋脊高，瓷器就像家伙山（当时通称瓷器为家伙）。大盘小盘拧拧盘，米碗饭碗和茶碗，粉妆油盒银花缸，锡拉壶瓶件件全，四乡八集都来办妆奁。掌柜的，大手面，一赏就是一吊钱。"假若是棺材店，即唱："那边走，这边住，前行来到棺材铺。掌柜的师傅手艺巧，打个棺材真是好，一头大，一头小，装个死人跑不了。"如果久唱店里不给，便唱讽刺、笑骂的话。

鬼（龟）来到：一人穿着白无常的衣服，戴着"一见大吉"的高白帽子，颈上套条绳，由一个画着花脸的小孩牵着，蹦跳地走到商店门前。小孩唱："鬼（龟）来到，鬼来到，哪天不卖千把吊。小鬼拉，大鬼叫，叫唤叫唤！"吊死鬼吱吱地连声叫，小孩指着大鬼的帽子说："一见大吉，大吉大利。"说着，将手里的小筐伸出去要钱。他们也是只去商铺，不找住户。

送财神：一个大人戴着皇冠，穿着破旧的戏衣，捧着一个长方形木盘，盘上有小财神的泥塑像，摆两个泥捏糊以锡箔的"元宝"，在铺着的红纸上放着，领了一个十二三岁头扎冲天杵的小孩，身前边二人，一人打鼓，一人敲锣。他走方字步，到商铺门前，小孩即说："招财童子至，利市天官来。财神送到，银钱上窖。"店里给的钱，都放在盘子里。这种讨要只在年节时，尤其是春节和商店开市三日（大都在正月十五日前后）时，从早到夜，大小铺面，无一不到，但也不去住户。

贴财神：从腊月二十以后，便拿着大红纸、板印、掌心大小的财神，提着糨糊罐，向各户大门外的门洞处贴上一张。再来人，又在旁边贴一张。为此，左右门洞到除夕日有贴到二十多张的。到正月初五以后，拿着财神木板，到所贴各家，对照所贴的，要年馍或喜钱。一直到元宵节，有要馍至数百斤的。自己吃不完，便拿去变卖。这种与上三种相反，只找住户。

唱喜歌：多是两个一二十岁的年轻人，都打着呱哒板，一人唱，一人叫好，农历元旦后，即到各住户去唱。初五（五忙）后，商店下门，则商店住户都去，一直能到正月二十前后。唱的喜歌是："新年大发财（好），斗大元宝滚进来（好），前门进金子（好），后门进银子（好）。金子银子一齐进，门口竖个油漆棍。油漆棍，落凤凰，凤凰一点头，先盖瓦屋后盖楼，凤凰一摆尾，金砖银砖铺楼底。快拿快拿，银子发芽，快赏快赏，黄金万两。"每唱一句，另一人即跟着唤好。如果碰上真不给的，他们回头就走，离了门便唱："新年不发财，斗大孝幡滚进来，后门进匣子，前门进棺材，棺材匣子一齐进，门口竖根哀丧棍。哀丧棍，落老鸹，老鸹一点头，先卖瓦屋后卖楼；老鸹一摆尾，这份家当不归你。快走快走，妖气像斗，快跑快跑，穷气来了！"边骂边走开。

（2）红行。有开刀子、打砖、吹嗡、叫街等。

开刀子：一手拿着个镰刀头，到商店门前，板着脸，用镰刀在窗门外来回杠（谐音）两下，二话不说，即伸手要钱。如在庙会上，坐在地下，用小铁棒敲镰刀要钱。据说他的头皮，如多时不开，便发痒难受，必开一下，淌点血方止。但一遇到染坊，他便没有了蛮硬的态度，反而含笑点头，不问给钱多少，接过点点头就走。据说，原因是，染坊叫他开刀染红布，要多少钱给多少，他就不敢玩命了。这种行乞者的头上，真有一条条的伤疤。

打砖：是手执一块整砖或两把菜刀合并着，猛力往胸脯拍打，一下接一下，打时嘴里用力地唤"咳！咳！"在商店门前坐在地下拍打，也不言语，给钱便走，不给再拍。

吹嗡：拿一个长三十多厘米、直径约六七厘米的竹筒，放到嘴的半边用力地吹，发出"嗡、嗡"聒耳的噪声，在街巷内慢走着，或坐在地下吹，吹罢即喊："众人是圣人，无君子不养义人"，"前世不修今世苦，叫花行里混吃住"，"穷人靠富富靠天，做点功德天报还"。如叫不"开"（没人理睬），连着五七天到时即来叫吹、喊。如再不"开"，干脆不走，从清早吹到半夜，什么时候有本地方的人出面为之敛钱，方才道谢而去。

谓之"叫活了"。竹筒怎么吹响的，里边有什么装置，外人不知。在日伪时期，一次"庆台园饭庄"有一家结婚的，来了一位吹嗡的在门前吹嗡乞钱，给馒头不要，当时招请事的有安清帮中的知名者曹金榜、蒋亚夫出面圆场不休，又招来两个警察把他架到街东头救火会里，反复数次，最后还是给他钱才算收场了事。

叫街：乞人挂一竹竿，在街巷中行走着，沙哑的喉咙，缓缓地喊："头上三只角，肚上有鳞，上长骨头外长筋，宝地有君子，可怜残废人！"这是瞎子或跛子行乞，也有的是装瞎装跛的。又有不瞎不跛的，喊着："高高山上一棵桃，里长骨头外长毛，有朝一日桃老了，外长骨头里长毛。"这些话是何意味，外人不解。叫"不开"与叫"活"同于吹嗡。

除以上在行当的外，还有不在行当而乞讨的，就是本地养济院的男女瞎子，人都称他（她）们为"先生"，凡人家婚娶或生子女，一二十人结群去讨喜钱。也有一头人，与喜事家争多议少，除喜钱外，另要四封果子（糕点）或红糖，嚷嚷闹闹，说些吉利话，得了财物即去。

另有"告地状"者，即一人坐于通衢路旁，面前覆张纸，写着姓名、籍贯、贫困情况，请人帮助，此种乞讨，多系外地人或当地的妇女、小孩等。人们对这些人很乐意帮助。

打飒机（竹竿两头镶嵌铜钱）上门乞钱，既唱又打。在唱词里都是誉美的词语、发财发福的吉利话。有的老板视钱如命不给钱（俗称肉头），或不及时给他钱，他就要变词讽刺代骂，最后还是得给他钱。但他们不限钱的多少，给了就走，如唱花相及耍骨牌的都是挨户到门或唱或要，给钱就走。

帮规：民国时期，徐州人往往称丐帮为"下五行"，但丐帮的帮规却很严格，拜师有礼仪，帮中论班辈，有帮规有戒律。如：不论红行、白行，一人在某处行乞时，没"叫活"（有人出面替筹钱）以前，帮中人不得擅自介入。相传其"五戒"和佛家的五戒相同，即戒杀、戒盗、戒淫、戒妄、戒酒。丐帮中人大多出自农民，都是为了养生糊口进了这一门行道。在乞讨时，他们乞钱不要饭，只去商业，不求住户。因此，不仅养生，有的置房买地，以至发家。

唱喜歌：民国初期，徐州唱喜歌的乞儿很多，年龄大的十六七岁，小的仅十一二岁，均为"丐徒"。这些人消息灵通，凡有喜庆之家，他们必定赶去唱喜歌、讨喜钱。

贺婚娶时唱："广亮大门放金光，大红喜对贴当央，上联是'螽期衍庆'，下联是'麟趾呈祥'，八抬花轿财门进，锣鼓喧天闹扬扬，金童玉女来相配，来年早生状元郎。"

贺生子时唱："麒麟送子到官家，张仙驮来仙娃娃。小少爷，喜气添，长大一定是大官。"

贺生女时唱："小姑娘，一枝花，喜庆来到咱官家，俺今特意来道喜，喜钱赏俺一吊八。"

贺男寿时唱："寿星拐杖镶龙头，鹿鹤童子齐拜寿。吕洞宾拜寿寿齐天，五世同堂福禄添。今天喝了寿星酒，地久天长万万年。"

贺女寿时唱："王母娘娘蟠桃会，八仙庆寿都喝醉，何仙姑，把寿拜，麻姑献寿飘飘摆，俺来拜寿讨喜酒，赏杯寿酒俺就走。"

贺新屋落成时唱："发福生财地，推金积玉门，新房盖成人财旺，宝地住着行善人。吉庆人家，人财大发，地旺人旺，财帛上匾挂红鞭炮响，锣鼓财宝往里淌。新人新店新开张，掌柜的喜洋洋，买卖兴隆通四海，财源茂盛达云江。算盘一响，黄金万两，……"

二、安清帮

安清帮又名"青帮""清帮""安清道义会"等，原是清初民间的一种秘密结社组织。据《清门考源》载，清帮源于佛门禅宗之临清派。

1. 清门

第一代祖师金幼孜号碧峰，入佛门后法号"清源"。原计划利用清廷漕运艰难的时机，联络抗清组织"粮米帮"（遍布运河沿线，主要为"天地会"中人）。主要向清廷请命负责运河漕运。其原意用权术扩张势力，待力量强大后，再谋恢复山河。但"粮米帮"的打算在现实中很快落空，反被清廷利用，至乾隆时期，将其改名为"安清道义会"，反而成了清廷的鹰犬。当时，该帮中人仍自称"粮米帮"，因其用"清门"教义治帮，帮外人多称其为"青帮"。

青帮成立后，翁、钱、潘三人在杭州（大运河南端起点）武林门外宝华山（一名保朝山）修建家庙并十二座家庵。在家庙设立"承运漕粮事务所"，共同规定"十大帮规、香堂仪式、孝祖仪式、五戒十条、家法礼节"

等规矩。不久，翁、钱二人去蒙古"哪王庙"敬告拜佛，不料，从此一去，再无踪迹，清帮帮务即全归潘清一人。至此，青帮名为三祖，实际只崇潘清一祖，徐州人好称青帮为"三番子"，"三番"即由潘字拆成三点水加番。

2. 青帮规俗

（1）二十四字辈。青帮自第一代祖师、创"清门"的清源祥师为始，共有二十四字辈，相传为清源的师傅、祥宗临清派第三十六世鹅头祥师所定。这二十四字为"清净道德，文成佛法，能仁智慧，本来自性，圆明行理，大通悟觉"。（另一标点法为每六字一句）所谓"前三祖"即指清源（金碧峰）、净清（罗清）、道元（陆逵）三人。翁（法号德惠）、钱（法号德正）潘（法号德林）三人为第四代。

徐州入青帮者，见于文献记载的较早的粮帮当家，大约有这么四位：海月波（法号文骏）、郝成龙（法号文灿）、王武兴（法号成龙）、程世合（法号成廉）。法字辈有：江淮二领帮当家郝长春，江淮八领帮当家何文库，兴五九领帮当家郭成玉，阳城卫领帮当家文占秋等（下略）。

（2）三堂六部。三堂有三种说法，一种系指翁（佑堂）、钱（保堂）、潘（安堂）三人堂。另一说则指整个清帮的设施，如三堂有大三堂（经堂、香堂、祠堂）、中三堂（副执堂、家堂、正杆堂）和下之堂（烧灶堂、进告堂、走杆堂）之分。第三种说法则为：前堂（烧香堂）、中堂（罗汉堂）、后堂（拜师堂）。

六部则分为大六部：吏利部、房护部、理礼部、弓工部、滨兵部、行刑部，或称为引见部、传道部、掌簿部、用印部、司礼部、监察部。小六部：旗布部、油布部、后档布部、端把布部、门帘布部、舱门布部。此外，还有正六部、副六部之分。

3. 入帮礼仪

（1）投小帖。例定，凡欲入帮者，须先行记名手续，请介绍人代投小帖（俗称"小条纸"），俟本师同意，择期开记名小香堂。开小香堂时，重新投正式拜帖。上过小香，即成为记名弟子，呼为"连毛僧"。待上香后，才成为正式弟子，有开法领众（首先收徒）资格。

（2）开山门。开法领人俗称"开山门"，先请示本师，斋戒沐浴，然后站在香堂下面，先挑高肩担子一副，左手执方便铲，右手拿云，身披袈裟，足登云履，头顶家法，大声呼道："沾祖师灵光，铁树不开花，安青

145

不分家，祖师恩德大。弟子某某，于某年某月、某日某时，开山门，收徒弟，传留后世。"呼罢，念老祖开堂歌："我佛如来法东流，前人世界后人收。师傅收我心欢喜，后人收人在后头。"颂罢，左右执堂师接去高肩担子，开山门者即行三拜九叩之礼参祖。引进师公讲话，传道师传帮规道义后，由开山门者师傅训话，代中开山门表文一道后，然后，入帮者上前行三拜九叩礼，谢各位师傅，然后参祖。

（3）称谓。拜师摆香堂后，称师为"前人"，师称弟子辈为徒弟或小辈，第一个被收之徒为"开山门的大徒弟"，最末收的为"关山门的老小"。徒与徒之间，谓之"一个蒲垫的"，班辈则论二十一至二十四（大、通、悟、觉），分辈称呼，普通称前辈。

3. 青帮势力

徐州地处漕运河道，青帮在此植根很深，蔓延面极广。清末民初为四岸码头，分别设在坎子街下黄河口岸、鸡咀坝、牌楼、高头堤四处。码头船老大是马凤山，山东台儿庄人，回族，杭三帮辈。

1911—1915年，随着津浦与陇海铁路建成通车，搬运工会成立，又形成车站码头，先后设立南北车行与十大班，把头均是安清帮头子。有姜廷忠（嘉海卫）、潘杰武（杭三帮）、郭三（杭三帮）、王开明、海兴祖、阎兴标等。民国十四五年间褚玉璞盘踞徐州时，青帮尤为猖繁，开堂收徒弟，广讲江湖义气。

山东人褚玉璞系著名匪首，褚本人为青帮"悟"字辈，是郝寨青帮通字辈王长清的徒弟，较为活跃。后招安归属奉军，跃升前敌总指挥，在徐州督战。他手下的官兵多半是青帮人。褚驻徐期间，开堂收徒日渐繁多，但参加帮会人员良莠不齐。徐州青帮有"江淮泗""喜海卫""杭三""喜白""兴武六""兴武泗"六大帮。清末民初大字辈的有陶昌凤（保镖）的徐汉卿、王凤芝、刘瑞峰、王玉书等，他们在大字辈中相当活跃，与西至西安、北至京津一带的帮会均有来住。通字辈和悟字辈均于民国十余年前后，在徐州帮会内外崭露头角。较为突出的有苑玉春、杨庆铭、赵玉亭、蔺少章、薛万苍、居保昌、王文明、戴效林等人，他们的门徒众多，发展到各阶层，遍及徐海地区。

1923年5月6日2时50分发生了震惊中外的"临城劫车事件"。由浦口开往天津的第二次特别快车（俗称蓝钢车，是世界联运的国际列车，欧美人多乘之），行至山东临城、沙沟间时，孙美瑶等率所部"山东建国自治军"毁轨拦劫，掠走中国旅客百余人，外籍旅客（美英法比意）三十九人（一英国人被打死）。次日驻京公使团议决，向北京政府抗议，限日放回被掳外人，大肆叫嚣武力干涉和共管中国。

当时，北京政府责令山东督军田中玉与海州镇守使白宝山迅速解决此案，徐准镇守使陈调元等也前往枣庄协力。一时中外人士、新闻记者云集徐州、临城一带，徐州东站旅馆、饭馆发生了畸形的繁荣，徐州至临城一带军政人员乱成三团，头绪万端，不知如何是好。孙部所据抱犊崮，处于峰滕山区，地势险要，周围悬崖。可谓一人把道，万众难上，只可协商，不可力取。据说陈调元邀请徐州青帮著名人物商讨如何解决劫车一案。经研究公推高大奎去抱犊崮说情。高是青帮大字辈，光绪年间曾为慈禧禁卫军打顶马（前锋开道），清廷倒台来徐州（徐州另有其同事顶马）。他与孙美瑶是同参的（一个老师）。据传，他上山与孙面商放回被劫外籍人员，孙美瑶要十万银圆、百支短枪作赎价。经高劝说活动，北京政府仅同意给十万银圆。

大约1924年，上海发生图财谋杀案。上海名妓莲英被银行职员阎瑞生杀害，身上价值万金的首饰劫掠一空。当时全国通缉，很久无着落。后来阎瑞生被青帮头子杨庆铭在徐州北站抓获，受到了当时政府的通报表扬和嘉奖。

1934年至1937年间，先后有青帮闹事。因徐州车站十大班争夺码头及娱乐场所，聚众斗殴、抢砸等事，时有发生。当局颁布命令捉拿青红帮中的非法分子，杨庆铭、苑玉春、戴效林等五人被秘密送南京关押，青帮势力一度低落，不敢大肆开堂招摇市面。

1938年日军侵占徐州，青帮复又兴盛起来。日本人为了利用青帮在民间的势力，特许青帮公开结社，并将其改为"安清道德会"，由李鸿德、张云九、王文明、薛万苍、秦少庭、岳秀峰等人组成，推李鸿德为首任会长。当时青帮成为日人鹰犬，势力极大，较大的工商企业都要有青帮头子主持，否则就要被敲诈勒索。

日伪时期，青帮显要人物很多，有"五霸天""三榜""四少""三十六友""一百单八将"。不过，大都是本帮中自吹自捧的。东霸天指戴效林，日伪时已去南京，这人既无职业，又无官职在身，而以"仁义"用事，在青帮中取得了威望。西霸天李德功，他是西关脚行工人出身，门徒众多，被推为脚行把头，在青帮中也享有声誉。南霸天张金荣，他是南关

147

铁佛寺早期水码头搬运工人把头、船业工会会长。北霸天宋文忠，是土杠行工头，独霸东北两关。中霸天王开明，是十大班的头子。"三榜"即黄开榜、文金榜、曹金榜。"四少"是秦少庭、张少九、曹少峰、文少臣。另有十大班的头子杨典龙、严兴标、海兴祖，三人为义兄弟，有东站三霸之称。日伪时青帮极为昌盛，抗战胜利后逐渐衰落。新中国成立后，青帮随着社会发展而消失，一去不复返了。

第五节　社会交际

一、称谓习俗

1. 对自家人的称呼

父（大大，现称爸爸）、母（娘，现称妈妈）、爷爷（祖父）、奶奶（祖母）、太爷（曾祖父）、老太太或太太（曾祖母）、大爷（伯父）、大娘（伯母）、叔（叔父）、婶子（婶母）。哥哥（兄）、兄弟（弟弟）、姐姐（姊）、妹妹（妹）、儿子（子）、闺女（女）、媳妇（孩他娘、对鼻子、家里的）等。

2. 妇女称自家人

在娘家称答答（父）、娘等同上述，称兄妻为嫂子、弟妻为妹妹，公、婆、太公、太婆等所有婆家人的称谓，均依照其丈夫无异，称其丈夫则为他、那口子（对人前语，招呼丈夫）、×的哥哥××（婆家兄弟名）、老大伯（夫兄）、小叔子（夫弟）、大姑姐（夫姊）、小姑子（夫妹）。生育儿女后，则比儿女名以称呼，如对公婆，即称××的爷爷、奶奶，或者是他爷爷、他奶奶，余皆同此类。

3. 亲戚称呼

姑娘（姑母）、姑父（姑丈）、姐姐（姐丈）、妹妹（妹夫、妹丈），或比子女称呼为他姑父、他姑娘。姑之子、女称表兄、表弟、表姐、表妹，表兄之妻称表嫂，表弟之妻称妹妹，表姐之夫为表姐夫，表妹之夫为表妹夫，表兄弟的子女称表侄、表侄女。表姊妹的子女称表外甥或表外甥女。表姊妹的公婆称大爷、大娘或×叔、×婶子。

母之兄弟称舅，母之父母称外爷爷、外奶奶（有的称外姥姥），舅之子称表兄弟，女亦称表姊妹（舅家者为"里表"，姑家者为"外表"，姑家之表兄弟，不得入已嫁之表姊妹内室，舅家者则否）。姑、舅之家的姊妹之子女，统称姊，与自家姊妹之子女称谓同。舅称姊妹之子女为外甥、外甥女。舅之妻为妗子，下辈则称舅爷、妗奶奶。

父母谓子之子女为孙子、孙女，孙之子女为曾孙、曾孙女。谓女之子女为外孙、外孙女。谓女之夫为闺女婿、高客、娇客、他姐夫或他姑夫（比着幼子或幼孙叫），亦有直呼名者（不呼姓）。

妻之父母，夫称之为岳父、岳母或大爷、大娘、叔、婶子、老丈人、丈母娘。用于文字间有泰山、泰水之称。妻之兄弟亦称兄或弟，谓之大舅子、小舅子。妻之姊妹，则谓之大姨子、小姨子。妻之嫂或弟之妻，谓之大妗子、小妗子，妻之侄或侄女，谓之妻侄、妻侄女，再下一辈则称妻孙、妻孙女。

4. 社交称呼

对别人父母亲属等的称谓有：令尊、令堂、老伯、伯母、令兄、令弟、贤昆仲等，对其晚辈则有：令郎、令千金、令侄、令甥等。对其妻则有：嫂夫人、弟妹、贤内助等。

自称亲属等人为：家父、家严、家母、家慈、家兄、舍弟、家姊、舍妹。称妻为内人、内子、山荆、拙荆、家里的、山妻等。对别人称自己的晚辈有：小儿、小犬、犬子、小女、舍侄、小孙等。

称别人之妾为贵宠，妓女则为贵相识，僮仆称贵使。

自称妾为陋质，僮仆为小使，妓女为野骛。

称别人父子为乔梓，兄弟为棠禄伯季，夫妻为佳偶、连理，朋友为贵友，亲戚为贵亲，邻居为高邻或贤邻、芳邻。

5. 邻居称呼

邻舍之家，彼此相互称呼均按辈分，除大大（爹）、娘外，皆同，唯按年岁大小时有变易。

6. 朋友

不论老辈之交、少辈之友或通家之好，当时有"拜仁兄弟"（把兄弟）和"拜干姊妹"者，均照辈分、年龄称呼，为（仁）大爷、哥哥、嫂子、姐妹等，通家之女眷亦为此。仁兄弟与干姊妹有稍异。比如，某人于自家行二，在仁兄弟、干姊妹中称之为三哥或四妹，那么，人们便称以三哥或四妹，而不以家中排行称呼之。

朋友中有为子女认"干爷（爹）"的。幼童跪拜认亲后改叫，两个家庭之间成为"干亲（qìng）家"。真正因儿女结亲的亲家，反而被戏称为"湿亲家"。

7. 手工业者

通常都被称×师傅，年轻些的被称为师兄，年纪大的称老师（儿）。若是拜师，同门以师兄弟互称，师傅、师娘以外，再老一辈儿的称为师爷爷、师奶奶。

8. 私塾先生

称私塾先生时，不冠姓，直呼先生。学校老师则冠姓称某先生。相面、测字、算命等皆称先生，相地的称堪舆先生或阴阳先（生），雏妓称小先生。

商店之业主称东家、掌柜的、财东老板，经营业务者称经理（辅佐者称二把手）、领子、领东、问事的。集股者有股东。管账者通为管账先生或账房先生（分外账和内账），伙友称某先生，年长者称某（姓或名的中间字）爷，也有呼其字者。

9. 其他

对商店的练习生称某相公，仆人对主家的少主人称"大相公"或"大少爷"，"小相公"或"小少爷"。对地主之家管理田产收租者为"收打相公"，而在赌博时麻将场中有"老相公"（本为十三张牌，但多起一张）、"小相公"（少一张只十二张）。更莫名其妙者，称妓女为"扬帮相公"，此称未知始于何时。

菜馆的服务员通呼为跑堂的，熟客则呼其乳名。称厨师则为某师傅，通常徐州人好谓之"厨子老师儿"。旅馆、浴池的服务员通呼为茶房，熟客则呼其乳名。粮行迎货的称下路的，联络售货的谓之外跑，掌斗秤的谓之斛师。代人销售货物的称为经纪人或是跑合。服装业的从业人，通称裁缝，有的称师傅，其店称裁缝铺或成衣局。凡木工、建筑工、洪铁工、扳金、银器工，均称"匠"，如银匠、小炉匠、泥水匠、铁匠、铜匠、锡匠等。

和尚称大师父、大和尚、方丈、主持、院主、佛子，又有挂单和尚、云游和尚。道士称为老道、道人、庙主、香火道人、牛鼻子老道、道长。尼姑称二师父、二哥、二僧，老尼称庵主，最忌称尼姑。盲人不论男女均称先生，可按年龄分别冠以老或小字。巫婆称为神嬷嬷，男巫称神汉子，男者互相称哥、兄弟，女者互相称姐、姨，以捉妖拿邪给人治病以欺人者为端公，通亦称先生。乞丐通称要饭的、叫花子。和尚、道人、尼姑向人乞讨，称为化缘、化斋、布施、接善缘、祈祸等，称施舍者为施主、斋公、善士、老善人。

二、行文称谓

1. 官称

对父母称严亲、慈亲，自称男（女）、膝下。对于兄弟称胞兄、长兄、兄长，弟则为胞弟、×（排行）弟、手足。对妻则用贤妻、淑妻，或称其名一个字，妻对夫称郎君、夫君、夫婿、良人。亲戚中，女婿自称小婿，外甥自称愚甥。师生间则称恩师、夫子，自称门生门下或受业。同学则称学兄、学弟、窗兄、窗弟，自称亦为之，亦称后学。朋友间的长辈，称×翁大人、仁伯、仁叔，自称愚侄、晚生。平辈称阁下、足下、台端。对晚辈称世兄，自称侍生。如家亲戚则加一"姻"字，如为亲家，即称亲家老大人，自称姻愚弟。

2. 自谦

如：鄙、鄙人、卑职、愚、下愚、在下。对朋友或亲戚间可称仆。寡妇则自称未亡人，别人称为半边人，鳏夫自称空房，人则称为孤老。

北伐以前，妇女多文盲，幼时呼乳名妮子、丫头等，稍大，则呼之为大姐、二姐等，至十七八岁，居乡者多呼为"老碰""老等"（碰、等婆家），完婚后即呼为"老张"或"老李"（婆家姓），城市内偶有蓬荜小户为此称呼者，但为教甚少。在一般女儿已入学校者，即呼其学名。北伐以后对妇女多称之为"女士""女史""女洋学生""女学生"等，结婚以后，遂在原来的姓名上，加冠夫家之姓一字，即成为三或四字，如复姓则为五字或六字，就是没入过学者，家长亦予之按辈分取名，故一般多以"女士"为普通的尊称。

三、问候礼节

初交的朋友，见面时必有一番问答：如问"贵姓?"答："姓×（或贱姓×、免贵姓×）。"

"台甫?""草字××（或贱号××）。"

"仙乡?""小地方××（处）。""贵府?""敝处在××（或权寓×处）。"

"何种发财?""小营×业，聊济衣食。"

"宝号?""小号×××。"

"生意如何?""差堪糊口。"

"改日空当拜访!""恭候移玉。"

或："兹有一事烦助玉成?""定当一尽绵薄，不负台命。"等等。

四、认干娘

"干亲"不在"六亲"之列（六亲：父子、兄弟、姑姊、甥舅、婚媾——妻之家属、婚姻——夫之家属），仅是敦睦友情的一种表现。

1. 起因

朋友共处，莫逆之交，幼儿、小女认彼为干爷、干娘，借此"亲密倍于昔，往来频于前"，火火热热，通家之好。另一种是幼儿娇养，体弱多病，或孩童少而家境宽裕，为迷信所惑，以为认外姓爷娘易于抚养，是以遴选姓牛、马、朱（猪）、杨（羊）者，认作干亲，谓幼儿亦如牲畜，以为如此阎王老子便管不着。又有专选作风不正之妇女为干娘者，谓"干爹多"，可庇护小孩。

2. 年龄

小儿认干娘多在周岁之后，十岁之前，一般在口头定议之后，择吉"过礼"。

3. 仪式

认干亲也有仪式：在双方协定日期后，会同列名、发送请帖，所请知己朋友数人、至亲数人，至期聚于一堂，燃烛焚香，干儿（幼童）由其父母指挥，向干爷干娘叩头，干爷干娘坐受之。幼儿之母将事先准备赠送干娘之礼物，用红纸垫于盘内，奉给干娘，礼物为银插戴（钗、环等）数件、"不煞裆"（敞裤裆）的裤子一件。干娘将裤子接过，从裤裆套于干儿头上，由上腰间出之，代表由她产生。干娘也将预购之锅碗勺筷一套、糖果、帽（上有"长命富贵"四个银字）、红包——见面礼赐给干儿，干儿之母与干娘互收礼后，互相"裣衽"，口说"拜拜"。被请人为之"道喜"。礼成，入席，男女分席而坐，干爷、干娘各坐首位，幼儿父母各坐席口，幼儿随母，一时杯盘杂陈，觥筹交错，颇为热闹。

4. 称呼

过礼后，两家的亲密倍于往昔，往时幼儿称叔婶，立改称作干爷、干娘，称父母为干老爷、干奶奶，两家互称为"干亲家"。不论红白喜丧之事，逢年过节，互赠礼物，较之一般丰厚，平时不断接干儿来家，有一住兼旬半月者。

在彼此社会地位、财富、职业等有了不同，对比差等，或一方他徙，久不谋面，而亲情之谊自然受影响，渐次疏淡，往来之礼法亦现不周，日趋日远，直至你无来我也无往，就成为歇后语"秤钩子打钉——扯直"，所以徐州有句俗话："认干亲如拉锯，你一来，我一去，你要不来，我也不去。"

（认干爹略同）

五、拜仁兄弟

仁兄弟，又称把兄弟、拜把子、换帖、异姓兄弟、结拜兄弟等，是比较情投意合的几位朋友互相经过一种仪式的结合。他们认为此种居于"父子、兄弟、君臣、夫妇、朋友"五伦之中，自古就有结义之举，所以一经某人发起，被征淘者

则乐于响应，似乎觉着"仁兄弟"比只称"朋友"要加倍地亲密，有的可能还会超越叔伯兄弟、亲戚兄弟，甚至胞兄弟。

1. 结拜人数

拜仁兄弟多有达三十余人者，谓之"三十六友"，少者三四人，谓之"桃园结义"。各述年龄、生日、籍贯、职业、父祖名讳、母之门氏、住址、家属人口、妻子名姓岁数等，一一逐项详列于"兰谱"之上，在举行结拜仪式后，互相交换，故曰"换帖"。

蒋介石与冯玉祥两位，曾经在徐州原黄口车站结拜仁兄弟。

2. 兰谱

"兰谱"，是用红纸印就封面，中间框内有"金兰之好"四字，框周围

有春兰、桃花满布，全面撒金，以下折叠成笺帖式，大小如十六纸，内之首页为"缘启"，略述金兰之义，有福同享，有难同当，不愿同日生，但愿同日死，不让桃园专美于前，生死与共，永无异词，如怀他意，天人共鉴等。下署人名、年、月、日，下边即书文名，三代等如上所述。"兰谱"有普通红纸者，有精制者。精制封套为烫金凸形字，外装于印制精美之硬纸盒内，两端扎以丝绦，此种为上海运来；普通者则为徐州当地印制，各文具店、印刷店均有出售。

3. 结拜仪式

以年龄为长者，排行老大，以下均按年龄计算，向下排列。站齐后，老大出队，至悬有"三结义"之图画，或书就刘、关、张名之神位牌前，燃烛上香，向牌位叩头，起而旁立，以下老二、老三顺序向牌位叩头后，再向大哥、二哥……叩头，老大、老二等则还揖答礼。礼成后聚餐，分秩坐，小向大者敬酒，席散即各去，从此在结义者即

蒋冯在徐州会面，结拜后冯是大哥

以大哥、二哥按秩序称之，不再照原来各自家庭中之排行称呼。参子者之父、母、妻、子，则称仁大爷、仁大娘、仁嫂、仁侄等，由一般朋友，进而成通家之好，年、节、喜、丧、请客送礼，不可或缺（仪式的举行有的在关帝庙内）。

4. 续帖

后来者加入已经结拜的班子，名为续帖，俗称作"后续赵子龙"。

六、拜干姊妹

徐州"拜姊妹"之风，在民国十年前后大行一时，当时，拜干姊妹之人多为社会上一些作风不正的妇女、私娼、暗门头，有时还有年岁较大的"台基"主，她们借着拜姊妹的名义，互相标榜，互相夸耀，以拉拢客人，抬高身价。

1. 写拜帖

女子们多常常会面，有共同语言，结拜互报年岁生时，用红纸书写（请人代笔）拜帖，年长者列前，依秩全部开列。其中姓名，有的是"冒姓"，有的是客人起的，有的是自起的。择定时间、地点举行仪式。

2. 仪式

仪式略同于"拜仁兄弟"者，然所供之牌位，各有不同，有写"观音老母"者，有写"王母娘娘"者，名目各异。推年长者为大姐，其余次第排列，二姐、三姐、……。各报名姓等，如红帖所开同，大姐点烛插香叩首毕，其他人顺序叩头，最后由大姐持红帖祝祷一阵就烛上燃烧，分别坐定，共进果品，喝糖茶。礼既毕，互称为几姐或几妹，有儿女者则称他人为几姨，但很难维持长久，无大变迁时，或可延十数年之久，短者二三年间遂星散。

北伐后渐绝迹，沦陷后又死灰复燃。在小户人家、中等门庭中，妇与妇之间、女与女之间亦择情投意合者，也有"拜干姊妹"之举，但无上述仪式，仅叩头为止。其他称呼、来往等，亦如上述惯例，别无什么特殊表现。

七、认义子、义女

义子、义女，亦称为养子、养女，谓其非已所出，收养他人之子女为子女，一般称作"螟蛉义子"。

"不孝有三，无后为大"，在《孟子》里就如此说过，人们把"无后"与"忤逆不孝、打爹骂娘"等同起来，给予"不孝"的恶名，所以人百计避之，养子而延嗣。徐州有句咒骂人的话："断子绝孙""永断香烟""一世为人"（即是下一辈子就没有人了）等，为了将来"传宗接代""老有所养"，凡未有子、女俗称的"绝户头"，总是要收养别人之子女为自己之子女，以娱晚年，免除"乏嗣"一大缺陷。收养子女，类型不同，徐州常

155

见者有：

1. 过继

兄弟之间，兄无后，弟则子女数人，兄向弟讨一人，改其称呼，昔时称为"大爷、大娘"者，过继以后，即称作"答答（谐音，即父）、娘"。遂之转入兄之房下，称其生父、生母为"叔""婶"，饮食起居，皆依其"伯"，与之感情较前转密，与其生父似乎转疏，以后之一切担负，皆归其"伯"照管，此即所谓"继承"。唯长子不出继，以为自己之嗣。兄子亦可出继于弟，唯按亲疏房分，择近房"过继"。俗说"亲戚论近，房分论寸"即此之谓。

"过继"亦称"过房"，须有过房仪式，亦择吉举行，互期遍请亲眷，毕聚一堂，内外整洁，红绣桌围、椅披、拜垫等齐备，由家长燃烛上香，先敬祖宗神主，次为家主、主母端坐上下首（即左右）椅上，依次受叩拜。承继之儿叩拜首为父母（伯或叔等），再叩生父母为辞房，次则祖父母，按辈分及亲疏一一不漏。仪式完毕，亲眷"道喜"，僮仆"叩喜"，开付赏赐，遂设筵入座。从此，此前之侄，遂成子矣。

过继闺女，多因有子无女，其伯母、婶母爱女，所谓"缺少一枝花"，因此感觉是个遗憾，择其近房中女儿较多者，请一女为继，父母自无不允，此种多为妇女（女之伯母或婶母）动议，"过房"后，遂"改口"，亦称"改叫"为母女。其他虽同于儿子"出继"，唯仪式简单，不事铺张，只是由承继之母带女，备具礼品，到亲眷家说明继女专来孝敬等语，以后即正常。

2. 兼祧（"一门两不绝"）

即一身承担伯叔两房之子义务，称呼正常不改，养老送终，独力任之。习俗状况，可见清俞樾《俞楼杂纂·丧服私论》说"在清乾隆时，有特制一子两祧之条例"。

伯、仲之间一房无子，另一房婚后一子，不便"过房"继承者，乏子之房，伯或叔遂予之另娶一妻同居之，规定在已娶之妻房宿一月，次转新娶之妻房宿一月（或有各半月者），原来之妻由伯或叔做主，所生子女则为做主伯或叔之孙，次娶之妻所生之子女，则为后者之孙。二妻之间，不分尊卑，叙年大小，大者称姐，小者为妹。两妻之衣食等资，已分居者各自承担，仍同居者，同吃同做，如有"月支"（每月给以每人之零用费），各具一份，穿衣亦相同无异。婚娶时，后者力仿前例，不得简陋，对于两姓岳家，处之不分轩轾，并无高下。此种便是一般所称的"一家两不绝"。

3. 领养

领养种种，大体有三。

（1）领养。亲朋之子过继，多见于姑舅亲之中，朋友则多系友情较笃，而出继之家儿子颇多，又不富裕，生活困难，请人向乏子女之朋友关说，权作代养子女一人，身出口出，可以减轻一部分生活费用，其友既经济稍半，又久有觅子继承之意，一拍即合。此种一般无甚仪式，只由介绍人同子之父母，携儿至其家，叩头拜见，遂改称呼，从此食宿皆移于此。原生父母不时前来探望，亦接儿回原家，但一般当日去当日回，不得留宿，不知有何讲究。

徐州原铁关帝庙东（现徐州医学院附属医院门诊处）有育婴堂，可向该堂领一男童或女童为子女，但须交纳该童的抚养费，取名随本人姓，即具据领出，因防被人领去后，假若有此童之家属来探视，好做以交代。

（2）拾养。拾养者，事先向产生堂（旧城四关皆有）告知其意，或径告知稳婆（收生婆、徐州俗称"拾小娃的老嬷嬷"），一旦遇有弃婴，遂即通知抱去，雇用奶母，或其他可代品精心喂养，等其渐长，不知亲母，只以义母认作生母，故少诋忤而甚相得。有的以后生母侦知来找，此童反瞪目不认，纵知本身是被拾取，为报养育之恩，而不愿脱离。除在产生堂及稳婆处抱取外，偶有在僻街、小巷、野外、路侧拾得之弃婴，此类多系私产，俗谓"私孩子"，不便抚养，恐蒙污秽之名，故遗弃之。一般包褓褓，颇为整洁，也有的只是草草，有的褓褓中附有笺帖，求拾者怜爱，并有附钞票若干者，拾时婴儿犹呱呱不止。

（3）买养。卖子女者多系外地人，因该地屡遭天灾人祸，无以为生，逃荒来徐，子女颇多，又都幼小，即在街头巷尾叫卖小孩。此类有当真卖者，又一种是故作骗局，有人买去后，隔日其父母即去买主门外哭泣，欲见小孩，如使相见，则连日不去，视隙将小孩拐走；如不使见则哭喊取闹，不然要索回不卖，退回身价，等到不堪其扰就退价时，已非原数，只可自认倒霉。

4. 归宗、复姓

有的义子（女），侍奉义父母，待都谢世，遂"归宗、复姓"，将义父母取之名废去，恢复本来姓名，但仍不脱离后家，来往于前后两家，敦睦二姓情感。间有脱离后家还于前家者，此与两家之经济情况和在后家时相处情景有关。如果本人娶妻生子或已嫁者，则"归宗、复姓"者少。总之，是沿旧习，不愿归宗者多。

5. 义孙

人年老而丧子，媳无所出，或有女无子，为延续后嗣计，为媳收义子嘱其抚养，借以博调饴之娱，并慰媳守节之志。

至于始终未离养家、未变后来姓名之义子，他年死后，虽遗留子女，而族人出而干涉，不令入于坟地，谓非本姓骨血，因此其妻与子女与之争，以致涉讼，时有所闻。此风民国十年前恒有之，北伐后渐稀，但各种形式收养的义子者仍然时有。

八、送匾

1. 感恩

徐州有一种习俗是"感功颂德"，都是自发的，起于民间。家有年老久病之人，子女为之延医求治，一旦病瘥，感医之功，小有馈赠者，备礼品数色恭送之；大者若医生有所好，如古玩字画等，则各方物色，投其所好，更有恭送匾额者。匾质有木框之硬匾，有呢绒之软匾，匾有上款，中镂金或黑字为"仁术济世""杏林春暖"等。

2. 祝贺

新开张的商店，业主之亲友或同业人等，亦有恭送"字号匾"（店名匾）者，送之日，当时即悬挂，业主行"拜匾"礼，开发抬匾、悬匾人等钱物，设宴酬谢送匾人，颇为热闹。

九、德政碑与万民伞

1. 德政碑

地方官卸任之后，人有为之立"德政碑"以作纪念者，多叙其政绩，歌功颂德，既表感戴之衷，又借以鼓励来者。徐州云龙山北麓山脚石阶两侧，即立有清代及民初之"德政碑"数统，原县、府、道衙门外左右墙内，亦有立者。

2. 颂德匾

地方官吏，在任期间，每多建树公正廉明，克己奉公，体恤民情，不媚上、不残民，至卸任之时，民蒙麻戴德，地方绅董集体恭送匾额，质均为软匾，为途中易于携带。

3. 万民伞

有地方官在任内与地方感情和融，官民相处，有如水乳，急民之疾苦，民之政善，民受庇荫，镂骨铭心，升迁之命下，地方绅商联名上呈挽留，不获，则于卸任之时，醵金恭送"万民旗""万民伞"等。

离任之前，除留专员办理交代外，主官则定期赴上级处报命，临行前一二日，即列旗

万民伞

伞、匾等于头门内大堂之前，任人参观。离任之日晨，绅商代表数人，谒官、寒暄、招待烟茶，双方各表敬意和谢意。少顷，启行在衙前鸣鞭炮，旗、伞前导，送者列队行，鼓乐继之，后即抬匾之采子，主官居先，僚佐继后，步行缓进。所经之途两侧，居民、商店门前有摆着案桌者栉比相接，桌上置清水一碗、大镜一面，表示主官在任时"清似水、明如镜"。炉香缥缈，酒壶酒杯排列，队行前过，商店、居民恭举杯表示敬酒，主官频频点头招手，含笑示谢意，敬者多有祝颂语，一路如此而去。

在启行前，卸任的主官，带同幕属等人，先至大堂前停放的匾额前施礼（初为三揖，后则改为鞠躬），再向送者代表礼谢，然后方启行。

卸任官回家后，将旗、伞谨藏之，匾则悬于大门内或大厅、主室之易见处，以示炫耀。在择吉悬匾之时，有的大会亲友，举行"拜匾"礼，一如喜庆事例。

在任官立"德政碑"时，该官亲自行"拜碑"礼，去任后始立者，则以函谢。

十、行业尊卑

在封建社会时期，硬生生地把人与人之间在职业上划分出尊卑等级，所谓"四民"，为"士、农、工、商"，把"士"置于四民之首。直到北伐以后，才把四民增易为"农、工、商、学、兵"，将"农"提居前列。

按四民士为首的说法，在"三教"中，无疑是"儒教"领先。在"九流"中，复将"儒家"超越其他，而在"九流"上民间又有所繁衍，

不似工具书《辞海》的那样解释，而是赤条条地划出道道框框，把"九流"分作上、中、下三等，当时还编了一套顺口词语，在民间广泛流传。

顺口词语"上九流"："一流佛祖二流仙，三流皇帝四流官，五流员外六流客（客商），七豪（豪绅、董事）八当（当典）九庄田（地主）。"

"中九流"："一流举子二流医、三流风鉴（堪舆、看风水、阴阳先生）四流批（批八字），五流丹青（图画书法）六流工，七僧八道九琴棋。"

"下九流"："一修脚、二剃头、三从（仆从）、四班（衙役）、五抹油（饭馆厨师等）、六把（卖艺的把式）、七娼（娼妓）、八戏（演员）、九吹手（鼓乐演奏者）。"

徐州人对于这首顺口词，在民国初年间还记得滚瓜烂熟，不但记得清楚，还按所指用不平等的眼光去看待人。

一旦某人的从业被列于"下九流"里，自己不觉地便有自卑感，见人时总要打躬哈腰，强作笑脸，虽年相若的人，总以"某爷"称之，稍长一些，即称之为"你老人家"，对方如向之说话，则垂手站立，毕恭毕敬，聆听吩咐，应以唯唯，低声下气，不敢"否否"。有人或问曰："人一也，吃饭穿衣同也，何以彼贵汝贱，彼何所尊汝何所卑？"伊则侃侃而答之曰："仰人鼻息，寄人檐下，岂敢自大。"并自我解嘲地说，"他有何可尊敬，我敬的是财神爷，'花猫狸猫，逮住老鼠是好猫'，也不过哄上个'十三、二十六'（指钱），衣食有着就是了，他只要愿意'海海地'（意寓'大'）赏赐，叫他二老爷又何妨。"

当时的社会习俗，确确实实就是这般，只要拥有财富便尊贵，贫穷便卑贱，演成了"拜金"风气。

当时的旅馆、饭馆、浴池等的服务员，通呼作"茶房"或"跑堂"，剃头、修脚、吹鼓手、仆役等，多呼小（乳）名，所以生活差堪维持之家，做父兄的一分容易，不愿将子弟送往该处，既吃苦又没地位，学此者皆是不得已而为之。

民初之间，他们被歧视不亚于清朝时。后来，对于"唱戏"的略有改观，"下九流"中其他人等，未见升格。

十一、民风与乡贤崇拜

民风的形成与水土有关，更由人文精粹传承而成。大致说来，徐州民风与乡贤崇拜紧紧相连。达到一定高度的"英雄""能人"或"好人"在民间会受到崇拜，有的甚至发展成新的类似的民间神。而他们的事迹在传播与历代的模仿、学习中，形成一种地方特有的民风与精神支柱。

大致说来，徐州的乡贤崇拜大致有前后两段、三种形式。

1. 神话式

老彭祖祠

权谨牌坊

彭祖"寿高八百"成为民间神，是创立烹饪、导引、房中养生的大师。徐州人奉有彭祖庙，并举办庙会。

刘邦：半神，充满了神话色彩。"炽帜"标志他是赤帝之子，"五星出东方"表示胜利上应天象。他创建大汉王朝，让徐州成为"千古龙飞地"，是徐州人永远的骄傲。

纪信：舍己救人（刘邦）的英雄，徐州把这位外乡人奉敬为"城隍老爷"，认为可以保一方平安。

张良：半神，刺秦失败后逃亡，落户在徐州时遇黄石公传授兵书，助刘邦取得天下。张良"运筹帷幄之中，决胜于千里之外"的神奇，使他成为徐州遭遇旱灾时，可以求雨解除旱情的"子房老爷"。

苏姑：半神，苏轼担任徐州知州，率领全城军民抗洪成功，百姓在歌颂苏轼事迹的过程中，竟演变出苏轼女儿"苏姑"牺牲自己嫁给水怪（成神）以退水患的侠女。相传她投水后牺牲的地方，成为名胜"显红岛"。

苏姑墓

百姓为纪念她建造的"苏姑墓"（衣冠冢）与黄楼相连，衍生出"女儿会"（黄楼庙会），据说能够为孩子们免除病害。"正月十六炙脚尖，小儿没病好撒欢。"

张郎中：一说吴姓商人。让大家避过毒虫瘟疫，自己却被毒虫咬死的"大好人"，成为民间信奉能"祛病"、敢与瘟神相抗衡的"五毒老爷"。

2. 英雄式

项羽：历史上唯一的霸王，自诩"力拔山兮气盖世"。他是推翻秦王朝的英雄，"衣锦还乡"东归徐州（彭城），在楚汉相争中失败，却成了失败的英雄。

刘裕：祖籍徐州，北伐英雄，南朝宋的开创者。"气吞万里如虎"是他的精神写照。

芝麻李：元末抗暴政的农民起义英雄。

又如明末徐州二遗民万寿祺、阎尔梅，为大明将亡而舍家救国的英雄。还有近代枪击大汉奸汪精卫的孙凤鸣、刺杀张勋失败的崔道平等。

3. 讲仁义、重然诺式

徐偃王：倡导仁义被武力打败的圣者，徐州之"徐"，与其祖上创建徐国相关。

季子：季子挂剑，标志一种信用，挂剑台虽已不存，精神长存。

季布：成语"千金一诺"故事的主人翁。

4. 轻财好施、造福一方式

张伯量：慷慨解囊建筑荆山桥，为地方造福的侠者。他的事迹甚至在儿歌中也有出现。

苏轼云龙山醉酒处

季子墓

张大烈：筑河堤、建鼓楼，乐善好施。

5. 勇于牺牲、以全节义式

古有解忧公主，继有关盼盼，近代有王少华等。

王陵母墓

张道陵天师故居

6. 立功、立言、立德类

萧何、曹参、周勃、汤克宽之类的立功；楚元王、戚夫人、刘向、刘歆、张道陵、刘义庆、李煜、李蟠之类的立言；彭祖、王陵母、姜肱、张山人、权谨、梁中枢之类的立德。

所有这一切，构成徐州民风以及形成的核心。古志书多谈刘裕之前（五代朱全忠不大受欢迎），认为学英雄、做大事是徐州人独有的地方风俗。至于说"地近邹鲁"，儒风当然盛行，但孝悌忠信、礼义廉耻已非地方特色。

第五章　岁时节庆

　　各类节日尽管大都起源于岁时的祭祀、庆典以至农耕等生产仪式，但从调查得来的实际情况看，节日的活动中，围绕岁时本身的传统活动已大大减少或减弱。这大约可以说是徐州地区岁时节庆的一种客观表现。

　　在所有这些岁时节庆中，有几个节日值得一提。一是正月里的"懒妇节"，二是三月三的女儿会，三是数伏日的染红指甲与喝伏羊汤，四是十一月十五的"月当头酒"。这几种节日，除染红指甲外，笔者尚未在其他地区发现过，极有可能是徐州地区所独有，但这几种活动本身，应是在全国各地区都有的。

　　新兴节日如元旦、植树节、五一劳动节、六一儿童节等，"民俗"的内容似乎还未有充分的形成，故略写。

第一节　春　季

一、打春

1. 放牛小与句芒

　　立春之日，徐州俗称为"打春"。"打春"的叫法，源于迎春的仪式。徐州习俗，立春前一日，举行"迎春仪式"。试举1925年徐州迎春仪式如

164

下：立春前一日晨光熹微时，一牧童打扮的少年（俗称为"放牛小"）头扎"冲天杵"小辫，身穿蓝色大褂，左手执一赶牛鞭，右手牵一头毛色纯青的大牛，牛额上贴一黄丹纸小斗方，纸上书一"春"字。青牛身披红布，牛头上两角之间挂一红绸彩球。牛后立一人，脸上勾彩，唇上挂短髭，身穿黑色长衣，外罩紫色马甲，扮为"句芒神"。他们都伫立在衙门影壁内，任人观赏。

句芒

2. 迎春

上午九时许，徐州各机关团体主管人员及个别乡缙绅集合，然后整队向铁佛寺进发。出发时，青龙、白虎大旗作为前导，"大五堂执事"及"肃静""回避"牌排列在后，紧跟着的是鼓乐队。先击锣打"十三梆"后，鼓乐齐鸣，队伍开始行进，"句芒神"、牧童牵牛走在乐队后面，随着鼓乐节奏边行边舞，其余人众列队紧随。然后又是一班细乐队、一顶红伞导一四人小

春鸡

轿，主持"打春"的长官便坐在轿内。轿后有一人手牵一用纸精心杠糊的牛（蹄下装小轮），纸牛全身毛色各异，头、身、腹、股、尾各按五行青、红、白、黑、黄五色分布。

3. 饮牛打春

铁佛寺外有一口水井，这一天，井边早预备好香案、供器，香案上另外专放一花瓶，瓶内插入盛开的早梅一枝。游行队伍来到后，主祭官员下轿站当中，其余官绅分列两旁。有司仪人员燃好香烛，然后主祭官员持香上举三次后，随员即把香接过来插在香炉内。这时，主祭官从牧童手中接

165

过鞭，朝青牛的臀部连打三下，此即所谓打春。这时鼓乐齐鸣，在一片热烈气氛中，"句芒神"至井边汲井水饮牛，饮牛后，焚纸牛，仪式结束，主持者抱瓶、花坐轿回衙。这时，衙门内早已备好丰盛的"春宴"，供参加"打春"典礼的机关官员和绅士们宴飨。

4. 其他

这一天，讲究些的人家，合家欢聚，饮春酒、吃春卷。此外，民众中还有这么几种习俗：

咬春：立春这天，人们按照历书上打春的时刻，吃青萝卜，俗称"咬春"，认为咬春可以使人全年百病不生，又认为老年人咬春可以起到固齿的作用。立春这天的青萝卜，价格也比平时贵了一倍。

画壁：东部农村有家家画壁的习俗。立春这天，用红土在墙上画上牛、马、镰、犁、耙等生产用具。画时，把牛角涂成全红色，驴、马、骡的身上画上许多红色斑纹。因此，立春前，有专门经销用来画壁的红土的。

缝春鸡儿：立春这天，家家用红绿布缝成小鸡图案，钉在儿童的衣袖上，名为"春鸡"，缝时要求男左女右。

妇女戴花：立春这一天，妇女均在头上插戴绒花，俗称"迎春"。此俗不局限于徐州，但由来已久。北宋大诗人欧阳修有诗云："其喜钗头燕已来。"

二、春节

农历正月初一是春节，古时称这一天为"元旦"，辛亥革命（1911）后，因采用公历纪年，并将公历 1 月 1 日称为"元旦"，遂将农历正月初一改称为"春节"。

徐州人极重视过年，往往从腊月里就开始做准备了，围绕过年的活动，从吃喝玩乐、拜祖敬神，到其他各种形形色色的文娱活动，样样俱全，可以说是徐州地方社会活动最集中的一种典型表现。下面一一述之。

1. 叫火烛

从腊月初一起，就有乞丐头人，肩扛木牌，木牌上贴着一张县衙门的告示，走街串巷，边走边喊"小心火烛——紧守门户——" "柴包要清——水缸要满——"，以此来提醒人们注意防火防盗。以便家家户户，平平安安的迎接新年、欢度新年。叫火烛时，多有顽童们随在其后，待其

叫声一落，便一齐大声唱道："大杠子顶门——锅门少抱柴火"，"守严被窝——别叫拱进老鼠"。

至于郊区一带农村，往往设专人打更、巡逻，担当起"防火、防盗"的任务。

2. 送财神

腊月二十以后，乞丐们一手提糨糊桶，一手持用红纸印成的财神像，匆匆忙忙地分头到各家各户贴财神像，俗称"送财神"。

财神像约有书本大小，系用手刻木版印制而成。待过年后正月初五左右，乞丐再手持木版为证，去各家贺吉贺喜，索要"年馍"（一种过年时才蒸得上的白面大馒头）。

3. 办年货

徐州人办年货，一般从腊月十五之后开始，无非多买些鸡、鱼、肉、蛋之类。此外，腊月二十五以后，再专门准备制作一些传统风味食品。如用麦芽糖摊糖，用油炸麻叶子（分咸甜两种，是用半熟的烙馍切成菱形，晾干后再炸）、炸油炸果（特制的山芋片）、炸丸子（萝卜切碎后拌绿豆面制成）等。另外，要精心剁好够吃好几天的饺子馅，蒸好够吃二三十天的馒头、年糕。

过年时蒸"年馍"是很讲究的。有实心馒头，有包多种馅料的馒头，有形状奇特的馒头（如枣花、枣山）。其中，有的食用，有的祭祖、供神，有的用来打发乞丐，也有的用来饲养牲畜（这一种馒头，非大户人家不做）。由于馒头讲究多蒸，往往很长时间吃不完，剩下的馒头多出现皮面干裂现象。这时，吃来味道比较差，但心情却极佳。因为，这种现象，徐州人称为馒头"发笑"（笑开口）了，预示新的一年平平安安、富富足足、喜庆有余。即便是家境不好的，蒸的馒头虽不多，也要特意留下几个，待其发笑后再食用，以图吉利。

4. 送节礼

送节礼一般从进入腊月下旬开始。送节礼的习俗多在亲友之间进行，是小辈孝敬老人、亲朋好友密切关系的一种重要礼俗。节礼的厚薄，多视亲朋之间的关系远近、亲疏而定。一般的也就是几斤糕点。送男性长辈的，往往再加送两瓶酒。近几年来，以十几种大小、色彩、品种、形状不一的盒装糕点，拼摆后捆扎成的组合式礼品已十分流行。虽好看不中吃，价格也贵，但人们也往往以此送礼，提在手里、摆在桌上，都显得气派些。

凡新女婿，尤其是关系已定、尚未娶亲的未婚女婿，送节礼则十分讲究。"文化大革命"中及 1980 年前，送礼也不过是鸡、鱼、糕点、酒四样，每样四斤。1980 年后，渐渐上升为每样八斤，样式也略有增多（如名烟）。近几年来，鸡、鱼、糕点已属平常，名烟名酒（徐州人送礼，第一不能缺酒，俗话说"一个女儿一坛酒"，女儿多的人家，徐州人往往戏称为"有酒喝"）之外，常常要设法买些平时罕见的高级补品。如此一来，送一次节礼就花掉几百元钱，实在是平常而又平常的事。不过，凡新女婿（含即将娶亲的"准新女婿"）送节礼，岳父母收下后，要讲究回礼，回礼是将所送礼品的一半交新女婿带回。

5. 扫屋

腊月二十七八前后，家家要"扫尘"（俗称"打尘""扫屋"），进行一次较为彻底的室内外和个人卫生大扫除。清扫时家具讲究六面光，器皿讲究亮堂堂。个人卫生一般在除夕或除夕前一天进行，除沐浴外，无论男女老少，一定要理发，俗称不能留"隔年头"。

6. 春联、挂帘、年画

春联源于古代的桃符。宋代王安石有诗为证："爆竹声中一岁除，春风送暖入屠苏。千门万户曈曈日，总把新桃换旧符。"什么是桃符呢？《山海经》中说得明白：相传，东海有座度塑山，山顶住着各种鬼怪。山上长有一棵大桃树，枝条浓密，蔓盖全岛，只有山东北处有一根拱形树干处露出一个洞门。天帝为防止鬼怪由此下山为害人类，特派神荼、郁垒两名天神把守。如有鬼怪胆敢出洞门，必抓住饲虎。根据这个传说，不知什么时候开始，古人们开始用桃木刻神荼、郁垒神，装饰在大门上。后桃木神像一再简化，渐渐改成在桃木板上写上神的名字，再后来，桃木板又改为在纸上画神像，或在纸上画符咒、写吉利话语，这就是桃符，从写吉利话开始，春联雏形就开始产生了。（生活中最常见的文学形式——对联，便产生于此。）

徐州风俗，贴春联必须在除夕这天。用红纸写好后（或在街上请人写），在门板上贴一副大的，门框上贴一副窄长的，另加一窄短的横联贴在门楣上。门联以外，另将红纸裁许多小方块状使角朝上为正菱形（俗称斗方），写上"福""寿""禧"等字样，贴在家具或大件器皿上（有的将字画成图像，使成为亦字亦像的福、寿、禧）。另外以红纸写（或画）青龙贴水缸上，白虎贴在磨上（或面缸上），仓房内贴"戳毂"二字，牛耳朵上贴"寿"字。大门的对面墙上，贴写有"开门见禧"的吉联。

此外，院门、屋门的门楣上，贴一些各色剪纸，俗称"挂帘"（长方形，宽约 12 厘米，长约 25 厘米），有些人家，往往另在门旁插几株桃枝，这或许是古桃符的另一种变化吧！

新中国成立后，贴春联的习俗有较大变化。"挂帘"在城市中渐渐根绝，仅农村地区仍旧袭用。传统上，春联多自写或请人代写，即便到街上买，也均为手写。近四十年来，春联改用印刷品已渐渐占主要地位，但仍有许多人爱好手书的春联。

年画可以说是塑门神的另一变种，关于门神的演变历来有三种说法。一种说法认为门神是神荼、郁垒，一种认为是唐初的两员名将——秦叔宝和尉迟恭，另一种则认为是人们熟知的捉鬼的钟馗。笔者认为，这三种说法均曾有过，应为不同历史时期人们的习俗崇尚。也许，这三种门神至后来是并存，为百姓所同时接纳了。

既然门神有镇鬼的作用，其职能渐渐为百姓赋予新的作用。把他们请到屋内，不是可以更好地保障大人孩子的平安吗？于是，门神开始贴在门内的墙上了。然而，门神，尤其是那位捉鬼的钟馗，他们的形象未免太狰狞可怕了些，有时，也许对小孩或病中的老人反倒有着直接的精神威胁，于是，门内的"门神"开始变化，变化的直接后果便是导致其性质由"镇邪"作用向装饰作用的转化，美人便逐渐代替了钟馗——年画产生了。镇邪一变而为"祈福"。

我国现存最早的年画，是南宋时木版刻印的《隋朝窈窕呈倾国之芳容》，画中为王昭君、赵飞燕、班姬、绿珠四美人像，俗称"四美图"。

与此同时，一切象征吉祥如意的人、事、物等都进入年画中了。

笔者在调查中注意到，徐州人对门神另有一种解释，认为门神是蚩尤。相传黄帝大败蚩尤并将其处死后第二年，各地又有许多人起来闹事。黄帝命人画了许多蚩尤像四处张贴以震慑，方才将闹事者平息下去。所以，到了秦代，已明确地把蚩尤敬奉为战神。汉高祖刘邦起义时，也曾举行了敬蚩尤的仪式，希望能得到这位战神的保护。近年来徐州出土了大量汉画像石，其中的铺首衔环即为蚩尤的头像。大门上饰以"铺首衔环"像的习俗，从历史上一直延续到近代。而一般民众无力量办"铺首衔环"式的大门，只好以"门神画像"来代替了。

徐州年画的内容很多，除民间传说故事、著名古典小说、戏曲故事外，民众最喜欢的是这样几种年画：猛虎出山图，象征家风端肃，不受邪祟；雄鸡高唱图，象征吉祥如意；鲤鱼欢跳图，象征富贵有余；百子游戏图，象征子孙昌盛；麻姑献寿图，象征多寿多福。年轻的妇女，尤爱把"胖娃娃图"贴在卧室中，母爱与祈子的成分应是并存了。

7. 祭神拜祖、磕辞岁头

除夕这天，应该把所有的为过年而吃、用的事情都做好，俗称"忙齐了"。这一天，人们见面的问候语也多是："年忙得怎么样？忙齐（齐全）了吧！"忌说"完"，某件事做完了，也只能说是"忙齐了""做齐了"。

年忙齐后，便准备祭神拜祖、磕辞岁头。吃罢晚饭，便开始摆供。正屋正中的墙上高悬神轴（或观世音像，或关云长、财神像，均视各人的信仰而定），神轴下摆长条几做供案，案上摆迎接过年而制作的食品如枣山、枣花馒头和水饺等，此外，再加上栗子、白果、红枣、桂圆、核桃等五种干果，俗称"素供"。供物前摆上香炉、烛香、宣德炉、香筒等。条几前置一方桌，方桌上摆一盏点燃的铜灯、一副铜磬。桌前地上再放一块红毯，作跪拜用。

偏屋内供祖宗神龛、神主，各种摆设一如祭神，但五种干果换成鸡、鱼、肉、丸子、海味，俗称为"荤供"。

定更（八时）前后，全家老少换新衣。妇女戴上首饰，装扮一新，准备敬神。

敬神前，先在院内焚松柏籽，俗称"偶岁"。"偶岁"后，仪式开始，先斟酒三杯摆好，点燃通宵烛（一种特制的大红蜡烛），上大灶香，香炉中插天地码，桌前烧"元宝"（锡箔糊成）。先拜神像，每拜一次，敲一下铜磬，并洒酒于地上，同时鸣放鞭炮，俗称"迎神"（父老相传，大年三十夜里，诸神下界）。

跪拜时依尊卑长幼依次进行。拜前，家长对儿童往往多加告诫"敬神要诚，心到神知，敬神如神在"等语，以防止孩童在此庄严时刻做出一些不谐调的举动。

拜神后，再到祖宗神龛前跪拜，顺序一如拜神。拜过祖宗，家长夫妇端坐在椅上，晚辈们依次逐一叩拜，俗称"磕辞岁头"。辞岁的仪式重复多，因为，家中每一位年幼、辈低者，都必须向比自己年长或辈尊者叩拜。拜毕，分头守岁。

另有一种说法为：迎神的仪式应在夜间十二时。民国前后，徐州一带家庭中没有钟表。南门城楼上，于子时特地鸣炮三声，告知居民。居民闻炮响后，即将下锅煮好的扁食（饺子）端出，在神像、神龛、天地桌、灶前多供三小碗。并斟酒三杯摆好，叩拜洒酒，辞旧迎新。

8. 守岁

除夕守岁，原意为防备"年"的侵害，大家聚在一起，互相壮胆。从典籍上看，最迟从南北朝时始，守岁已衍变成一种独特的欢庆方式。南朝梁时，徐君倩在其《共内人夜坐守岁》诗中写道："欢多情未极，赏至莫停杯。酒中喜桃子，粽里觅杨梅。帘开风入帐，烛尽炭成灰，勿疑鬓钗

171

重，为待晓光催。"

至于旧岁将除、新岁将至之时，回顾过去、瞻望未来的习俗，最迟到唐代便已形成。请看诗圣杜甫的《杜位宅守岁》诗："守岁阿戎家，椒盘已颂花。盍簪喧枥马，列炬散林鸦。四十明朝过，飞腾暮景斜。谁能更拘束，烂醉是生涯。"

徐州人守岁习俗，大多因性别、年龄的不同而各有所好。老爷们儿往往设宴，以饮"除夕酒"为乐，老妈妈往往带上孙男娣女一大群，去土地祠、城隍庙烧香、观会，年轻妇女包扁食、化谷糖做特色食品，其他人众多斗牌、撵猴子（掷骰子）娱戏。夜半迎神时，大家均集中到一起，这时，迎神的鞭炮声、进会的锣鼓声，大街小巷响成一片，热闹非凡。新的一年，便在这欢声笑语中悄悄来到。迎神结束后，妇女、儿童大多休息。讲究的守岁者，游戏依旧，守岁至雄鸡三唱、东方露明时方才结束。

9. 喝得岁酒

正月初一是春节正日子。徐州习俗，早晨起来，第一件大事，便是喝"得岁酒"、拜年。天色蒙蒙亮时，各家设家宴，全家围坐。人口多的，幼辈站在席边。这时，由家长命从全家年龄最小、辈数最低的儿孙辈始，逐一喝"得岁酒"。对老人们来说，又老了一岁，俗称"失岁"，对年幼者说，是又长大了一岁，俗称"得岁"。即便是在襁褓中的孩子，也要由母亲用筷子蘸少许酒点在嘴唇上。喝过"得岁酒"，家宴才正式开始。大家先敬老人酒，然后欢欢乐乐地宴饮一番，家宴后，便开始拜年。

10. 拜年

天亮以后，撤掉宴席，燃烛上香后，鸣放鞭炮，俗称"送神"。送罢神，全家老少由家长率领逐一向祖宗神主"拜年"，拜毕，家长端坐椅上，家中儿孙们逐一向家长和长辈拜年。拜年时，叩过头起来，家长（或长辈）须赐红包一个，内装钱币若干，俗称为"压岁钱"。大家庭中，凡结过婚的，均为大人，都要准备"压岁钱"。

全家拜年结束，稍事休息后，太阳初升之际，年轻人及孩子们均出门去别处拜年。至亲友处拜年时，先向悬挂的神像或神主龛、牌三叩头，然后逐一称呼长辈并磕头拜年。平辈者互相一揖，拜毕，稍微寒暄几句，便可辞出。

拜年时，遇老人则口颂"福寿绵长"，对平辈则互道"恭喜发财"。

初一至初三为拜年的高峰期，商店均闭市，晨八时起，街上行人来来往往，均衣帽光鲜、穿戴整齐，多如过江之鲫，皆为拜年者。如路遇熟人，则必须含笑拱手，大声祝颂："恭喜发财、新年如意！"

有一定社会地位的，往往以"投刺"的方式拜年。"刺"即名片，以大红硬卡纸印成。初一早晨起，派人往亲友或有生意来往的人家去投送。商店经理们则必须以"投刺"的方式拜年。投刺者手持名片，至所拜人家或呈送，或投入门缝中即可。

拜年期间，儿童们多穿缝了大挎包（衣兜）的新衣。因为小孩子拜年时，不但可以得到压岁钱，还可以得到许多特色小食品。以前，拜年只限男童，女童不得参加，新中国成立后，这一习俗逐渐改变，男、女童均可参加拜年。

11. 吃素扁食

年初一这天的中午饭，徐州人必吃素扁食。一般，在扁食中选几个包入硬币。煮熟后谁吃到是运气好，有财运，预示一年之中大吉大利，事事如意，有的主妇在包扁食时便做了记号，煮熟后特意分盛给老人和孩子们，以娱全家。

12. 接闺女

春节期间，必接已嫁出的闺女，年轻人则称为"走娘家"拜年。徐州习俗，接闺女的时间为年初四。至期，讲究礼俗的人家，在初嫁不久的女儿回娘家时，往往要请陪客数人。待女儿、女婿到门口时，有陪客二人侍立相迎于大门外，互揖后，抬臂作"请"。入院后，屋门处另有陪客二人相迎，互揖后，女婿、女儿入室，稍坐，岳父母出来相见，女婿、女儿叩头拜年，拜毕，女婿入席上坐，女儿偕母亲入内室，互道思念之情。

女婿坐首席时，岳父坐主位，两旁为陪客，岳父母家其他人不得入席。席间细酌慢饮，多聊天，傍晚时，女儿先辞，回婆母家。至二更（晚九时左右）天，女婿起身告辞。

第二年起，接闺女不须陪客。

新中国成立后，城市中"接闺女"的时间渐渐改为初二（笔者认为，这可能是春节仅放假三日，延续不到初四而造成的），近郊农村亦有顺同者，偏远农村，仍是初四。

13. 玩意儿

春节期间的娱乐，徐州人习称"玩意儿"。临近春节时，城里以同业公会、行会为组织，农村中以自然村镇为组织，入冬起便积极排练各种新年玩意儿。至除夕晚上，各种玩意儿便上街了。但因这天晚上是城隍庙会会期，上会进香的人太多，拥挤不堪，老人们很难真正施展开来。至正月初四五时起，玩意儿的表演方达到高潮期。徐州的新年玩意儿一般有这么几种：

新年玩意儿

玩大头　由两个人各戴一只大头道具（多为纸糊），大头的图像，一为肥胖嬉笑的男子，一为轻盈浅笑的女子。扮男者持拂子，扮女者持扇子，均身着彩衣，两人嬉笑扑打，模拟人们熟知的典故，如"月白和尚度柳翠"之类。

滚狮子　两人扮狮子，一人挺身直立于前，一人塌腰、双手扶按前者腰后，身披染绿的麻编，走动时摇头摆尾，项铃叮当作响，外形极似雄狮。另有一人穿白排扣的黑色"十三太保"衫，头扎红巾，于前额处结成燕尾角，绘浓眉赤脸，手执一彩球做前导，引诱狮子跳跃攫球，或滚或舞。最受欢迎的动作是，当有人挑长挂鞭炮挑逗时，狮子张开血盆大口，去咬正在"噼啪"作响的鞭炮。

踩高跷　艺人脚蹬木制高跷（高者木腿几与人齐，人立在木腿上，极是险峻），衣着或古装，或时装，跑跳嬉戏，所模演的也均为人们所熟知的典故。跑跳之中，更有能劈叉者，极为精彩。

划旱船　一人扮年轻妇女，肩扛一大彩篷船，望上去如人坐船中，边走边舞。二人扮船主夫妻，各手执一桨，一在船头，一在船尾，边舞边划。三人配合行动，舞动时，望上去时而细波荡漾，时而前簸后颠，左倾右斜，如遇惊涛骇浪。行至广阔处，则船走如飞，看上去真如船行水上一般。稍缓时，船主夫妇便演唱各种民间小调。

舞龙灯　一条龙灯为九人，龙头、龙尾各一人，龙身七节，每节各一人。外面罩布，绘上龙鳞龙甲，身带四爪。龙身中空，内燃蜡烛。晚上舞龙灯时，龙身通体放光，耀眼夺目。龙前另有一人，穿红衫，扎红巾，持火把，前导舞动。一旁望去，只见一条火龙正在云空中游飞，龙头上一对琉璃眼在火把的映照下，光芒四射，灼灼有神，恰如活龙一般。

跑竹马　跑马人身系外用布糊、内用竹扎的马形套子，两脚伴作四蹄，奔跑起舞，真如人骑马上一般。若许多马跑在一起，并不断变换各种阵式，则极为壮观，正是楚霸王戏马台前演练马队的遗风。

三、五忙

1. 供神

正月初五，财神下界日，徐州人俗称为"五忙"。这天早晨一起来，先放炮迎神，再焚香摆供品供神，至晚上再供一次，然后将除夕时敬神的供品一道收起，俗称为"收供"。此后每天早晚均须供神一次，延续至正月十五方结束。

这一天，商家可临时开一会儿业，以示迎神、发财。

2. 吃大角子

五忙这天，徐州人必吃"菜角子"，菜谐音"财"，有谀神之意。菜角子馅料即将上年入冬后的干菜如萝卜缨子等，用水泡透洗涤后，剁碎做馅料，另外配上粉丝、香干丝做成。也有用豆沙或白糖做馅的甜角子。

这一天禁忌多，妇女忌动针线，忌扫地，自初一至初五这五天来所积的垃圾，一律放在院内，不准扔掉，俗称为"聚财"。

此外，初一至初五间，一般只吃扁食、包子、馒头等面食，忌下生米煮饭。俗称：下生米煮饭，全家人易"生烦"（产生麻烦或易生口角）。

但近几十年来，吃大菜角子多已改在正月十五日，徐州初五习俗中的财神下界日活动也越来越少。

3. 娱乐

这一天，家人、亲友多在一起聚赌为乐。更多的人是带孩子到东关宏裕昌蛋厂前、大马路，云龙舞台后落子园、祠堂苍广场等娱乐场所，或听土台戏（以土搭台）梆子、拉魂腔（徐州地方戏，今称柳琴戏。"拉魂"之意，即为音调优美迷人，能把人的魂灵都迷住）等，或观赏落子舞，听大鼓书，看各种杂耍为乐。

这一天，农村中的各种玩意儿纷纷到城中来表演，热闹非凡。

四、元宵节

农历正月十五是元宵节，因为这一天是一元复始、大地回春后的第一个月圆之夜，又称"上元节"。上元之夜，必定赏灯，又称"灯节"。

1. 扎灯

初十以后，人家开始扎灯，手艺人更开始上市销售灯。一般人家的灯，大致就是面灯、萝卜鱼灯、纸质兔灯、花篮灯。

2. 灯会

元宵赏灯的习俗，最早可追溯至汉代祭祀太一神（民间一说是周勃等安刘除吕纪念）。徐州习俗，无论城乡，都有灯会。一般从正月初七八起，即有人在街上持灯销售，初十后，买灯的人便很多了。到了晚上，街头巷尾也有小孩子提灯游玩了。至十四五，尤其是十五这天晚上，灯会便达到高潮。

民国初年，灯会地点在东越城隍庙街，西至道衙门影壁前。后因来城隍庙进会烧香的人太多，遂转移到南门大街、察院街，再迁至张勋祠堂前的广场上。1927年后，灯会又迁到南起察院街西段，西至太平街东段。曾有人较为详细地追叙过当时的观灯盛况。文章中这样写着："自日挂林梢起，持灯者即开始次第出门，四方云集而至，广场上渐渐人满为患。暮色笼罩夜空后，灯始上烛。此时，爆竹声声噪耳，火花簌簌炫目。从灯的样式上看，雷同者固多，但讲究花样翻新，追求标新立异，与众不同的灯当

更多些。凡鸟、兽、鱼、虫之形，舟、车、轿、楼之体，无不尽有。其他如瓜、桃、梨、橘、圆茄、长瓠，诸式花样不胜枚举，争奇斗艳者迭出。再如仿宫灯形制造的跑马灯燃烛于内，烛焰上升时，因热生风，吹动上层之轴轮，轮下紧系各种彩图，风动轮转，彩图亦随之变

换，果然又是一种景象。真个是：小的小巧玲珑，极尽巧思；大者大气磅礴，摄人心魄……"那时，凡沿街商店，不论何种业务，均在门前挂满彩灯，其中，以食品店、绸缎店最讲究，还有的商店请了乐队助兴，于是，新年锣鼓声、鞭炮声，游人的欢乐声，杂成一片，汇成一曲动人的元宵夜赏灯交响曲。

民国时期，即便是讲究妇女不准出大门的大户人家，在十三至十五的这三天中，也将闺女、媳妇放了出来，准其观灯游赏。

灯会以十五晚上最盛，城市中可以说是"万人空巷"。十六起，灯会陡衰，至十八前后，晚间除商店门口外，也只有活跃在街头巷尾的小朋友还提着灯玩耍了。

新中国成立后，灯会地址转移到大同街与今彭城路宽段外，以两条路的交合处为灯会中心。每至正月十五，灯会盛况依旧，由于人口日渐增多，年年灯会挤伤人、踩伤人已不是奇闻了。"文化大革命"中，灯会遂废。1977年起，元宵灯会又有复兴的势头。至1980年，灯会又达到空前的盛况。淮海路从东车站广场起，西至段庄车站附近止，中山路南起云龙山下，北至庆云桥北端止，在长达十数里的大街上，街道两旁挂满了彩灯，街道中间则是拥挤不动的观灯民众。东火东站广场附近的"孙悟空三打白骨精"，淮海路中段的长达数丈的大龙灯、彩凤灯等，都使观赏灯的人们流连忘返，久久不忍离去。

近十年来，灯会渐止。大约至1990年始，人民公园处又有灯展。但丰县、沛县等县城、乡镇中一直有灯会。

3. 特色灯

徐州民众最爱做花篮灯、走马灯、兔灯和鱼灯。另有两种材料较特殊的灯。一种是用红皮大萝卜做鱼灯，不但外形酷肖，灯点亮后，灯烛透过嫣红的萝卜皮

马庄面灯

发出的红光，是一切其他红颜色所无法比拟的。另一种是面灯，把面做成各色各样的小动物形状。蒸熟后，里面倒上些豆油，以棉花做灯捻子，晚

间点着后小孩子可以拿在手中玩，看上去如手托白莲花的善财童子。灯油耗尽后，面灯近火处已烤炙成焦黄色，食来酥脆，里面则松软可口，恰这时玩灯的孩子也大都跑饿了，正好把面灯当点心吃下去。

4. 猜谜

观赏灯会时，最重要的活动内容之一便是猜谜。最初，谜语多是写在灯上，在赏灯同时做猜谜游戏。后来，渐渐又兴起一种集中猜谜的游戏，即于当晚在灯会集中处专辟一处地方，挂上写好的灯谜，猜中有奖。灯会近年来停止后，猜谜活动移至春节期间举行，活动时间也改成了白天，地点均在工人文化宫。

5. 吃元宵

正月十五必吃元宵，这一习俗最迟在宋代就有了。《岁时广记》中称它为"元子"，《大明一统赋》中则称它为"糖元"，《武林旧事》则称它为"团子"。如今，北方人习称"元宵"，南方人习称"汤圆儿"，徐州地处南北交汇处，至少有三种习惯称呼，即"汤丸儿""汤圆儿""元宵"，近十余年来，元宵之名大有压倒其他叫法的势头。

徐州人做"汤丸儿"，有水煮和油炸两种。前者最普遍，后者制作时须有一定的技术。将汤丸儿放入锅中后，待其稍有膨胀，便应立即用工具在汤丸上戳孔放气，否则，汤丸儿会在油锅内炸得油星进四溅。

五、懒妇节

徐州习称正月为"懒妇月"或"懒妇节"。因为正月里多禁忌动针线，年前做的各种食物，往往也能吃上一个月，故而，妇女闲暇时间便多了起来。午饭后，可率子女儿童或约同邻家女友去游艺场看戏、听书、观赏、游玩，也有合家老少在一起同玩博戏的。如有亲友来串门，更是立即入场参战，在这一个月中，即便是老古董们，也不好意思多说妇女们闲话的，故而妇女可以较轻闲愉快地度过整个正月。所以，徐州人多戏称正月为"懒妇节"或"懒妇月"。

六、请春酒

五忙以后，亲友间相互请春酒，相聚饮宴玩乐。按照习俗，吃请者必须回请，不然被别人笑话"失礼"，俗称说："吃人家的春酒不还席，叫人说得脸上没有皮。"故而一时间，你来我往，大有应接不暇势。正月十五元宵节后，仍有人续请，虽有些"晚了"的遗憾，但不失礼。一出正月，便不得再请吃春酒。

近年来有初三就开始"请春酒"的势头，这与春节假期时间短相关。

七、二月二，龙抬头

龙头节，又称"龙抬头"或"青龙节"。根据民间传说，此为主管云雨的龙王抬头之日，也意谓在此之后春雷出现，雨水会渐多。"龙抬头"后即有春雷，"惊蛰"就开始了，百虫开始苏醒，如俗话说"二月二，龙抬头，蝎子、蜈蚣都露头"。

农历二月初二，之所以称为龙抬头节，其实与古代天象有关。旧时人们将黄道附近的星象划分为二十八组，表示日月星辰在天空中的位置，俗称"二十八宿"，按照东西南北四个方向划分为四大组，产生"四象"：东方苍龙，西方白虎，南方朱雀，北方玄武。古时，人们观察到苍龙星宿春天自东方夜空升起，每年的农历二月初二（前后）晚上，苍龙星宿开始从东方露头，被赋予多重含义和寄托，衍化成"龙抬头节"。

俗话说"龙不抬头，天不下雨"，龙是祥瑞之物，和风化雨的主宰。人们祈望龙抬头兴云作雨，滋润万物。同时，二月二正是惊蛰前后，百虫蠢动，疫病易生，人们还祈望龙抬头出来镇住毒虫。明人刘侗的《帝京景物略》中说："二月二日曰龙抬头，煎元旦祭余饼，熏床炕，曰，熏虫儿；谓引龙，虫不出也。"清潘荣陛《帝京岁时记胜》："二日为龙抬头日，乡民用灰自门外蜿蜒布入宅厨，旋绕水缸呼为引龙回。"

徐州习俗，与之相关的主要四件事项：

1. 诅咒害虫

龙一抬头，打雷惊蛰了，首先要防害虫。早上人们醒来，切记起床前，边用手拍床桄边念咒语："二月二，拍床桄，我送香大姐（臭虫）上南乡。"一连三遍，以为可以除掉或减少臭虫。

起床后，将春节期间点剩下的蜡烛取出来，点着后先照床下，边照边念诵："机身的蜡烛照床下，十窝老鼠九窝瞎。"也是三遍。然后持蜡烛照室内各墙角，边照边念诵："年时的蜡烛照粉墙，蝎子蚰蜒洞里藏。床底墙角都照遍，蝎子蚰蜒都不见。"——希望它们不出来毒害人。

20世纪60年代前，即便城中居民家中以上害虫也是常见。扫地后往往提着放着石灰粉的柳编小篮，沿院内墙屋边每走一步、蹾一下，留个石灰粉圈以防害虫。

2. 填仓

早饭后，第一件事是填仓。填仓有两种，大致如下。粮仓：在院内圈粮食折子若干，里面撒上些谷物，以示丰年。钱仓：在堂屋正中圈起一个小些的钱仓，里面放银钱、铜钱若干，以示发财。

这本来是二月十五的"天仓节"（祈祷丰收）的活动，不知哪朝哪代徐州已经改在二月二。"天仓节"徐州又叫福神节，说这一天是土地老爷的生日，在城中街头巷尾还有土地庙的时候，往往去土地庙烧香，以为土地老爷可以福佑。

3. 炒糖豆、炸米花

以示与龙抬头、春雷相应。这也是孩子们最喜欢的节日食品。徐州北部、东部县乡，有称炒豆为"炸蝎子爪"，寓意把害虫除掉。

4. 剃头

徐州有正月不剃头之说，其实主要指少年儿童。进二月后，家长们多选在二月二龙抬头日给孩子剃头理发。俗称"二月二剃龙头，整年都有精神头"。

八、花朝节

农历二月十二，相传为花神生日，徐州俗称"花朝节"。花朝节由来已久，最早在春秋的《陶朱公书》中已有记载。花朝节日期还因地而异，据《广群芳谱·天时谱二》引《诚斋诗话》："东京（今开封）二月十二日花朝，为扑蝶会。"又说北方二月十五为花朝节。

徐州于此并不兴盛，只有部分文人骚客雅聚诗会。

九、上巳节

古代以"干支"纪日，农历的三月上旬的第一个巳日，谓之"上巳"。这是一个暮春清洁个人卫生的大活动。据《周礼·春官》："女巫掌岁时袚除衅浴。"东汉郑玄注："岁时袚除，如今三月上巳，如水上之类；衅浴谓以香薰草药沐浴。"《后汉书·礼仪上》："是月上巳，官民皆洁于东流水

上，曰洗濯袚除去宿垢
疢为大洁。"

上巳活动，最迟在
春秋战国之交就有娱
乐。《论语·先进篇》：
"暮春者，春服既成，
冠者五六人，童子六七
人，浴乎沂，风乎舞
雩，咏而归。"又如西

曲水流觞

汉刘歆《西京杂记·卷三》，戚夫人侍女贾佩兰谈到刘邦与戚夫人在皇宫
的岁时活动，其中有"三月上巳，张乐于流水"。

民国时期，上巳下河沐浴的少了，文人中多了一点临水宴饮、曲水流
觞的活动。快哉亭、故黄河翠墨亭、云龙山龙脊峰西坡下刘备泉临石狗湖
（今云龙湖）畔，奎山塔（已倒塌）南侧下坡奎井（井水甜美），都是好
去处。

上巳日，徐州城东另有王母娘娘庙会。

踏春探梅

十、清明节

冬至后一百零六天为清明。清明这一名称最早见于汉代《淮南子·天
文训篇》："春分后十五日，到为清明。"在公历，则必定是4月5号左右

（±一天）。至于清明的含义，按《群芳谱》的解释："万物至此，皆洁齐明白也。"

徐州俗谚："二月清明榆不老，三月清明老了榆。"这是指立春早晚与榆钱子老嫩的关系。徐州习俗，清明时爱吃蒸榆钱子。但若是春节后才立春，清明节的榆钱就老得不能吃了。除榆钱子外，清明时亦可多采些地枣苗、老鸹嘴、洋槐花等蒸食。清明节的活动主要有以下几种：

1. 插柳

清明这天，家家户户门前必定要插柳枝，俗称为"明眼"。俗谚云："清明不插柳，死了变个大黄狗。"考其缘故，也许与纪念介子推有关，因为徐州老人们往往有"插柳招魂"的说法。

2. 上陵祭祖

将近清明时，徐州人便纷纷举家上坟、祭祖了，最迟不得超过清明节这一天。清明上坟，除罗列醇酒、肴馔、燃香烛、化冥纸祭祖外，还须替祖坟添土，俗称"添坟"。民国初期，有许多人上坟不带铁锨等上坟工具，而是雇佣小工代添。添坟一座，工钱约三四十文。这一天，侍立路旁的小工很多。有的劳累一天，可得三四千文。对穷苦人家来说，确也不无小补。

3. 掩骨会

那时候，徐州还出现过"掩骨会"。"掩骨会"多由三五名老人组成，手持添土工具，肩背食囊，在山间僻路处踏寻，遇有无主露棺之坟或裸露于地面的骨殖，即予以掩埋。

4. 扫"金银灰"

清明时，乡村儿童在这一时期往往三五成群，持笤帚小箕，逡巡于坟茔之间，将燃过的纸箔灰扫集起来。因纸箔中含锡，可以炼出来货卖。叫卖时，俗称"金银灰"。

5. 寒食

清明节前一二日，古代为寒食日，禁烟火，只吃冷食。东汉、三国之时最盛，后来渐渐合并到清明节中，并逐渐增加了祭扫、踏青、秋千、蹴鞠、牵勾、斗鸡等风俗。

传统上，上坟后必定将供品用作野餐，恰合"寒食"之意。餐后儿童采野花、放风筝、剜野菜，并随大人们踏青春游。清明节是徐州人习俗三大鬼节（清明节、七月十五、十月初一）中的第一个，祭祖较为隆重。

6. 春游

城市居民中，老人习称为"踏青"。因为春游往往要走很多路，故而又称为"远足"。中青年以下，如今已改称为"春游"了。

民国前后，徐州文人墨客多至云龙山、奎山一带春游，寻一处幽静之所，陈酒布馔，评赏诗文。或者散步于苗垅菜畦之间，歌咏于山岩清溪之畔，陶陶然乐不可言。"彼时也，看黄河玉带，云龙巍峨，不觉塔（奎山塔）影已斜，方带醉而归。"

民国时期始，学校组织学生远足。一般是鼓号在前，队列随后。同时，边行边齐唱《陌上行》："锦样韶华水样流，又到了清明前后……"此唱彼和，欢笑非常。

新中国成立后，清明节多由单位、学校组织人祭扫烈士墓。人们最好去的地方仍是风景区，如云龙山的烈士墓。祭扫活动结束，便直接转入春游活动。

1964年后，徐州南郊凤凰山东麓的淮海战役烈士纪念塔，一些机关、工厂、学校均安排组织人们清明节去祭奠。在塔前祭奠之后，共青团、少先队组织往往参观纪念塔下的纪念馆，进行革命传统教育。参观以后，依然是春游活动，一道在郊外共进野餐，领略一番"寒食"的野趣。

第二节 夏 季

一、端午节

农历五月初五是"端午节"。"端"者初也，按地支计算，五月称为"午月"，古人也常把五日称为"午日"，初五当然也就被称为"端午"了。又因为人们把"午时"称为"阳辰"，于是，"端午节"则又常常被称为"端阳节"。

先秦时期，人们又往往把五月称为"恶月"，以为此后夏季来临，毒虫肆虐。

徐州人历来重视端午节。节日期间，活动主要有两种。一是避邪驱毒。过故黄河东岸（最好坐船）大坝头一带的五毒庙会，祭拜五毒老爷。二是纪念屈原，家家都要包粽子。以往，从初一到初五，亲友们往往互送节礼。1966年"文化大革命"后，送节礼的活动便停止了，至今未复。

1. 驱毒活动

五毒衣饰 四月下旬起，各家就开始预备节日所用驱毒物品。为儿童缝制五毒鞋（鞋脸上绣蛤蟆，鞋面两侧处绣蝎子、蚰蜒、蛇、壁虎）或虎头鞋（鞋面上绣一虎头，鞋后跟处加一尾巴），制作五毒衣。所谓"五毒衣"，是用杏黄色布（俗称"五毒布"，认为黄色为驱毒功能）缝制而成。

五月初一起，绣香荷包，荷包内装有能散发香味以驱毒虫的草药。用五色彩线裹纸粽子、扎纸虎，用五毒布做虎枕头。用红纸剪五毒葫芦，俗称"铁拐李葫芦"。做工精巧的，葫芦口上剪有石榴花图案，边缘有五毒虫形象。葫芦剪好后，以绿纸做衬，极为醒目。此外，另用鹅蛋或鸭蛋的蛋壳糊成老虎状，身绘斑纹，有头有尾，形象生动雅趣。也有人用杏黄布缝制小老虎，挂在房门上方。

端午节正日，早晨起来，先在门上贴五毒葫芦（也有贴木版印成的老虎像的）。在门旁插上艾枝，俗称"端午不插艾，死了变成老鳖盖"。也有的扎成艾圈挂在门旁。更讲究的，则是用艾扎制成神（人）形，挂在门前，以为可以避瘟气。

儿童们起床后，一律穿五毒衣、五毒鞋（或虎头鞋），另用五彩线绳系在手腕上名为"百索"（以后逢大雨时，剪掉扔水中漂走，以为可以把灾祸带走。另一说可以化为龙）。脖下系一个或一串香荷包。

端午节起，市上有卖"百草膏"的，卖膏的人拉着手风琴，走在大街小巷上边拉边唱，唱出"百草膏"的除瘟疗病效用，一如叫卖，很受欢迎。

饮雄黄酒 端午这天，早晨吃粽子、煮熟的鸡蛋和大蒜（以紫皮独头蒜为最佳）。午餐多备些素菜，如蒲菜、茭白、茄子、黄瓜等，另辅以鳝鱼、仔鸡为时鲜，全家共饮雄黄酒。饮酒前，用酒抹在儿童的鼻孔、耳朵、肚脐、囟门、腰眼、手心、脚心等处，认为可以避虫祛病。饭前饭后，儿童们多持艾作鞭，以菖蒲为剑，跳跃嬉戏，做门神状或钟馗状并向老人们拜节。拜节时叩个头，说句吉利话，老人们便赠以礼物。礼物一般是零花钱、梅、杏、糖果等。

赶五毒庙会 端午节的另一个重要活动是赶五毒庙会。庙内供五毒老爷，神像须发皆赤，紫面绿袍黑肤，相貌狰狞；又有木雕刻像，北伐前曾出巡一次，河滩上围观者人山人海。烧香的目的亦在于保佑大人、孩子平平安安（详见"庙会"一章）。

到了晚上，把上年留下的插过的艾与菖蒲一道点燃熏屋，用来驱疫灭虫。

2. 包粽子

五月初五吃粽子是为了纪念屈原。徐州的粽子，按外形分，有三角、四角、斧头、小脚（形似裹过的小脚）等；按馅料分，则有枣粽、肉粽、豆沙粽、香肠粽等；按口味分，仅咸甜两种。民国时期，除煮粽子外，徐州另有一种油炸粽子，食来味道极佳，妙不可言，但近几十年来不但见不到，许多年轻人连听也没听说过了。

此外，端午节过后，若有问起："粽子吃完吗（徐州人读音如"mēng"）？"按习俗，不论吃完没吃完，都要回答："多着来！"俗称："宁说千声有，不说一声无。"

3. 游船

徐州没有龙船竞舟的习俗，但端午节前后，故黄河上却也漂荡着许多游船，以带遮阳篷的彩船较富丽些。

据东汉邯郸淳所作《曹娥碑》记载："五月五日，时迎伍君，逆涛而上，为水所淹。"这里的"伍君"系伍子胥，而伍子胥生活的年代，则早于屈原。

二、六月初一

徐州北片农村，六月初一为"过小年"。这时夏熟作物收到仓里，家家蒸馒头、买鱼肉改善生活。另外，在院内摆供桌敬神。供桌上放桃、李、杏、大馒头等。燃烛上香后，放爆竹敬天地神灵。

三、天贶节

农历六月初六是天贶节，徐州又习称为"曝（pù）阳节"。

1. 晒书、衣物

天贶节，是道教元始天尊赐书于人间的日子。因为有农历六月六降天书的传说，又传说"六月六、龙晒鳞"。当时又处于梅雨之时，这种多雨天对书籍、衣物都十分不利，因此只要遇到晴天就要进行曝晒。

徐州习俗，不论城乡，这一天家家户户都要将衣物、书籍取出来放阳光下晒。因为天贶的来历，道家与书香人家有晒书传统。后来的佛教把这一天附会成唐僧晒经的日子，故无论道观、佛寺都有晒经书的风俗。

185

徐州有谣谚称："六月六晒龙衣，湿了龙衣烂蓑衣。"——表示六月六如是雨天，夏秋季节将雨涝成灾，是个涝年。

2. 接闺女

六月六，徐州城郊尤其是东南片，家家接闺女。民间有"六月六，接娘肉（徐州俗称，孩子是娘身上掉下的肉）。有娘接，无娘受。"的谣谚。若逢娘家父母是六十六岁，做闺女的这天要送六十六个饺子以表孝敬。

曾经，徐州城中已嫁的女儿，恰恰不准在娘家过这一天，近几十年来则渐渐有被四乡同化的趋势。

3. 剃贼头

六月六又是为男童剃头的日子，俗称"六月六，剃贼头"。监牢内习俗，夏季到了，这一天要为囚犯剃头。选在这一天替孩子剃头，比之为囚犯，认为容易躲过邪祟的侵害。如同故意替孩子起名为"猫""狗"有同一类意思。这一天剃头后不留长发，整个夏季既凉爽，又便于洗，头上也少生疮，有一定的卫生作用。

四、六月十五平安供

六月十五为徐州人摆"平安供"之日。道教认为，六月十五，已过半年，玉帝派神仙下凡巡视民间，所以这一天要摆"平安供"以迎神。

上午九时许，在院内设香案，供"天地码"，陈列各色水果、馒头、熟菜等。燃烛上香、放鞭炮、叩头，敬天地神灵，读事前写好的"平安疏文"，然后烧掉以达天庭，香烬后撤供，别无仪式。

六月十五已经出梅，这一天中午也要晒衣。

五、七夕节

七月七又名"七夕"，别名"乞巧节"。神话传说，这天晚上是牛郎织女一年一度鹊桥相会的日子。最早些的七夕活动，源出徐州人刘邦与戚夫人。西汉古文献《西京杂记》，记载刘邦与戚夫人："至七月七日临百子池，作于阗乐。乐毕，以五色缕相羁，谓为相连爱。"——其中与乞巧无关，只强调爱情与乞子。

杜甫《牵牛织女》诗云"牵牛出河西，织女处其东，万古永相望，七夕谁见同"，虽是质疑这个故事，但说明了唐代也有七夕。另据宋代洪迈《容斋随笔》载，七夕用六日，太平兴国之年（978）七月，诏："七夕嘉宸，著于甲令，今之习俗多用六日，非旧制也，宜复用七日。名七夕而用六，不知始于何时，唐世无，或出于五代耳。"由此看来，唐之后、宋太平兴国三年之前的一段时间内，曾经把七月初六日作为牛郎织女相会的日子。

1. 听悄悄话

徐州习俗，七日夜五鼓（实际为八日晨）时分，令童男、童女各一，坐在莓豆花棚下，从枝蔓间隙处往上看，以为可以看见牛郎、织女两颗星渐渐靠近，相聚于天河。若此时凝神细听，则可以听到牛郎织女的悄悄话。

如果这一天下雨，人们便认为是牛郎织女在为即将分手而落泪。

2. 乞巧

七夕晚上，月亮升起后，亲邻之间的小姊妹们便三五成群，环坐在月光下，比赛用红丝线纫绣花针。大家做好准备，一声令下，最先纫好针的，俗称为"得巧"，一定会得到织女的帮助。俗称这种活动为"乞巧"。乞巧比赛时，女孩子也大多下点赌注以博彩。

3. 散鹊桥

初八早晨，若听到各种鸟鸣叫，徐州人认为是牛郎织女已经分手，搭鹊桥的鸟儿从天上回来了。

此日，戏园子里多演出《天河配》以应节景。

六、入伏

1. 染红指甲

从入伏起至中元节，徐州女童好染红指甲。一般是摘取鸡草子花（凤仙花），加少许白矾捣成糊状后，晚上临睡前敷指甲上一点，用蓖麻叶包好扎紧即上床入睡，次日晨解去，晚上再重新包，三四次后，指甲即被染得红艳而光润，水洗不掉，很久都不褪色。此俗原来只包染无名指和小指，但到了 20 世纪 60 年代，孩子们已是十指全染了。年龄小的男幼童，大多参加染红指甲活动。

2. 喝伏羊汤

入伏表示酷暑季节的到来，徐州城中，却有入伏这天喝伏羊汤消暑的习俗。一般是清白汤，但也有人特别爱放上熬制好的辣椒油。传统上，徐州伏羊汤特别以绵羊为原材料。（平时吃羊肉，则是山羊，又以羯羊为上。）

从中医的角度说，数伏期间喝浇了辣椒油的滚滚的羊肉汤，可加速出汗以求消热避暑。现仅仅较少中老年男子守此习俗。（调查中，也有持中医观点，认为"冬羊"羊肉属于暖性，更有道理。）

3. 卖花婆

入伏期间，每天上午有卖花婆走门串户叫卖花，提篮内多放"鸡草子花""百日红""茴茴香"（叶厚，花白甚小蒂紫色、香味浓郁。遇有蚊虫叮咬，摘叶团挤出水，搽患处，可消毒止痒）等。均带有泥土，可以继续栽种。往往年轻妇女也买鸡草子花染红指甲。

此外，鸡草子凋后晒干，收储备药用，可以治妇科病。有的叶间生毛毛虫，长两三寸，形状怪异，俗称"鸡草虫"，亦可治妇科病，但此虫较稀少，不易见到。

第三节 秋 季

一、中元节

七月十五是传统的中元节。中元节的源头，应与中国古代流行的土地祭祖有关。东汉道教定三元，上元（正月十五，天官赐福）、中元（七月十五，地官赦罪）、下元（十月十五，水官解厄），七月十五地官为民间赦罪，该日地府放出全部鬼魂，民间普遍进行祭祀鬼魂的活动。凡有新丧的人家，例要上新坟，而一般在地方上都要祭孤魂野鬼，所以，它整个儿是以祀鬼为中心的节日，俗称为"鬼节"。宋代道教得到提倡，规定中元节各地燃河灯、济孤魂、放焰口、演目连戏，人们于中元节放河灯，道士建醮祈祷。佛教介入后，做超度仪式，又称为"盂兰盆节"。

七月小秋作物成熟，讲究孝道的中国人，例要向先祖报告，并且请老祖宗尝新，所以七月例行祭祀祖先。

1. 祭祖

中元节必须祭祖，据《东京梦华录》："中元前一日，即买练叶，享祀时铺衬桌面，又买麻谷巢儿，亦是系在桌子脚上，乃告先祖秋成之意。"一般就是鸡鱼肉加以新熟谷物祭祖（神龛、祖先像）。

2. 烧纸送钱

本日祭祖外，还要上坟祭祖送钱。每至六月下旬，街头巷尾叫卖"香烛""锡箔"的人便渐渐多了，到了十五的晚上，除在家中神主前设供外，主要是在河边、路旁烧纸（俗称"送钱"），讲究的放几盏河灯祈福。

新中国成立后，七月十五上坟祭祖的渐少了，近年来，多是由中老年妇女在路旁、河边烧点锡箔。往往一边烧箔，一边口里念叨着，"×× ——，来拿钱喽！"

道教的《修行记》中说："七月中元月，地官降下，定人间善恶，道士于是日夜诵经。"

3. 盂兰盆会

佛教中人，则在这一天晚上举行"盂兰盆会"。"盂兰盆"是天竺语"解民倒悬"之意，典出自"目连救母"的故事。目连的母亲生前为人刻毒，死后被罚入地狱受苦，与饿鬼争食。目连送去饭，其母还未吃到口里，即变成了火炭。目莲求教于佛，佛说："你母罪重，赖你一人之力，无法解脱，须赖众僧法力才行。"到了七月十五那一天，佛又对弟子们说："谁要替已死或在世的父母解除厄难，可用盆盛百味五果供十方大德佛，用钵盛水饭泼给众饿鬼。"于是，盂兰盆会便共此故事在民间兴起了。

在徐州，最大的一次盂兰盆会是1942年。当时，由僧人在济众桥西块设坛，击法器诵经。黄河里放入数百盏荷花式河灯，照得满河通明。另有人乘小船巡逻护持，随时添换蜡烛，从下午六时起，一直到午夜方才结束。

二、中秋节

八月十五是中秋节，徐州人俗称为"八月节"。"中秋"之意，按我国古历法解释，七、八、九三个月为秋季，八月是中秋之月，十五恰又是中秋月之中，故称"中秋节"。一般认为，汉代已有活动，定制于唐开元时期。故唐开元之后，诗人们在诗中纷纷提到"中秋"二字。

徐州习俗，中秋节仅次于春节，是一年中的第二大节日。活动也较多。

1. 送节礼

八月十五日前，至亲好友之间，必送节礼，一般均为后辈向长辈送礼，新婚女婿的礼物则更讲究些，略次于春节。过去，送节礼少不了月饼，但近年来月饼已不是必送礼物。

2. 悬月饼灯

入八月后，徐州各商店便在门口吊特制的"月饼灯"。月饼灯均为圆形，均以木做骨架，外面用布或玻璃镶好。灯上精心绘制一些图画，大多为"一团和气""和合二仙""嫦娥奔月"之类。月饼灯大小不一，画面内容各异，店与店之间，常有争奇斗胜之举以招徕顾客。

悬月饼灯的主要目的，还在于推销月饼。商店中，一般过了中元节，即"开炉"烘制月饼。至八月初十后，"月饼展销大战"进入高潮。这时，连许多平日不出门的姑娘、媳妇也多出来观灯，同时选购月饼。商店中的月饼，最受欢迎的是"套饼"。一大月饼在最下边，往上依次叠放，越上面越小，多套至八至十层，最上面再放一个白兔捣药。

3. 蒸月饼

接近中秋节时，各家便开始购备食物、菜蔬。蒸月饼则是另一种重要事务。徐州月饼种类较多，除手工外，另可用模具扣，模具大小不一，图案各异。以口味分，有咸甜两种。

徐州月饼中有两种较具特色。一种为象形月饼，最多的是小白兔、刺猬、龙。另一种是"千层月饼"。这种月饼较大，一般依蒸笼大小而制，所谓千层，只不过是多层的意思，一般视家庭（大家庭）中人数的多少而定。有多少人，做多少层，蒸好后全家人共同品尝。所以，这种月饼又可称为"团圆月饼"。

4. 拜月

十五晚上，明月升起后，按习俗即在院内向东设供月饼、水果，然后燃烛上香，在香炉内插上"月姥娘祃"（姥娘，是徐州人对外祖母的称呼，徐州人习称月亮为"月姥娘"），然后全家人在家长的带领下，依秩叩拜"月姥娘"，叩拜时，低声祝祷祈福。

院中设宴进餐，共饮"团圆酒"，谈笑赏月。夜深人静后，焚"月姥娘祃"（月神图，形制与灶君像类似，但头戴九旒冕；或者只是印文字"太阴星君之神位"），撤供。将供品如西瓜、石榴、葡萄、枣等水果及月饼等分食后，即可撤宴休息。

拜月用的大团圆月饼（即千层月饼）切开分食时，是以圆心为半径分割，每块呈三角状，大家吃时，俗称"得月、沾光"。

5. 步月

家宴"团圆酒"后，雅兴高的人，多外出与朋友一道散步赏月，俗称"步月"。步月者多携带酒菜，遇行人少、地势高、视野开阔的地方，即可坐地饮酒、赏月吟诗。更多的人只是三五成群，在月下散步、游戏，至夜半才回。即便是这么晚了，大街小巷中依然可以听到响亮、欢快的划拳行令之声。

三、重阳节

重阳节，九为阳数，九月九，故称"重阳"。

1. 登高

重阳节中最重要的活动便是登高。关于这登高的来历，流传最广的是《续齐谐记》中的说法：东汉汝南一带发生瘟疫，桓景为除瘟疫入山拜费长房为师。一天费长房忽然对桓景说，九月九日，你家将有大难，快叫家里人每人做一只红布袋，里面装满茱萸，扎在手臂上，一同登上高山，再喝点菊花酒，就能躲过灾难。桓景回家令亲人一一照办。

这个故事还另有说法，说桓景携父老乡亲登高山躲瘟疫，山上遍插茱萸，大家同饮菊花酒，浓郁的酒气和刺鼻的茱萸气味，使瘟魔不敢接近。桓景则挥剑与瘟魔大战于山下，使民众躲开了一场大难。从此，每年九月九日登高、饮菊花酒、插茱萸就成了习俗。

据笔者考证，这种说法是后来形成的。诗人苏辛洁先生认为，屈原曾在他的《远游》诗中提到过这一节日，似乎战国时候便有此俗了。但古籍记载，西汉初年，皇宫中已盛行在九月初九日饮菊花酒、吃莲饵、佩戴茱萸。目的是为了求长寿。彭城人刘歆《西京杂记·卷三》，记载刘邦与戚夫人在宫中活动："九月九日佩茱萸，食蓬饵，饮菊花酒，令人长寿。菊花舒时，并采茎叶杂黍米酿之，至来年九月九日始熟，就饮焉。故谓之菊花酒。"这比桓景要早了几百年了。

汉都长安近郊有一座高台，重九时，人们往往登上高台，游玩观景，登高习俗，应源于此。

2. 饮茱萸酒、菊花酒

徐州一带对重九日颇为重视。早晨起来，全家老少或亲友相偕，即持酒看徒步登临云龙山。除菊花酒外，也有人把茱萸在泡在酒里的。徐州人多戏称菊花为"延寿客"，茱萸为"避邪翁"。民国时期，登山之俗极盛，"山间聚饮者，比比皆是，呼拳行令，山鸣谷应，如遇相识，则移席以就，合二而一，热闹非常。欢娱时白日苦短，夕阳下人影渐长，待山下炊烟四起时，山间喧嚷渐弱，游人眼惺颜酡，儿童掺妇女，少壮扶老人，迤逦下山，踏万家灯火而归"。

3. 酒楼会友

重阳这天，年迈体弱不能登山的，多选择有楼的饭店，登楼畅饮，其中尤以文人墨客最重视这项活动，饮菊、食蟹、吟诗，亦谓之"登高求寿"，豪情不减少壮。

近年来出现重九前夜上山的习俗，曾应电视台之邀于当晚上山谈这一怪现象。殊与重阳日登山避瘟神截然相反。

4. 吃螃蟹

这一天，人们吃菜时必吃螃蟹。重阳节期间，有以菊花甜食饷客的习俗。饭店中也多有油炸菊花甜点，供客人选用。

新中国成立后，登高习俗渐衰，至"文化大革命"开始后，基本上不复有登高者，饮菊花酒、插茱萸等活动也是完全绝迹。"文化大革命"结束后，一些老人又开始了登高饮酒吃螃蟹的活动，部分年轻人也有仿效，但未形成风气。

5. 敬老

"重阳"二字，也有祝颂老人康健的含义。仲秋敬老，源于古代，汉代最盛，这一天，要送衣物或食物孝敬老人。

第四节　冬　季

一、十月一

十月一烧纸，给祖先送寒衣。在徐州则习称为第三个"鬼节"。《诗经·豳风·七月》曾提到"七月流火，九月授衣"。唐代仍旧。但最迟在宋代，已经改为冬季来临的十月第一天。据《东京梦华录》记载，东京汴梁九月"下旬即卖冥衣、靴鞋、席帽、衣段，以十月朔日烧戏故也"。

冬天来临，百姓乃至将士都要准备寒衣了，所以要给祖先也送去。这天徐州烧纸状况，与七月十五的中元节相似。

此俗应为与十月十五的下元节合并而来。

二、十一月十五月当头

十一月十五日，徐州人俗称为"月当头"。这天晚上，必彻夜欢聚饮酒赏月，俗称"月当头酒"。此节日在地方史籍上未见记载，不知源于何时、何典？从全国范围看，也是徐州所独有。

十一月十五这天，据认为是月亮距地球最近的一天。月至中天时，与人物和地面成垂直状，几乎看不到人影子。喝酒时，预先在院中敞亮的地方竖一竹竿，人们边饮酒作乐，边抬头赏月，低头观察竹竿的影子由长到短，由短到完全消失不见。人们直立不动时，也看不到自己的影子。所谓"月当头"即是此意。

这时，喝酒的人们往往急匆匆地去深井边看井里的月亮，据称，这在其他月份是看不到的。

三、冬至

冬至这天，徐州称"立大冬"，俗谚云："立大冬，长一葱。"意即此后白日渐长。

1. 测阳气

挖土坑深约一米左右，在冬至"交节"之时，放入鸡毛，可见到鸡毛有被地下上升的阳气吹动上浮之状。故习称"冬至一阳生"。

2. 穿冬至鞋

民国时期，曾一度兴盛儿媳为公婆制作冬至鞋，让公婆在冬至穿上的习俗，认为这样可保老人安然过冬。

3. 吃冻疙瘩

徐州人冬至这天有吃"冻疙瘩"的习俗，冻疙瘩即是"猫耳朵"饺子的代称，是一种形似猫头的水饺，俗谚："吃了冻疙瘩，不生冻疮疤。"

4. 搽樱桃酒

这一天，人们往往把春天泡好的樱桃酒取出，涂搽在手、耳、脚等易冻的部位，以为可防冻疮。也有将收储的蟹壳焙干碾碎后筛细，用香油（芝麻油）调和后涂抹的。

5. 制作"九九消寒图"

冬至开始数九，古人有制作"九九消寒图"的习惯。明刘侗《帝京景物略》云："冬至日，画素梅一枝，为瓣八十有一，日染一瓣，染尽而九九出，则春深矣，曰'九九消寒图'。"

徐州人制作"九九消寒图"，则是取大纸画一横竖皆为九格的大方格，每格内印一红圈，从冬至日起，每天用墨填抹一个红圈。抹尽则九九尽。有心人则不抹墨，而是采用在圈内注月日、记天气情况的方法。其法："上抹阴，下抹晴，左抹雨，右抹风，如是雪天点当中。"（抹时抹圆圈的一半）

另据吴振《养吉斋丛录》载："道光初年，御斜'九九消寒图'，用'亭前垂柳待春风'诗句九字皆九笔，冬至时挂于室内，每天填写一笔，填完一字，即尽一九，用朱笔写末一笔。"徐州人也有仿此图者。还有人吟诗道："试数室间消寒图，余寒消尽暖回初。"

6. 九九歌

冬至开始数九，徐州人的"九九歌"为：头九二九不出手，三九四九凌上走。五九中心腊，河里冻死连毛鸭。六九，河边看柳。七九六十三，路上行人把衣担（单）。八九七十二，猫狗喜荫地儿。九九八十一，送饭地里吃（意即农忙了）。

四、腊八节

农历十二月，俗称腊月，初八日为"腊八节"。腊月之说源于远古时期，那时，人们常在冬末十二月祭祀祖先和天地神灵，俗称"腊祭"。久而久之，十二月便被称为"腊月"。

腊祭原不固定在某一天，到了我国南北朝时期，才固定为腊月初八这一天，俗称"腊日"，外来的佛教为融入中国，把腊八粥作为赈济活动的引子。

1. 祭祖

徐州一带，过"腊八节"则包含了以上两种含义。一般从腊月初一始，各家各户早晚都要上三炷香祭祖及天地神灵。至初八日晨上香后，再煮腊八粥喝。

2. 煮腊八粥

徐州的腊八粥分咸甜两种。甜粥的做法是：用糯米加南桂、玫瑰花、蜜枣、橘饼、桃仁、果脯等同煮，煮好后，吃时再拌入白糖或蜂蜜。咸粥的做法是：用粳米加豆腐皮、香干片、榨菜（或冬菜）、肉丝、花生米等同煮，煮好后再加胡椒粉、麻油。有味精以来，又兴加一点味精。

旧时习俗，腊八粥煮好后，必先盛上一些供奉在祖先神龛、天地神案上。然后，再盛一些分送有小孩的邻居和亲友。徐州习俗，讲究让小孩多吃别家送来的腊八粥，俗称"拉巴，拉巴"（拉巴即腊八的

谐音，徐州方言，拉巴有抚养、扶助、提携等含义）。以为有助于孩子祛灾避难、健康成长。

3. 寺院腊八粥

佛教入中国后，本土化的方式便是融入华夏文化，大约在宋代，腊八这一天也成为佛教徒的节日。佛教宣传释迦牟尼即是在这一天得道成佛的。因为成佛前他曾喝了一位牧羊女送的米奶粥，所以，到了这一天，佛教徒一定要熬粥供佛祖，诵经演法之后，大家同饮"腊八粥"。

各寺庙中的僧尼，这一天必用大锅煮腊八粥，广送施主。施主们接受以后，要回赠一些灯油钱或布施其他财物。信佛而又家产丰厚之家，往往一个上午可收到十几份不同寺庵送来的腊八粥。此外，寺、庵在送粥时，附送"会帖"。帖上写着该寺庵本月及新年正月结会日期，恭请施主至期进香祈福。但这种风气，以尼庵最盛行，僧寺较少。

腊八粥原来是腊八这天的午餐。近几十年来，妇女参加工作的多了，白天没时间做，煮吃腊八粥的时间渐改为晚上。

煮腊八粥讲究多煮，"越吃越有"。果脯搭配好分包出售，至腊再吃。俗称为"富贵有余"。

五、祭灶

旧时迷信，神灵也多，灶神（俗称灶王爷、灶君）是与百姓关系最亲切的一个。据说他是玉皇派驻在各家的检察官，一家之主，尽录人间善恶，每年年终上天汇报，作为玉帝奖善惩恶的依据。临行前，为让灶神少说坏话，人们便供点好吃的给他，这便是祭灶。祭灶的时间，俗称"官三民四，王八二十五"，即不懂规矩的二十五才去祭灶，灶神早走了。

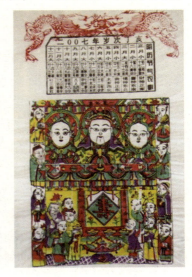

祭灶这天，先请（买）来一张灶王爷画像，到了晚上，将画像贴在灶旁，并贴对联"上天言好事，回宫降吉祥"，横联"一家之主"。灶前摆供果，桌供壮镆、谷糖（俗称粘牙糖）、汤圆和五种干果。鸣鞭炮后，由家庭主妇燃烛上香，首先叩拜，其他妇女依次而行。拜毕，主祭人取谷糖（麦芽糖）和汤圆往灶王爷嘴上抹一抹，一边抹，一边念诵祭灶词："灶王灶王，请你吃糖。上天言好事，回宫降吉祥"，或"灶老爷上天，多说方便。少说是非，全家平安"。

俗信灶王爷"吃了人家的嘴软"，吃了甜点心，汇报情况的时候，嘴巴自然也是甜甜的，不说坏话。否则，粘牙糖和汤圆会粘住灶王的嘴。

供烛燃尽后，便可收供，全家人分吃供品，仅留部分谷糖至除夕做撅糖用。至除夕晚，再燃烛上香一次，"迎灶还宫"。

有关灶神的来历，说法不一。《淮南子·氾训论》称："炎帝作火，死而为灶。"《礼记·礼器》孔颖达疏："颛项氏有子曰黎，为祝融，祀以为灶神。"《封神演义》中则说，姜太公封张奎（妻子高兰英）为灶神。而民间传说中，则把一对劳动者夫妇张安、李人飞，奉为灶神，徐州人呼灶神为"张郎"，大约是取后一种说法。

如今城中已不祭灶，但祭灶这天吃糖饼、糖馒头或汤圆的习俗都还保存着。远乡稍稍恢复。

祭灶以后，迎年活动已经正式登场，至除夕达到高潮，均列入"春节"过年中叙述。

第六章　庙会风俗

庙会从其起源的性质上讲，是民间信仰的一种特定表现形式。然而由于信仰的虚幻性与不切实性，庙会仪式在特别地展示和夸大某种信仰的"灵性"时，便不免地增加了许多戏剧性的活动。一定的信仰加上戏剧性，便使得庙会除信仰外，更多地朝实用——商业贸易、娱乐等方面发展。不同节令的庙会又使得这种商贸活动和娱乐方法打上了时节的烙印，于是，节庆的功能便渐渐在庙会中压倒了信仰崇拜的功能。庙会实际上早已衍变成为另一种意义上的民间节日，只不过，依然披着信仰崇拜的外衣罢了。也正因为庙会这种节日的特殊表现形式，一旦被正确引导、利用，能成为发展当今精神与物质两个文明的最佳途径之一。如贾汪区马庄借用庙会形式而搞民间物资交流与和娱乐性"庙会"。

第一节　春　季

一、城隍庙会

1. 城隍信仰

徐州青年东路，今徐州市公安局所在地，原来是徐州府城隍庙。据《续道藏》载，城隍是"剪恶除凶，护国保邦"之神，并称其能应人所请"旱时降雨，涝时放晴，以保谷丰民足"。此外，道教也把城隍称为"管领亡魂之神"。正因为如此，历代被称为"为民父母"的清官们，往往被百姓誉为"城隍"，借以屏障乡里。杭州祀文天祥，上海祀秦裕伯，苏州祀春申君，九江祀灌婴，桂林祀苏缄……徐州府的城隍老爷，故老相传为汉初忠臣纪信。按明代朱元璋的敕封，其官称为二品，官称为"监察司民城隍威灵公"。

据旧志载，徐州城隍庙为明洪武二年（1369）知州文景宗所建。

2. 庙会日期

按照明初朱元璋的规定，凡新官上任，都必须斋戒沐浴祭祀过城隍后，才可以入衙办理公务。此外，每月逢初一、十五两天，地方官必须派人或亲临城隍庙，"赤服祭拜城隍"。久而久之，竟成了庙会的俗定之日了。

在徐州除了每月初一、十五之外，正月初六是城隍启印视事日，正月初八阎王会期须进香，三月三城隍夫妇赴瑶池参加蟠桃宴须送行，五月十一是纪信（城隍老爷）的生日须庆祭。上元节（清明）、中元节（七月十五）、下元节（十月十五）这三大"鬼节"，必须抬着城隍老爷亲自出驾巡街。除夕夜则是大进香期。所以城隍庙会在徐州，成了次数最多、影响与规模最大的庙会。

3. 城隍庙设置

徐州城隍庙是坐北朝南建筑。两进院落，庙门也有三个，均为拱形，并排成八字形门墙。大门外左右一边蹲踞着一头石狮，石狮后面各有一根高二十多米的旗杆。入大门后，廊下东西两边立着哼哈二将的高大塑像。沿过道穿过前院，便是被称为"二门"的戏楼。从戏楼下穿过，刚进入大院，可以看到一宽阔的大月台，城隍大殿便建在这月台上。沿石阶上月台后，首先映入人们眼帘的，便是那飞檐下大殿门正中挂着的蓝色横匾，匾上四个镏金大字"你来了么"看上去使人十分敬畏。入门后左右两个大抱柱上挂有对联，联语为："阳世法疏由你霸道，阴曹网密任谁胡行。"抱柱

后各悬一联，联语为："无心为善，虽善不赏，有心作恶，是恶必罚。"正中悬为木匾，上有"善恶昭彰"四个大字。此外，还悬挂着许多小横幅，幅上分别写着："果有今日""自有天理""天日昭昭"等。大殿里悬挂着许多帏幔，城隍老爷坐

北朝南，身穿朝服，看上去十分威严。城隍像两旁是青面红发恶煞般的判官和值年、值月、值日、值时的四功曹像（这也是明初朱元璋敕封时规定的一套班子）。

大院内两边是东西廊房，里面摆满了塑像，塑像分别组成赏善罚恶的场面，或因生前作恶，死后在阴间里受审判，上刀山、下油锅，身受磨碾；有的则是修桥铺路，极尽艰辛。也有表现因为前世为善多多，高寿多福，妻荣子贵。俗称"十八司"。

穿过大殿，后门上屋檐下悬一大匾，上面四个大字："回头梦醒。"出殿后门即进入后院，后院正中为后大殿，殿内供奉着城隍老爷、城隍奶奶的并肩坐像，双目慈祥。两旁有使乐女工像，共二十个，手持乐器在演奏。

后大殿上面为寝殿，塑有城隍老爷、城隍奶奶的卧像，凡民间有不孕求子的，多到这寝殿中来。整个城隍庙的布置，又如人世间的生活：坐衙理事，回家宴乐，内寝休息。

4. 进香庆祭（庙会）

新年伊始，由正月初一的上午直至"五忙"（正月初五），烧香之人寥寥，显得冷清异常。初五晚二更后，道士击法器诵经；初六，城隍启印视事，本城与远近四乡来进香者，纷至沓来。每天上午八九点钟，城隍庙街人渐稠密，午后，四方云集，尤其入晚，摩肩接踵，途为之塞。庙院内灯烛辉煌，烟雾弥漫，人山人海，使人有窒息之感。这时各种玩意儿，充满城内各街，高跷、旱船、大头、狮子、烧包会（一人顶手巾扮妇人状，抱小狗为小孩，倒骑驴背，后跟一人，翻穿羊皮袄，戴草帽，打诨逗笑，一童扎冲天杵小辫，牵驴在人丛中前导，有时三人同唱小曲），不一而足。

到了每年的正月初十至十五期间，差不多每天都有四乡八集和外县赶来的（有的日夜兼程）善男信女们，结伙成群地去城隍庙进香。他们有的头上勒着或者腰间斜挎着红带子，背着黄包袱，吹吹打打的民间乐队和手执金瓜、龙飞宪旗的仪仗队。队伍中还有各种民间传统节目如踩高跷、玩旱船、玩大头、耍狮子滚绣球和县官骑独龙杠、县官太太倒骑驴等。看热闹的男女老少，异常拥挤。逢会时，南门大街等，均人满为患。街上各商店营业陡旺，应接不暇；肩担小贩，亦多于此处求售。据人估计，城隍庙从除夕起半月间的收入，足够庙中六个道人一年的生活费用。

每月初一、十五，是民间敬奉神明的例行时间，到时要把坐在銮舆里的城隍爷（行像）从后殿抬到前殿，升堂理事。同时要擂鼓撞钟，前来烧香磕头、添油献供的人，来来往往，香火十分旺盛。

每年的正月初八逢阎王会，三月三是城隍夫妇赴宴（蟠桃宴）之日，五月十一是城隍的生日，到时要摆供设祭，唱戏庆祝，前来烧香许愿的男男女女，络绎不绝。

5. 城隍出巡

按照迷信的传统说法，每年的"清明节"，是阴间的"上元节"，阴历七月十五是"中元节"，十月十五日是"下元节"，这三个节日，俗称鬼节（也就是阴间的一年三节）。每逢到这三个节日，城隍都要亲自出驾巡街，来收孤魂野鬼回归地府，俗称"城隍出巡"。

城隍出巡的阵容，较为庞杂。由人装扮成的各种鬼神妖怪的仪仗活动，按顺序排列有"起驾""荷花桃""醉皂"（俗称"醉乎头"）、"彩子""抬阁""无常鬼""牛头马面""判官""銮舆""戴枷受罪"（多是一些为父母或为本身祛病而许愿的男女们）、"行宫休息"。

徐州的城隍出巡，由各行各业组成的会社来组织举办。各会都有各会的执事（仪仗）鼓乐等，所需经费，都由各会自筹。另外，还要付给庙里一些香资。因城隍出巡必要招来四乡八集和外县的善男信女云集徐城，这样对各行各业的买卖也都有好处。当年各业体所组成的会，分别有"内务""吉祥"（银钱业及田赋科组成）、"户部""兵房""刑房""礼房""号房""中军""校尉"（粮食业组成）、"判吏""民壮"（担任出巡时拿大刀穿红衣的）、"大剑"（担任骑马背大剑护卫城隍的）、"小剑"（担任持小剑的）、"前站"（菜馆业组成，担任担"荷花桃"的）、"头班"（铁匠业组成，担任"醉皂"和抓差办案的）、"二班"（各衙门的差役组成，担任"无常鬼"的）、"枷班"（群众组成，担任许愿、还愿、戴枷受罪的）、"銮舆"（各衙门的轿夫组成，担任抬城隍和"彩子"及"抬阁"任务）、"呈发科"（医药业组成）、"同善茶社""归善茶社"（戒烟酒的理门组成）等等。到了出巡的当天上午，各会会首都要来庙里集议出巡事宜。

徐州城隍出巡有固定的出巡及回銮路线，有不走东门和不出西门的例规，其原因据说是城隍奶奶娘家姓柳，家住老东门口，城隍怕从岳父门前经过，不进去要挨岳母的骂，故绕道而行。不出西门是因过去处决囚犯，都要绑出西门到砍人场（今建国西路西头南侧）枭首。故出西门，有犯忌讳之嫌。

城隍出巡，既不去小巷，也不去乡村，只在城区主要干道上巡回。因而人们都要拥挤到几条必经之路上来，而且在几小时之内，人群拥挤，水泄不通。

6. 城隍庙风波

国民革命军北伐后，国民党在徐州掌握了政权。民国十八年（1929），国民党当局为了破除迷信，下令拆除了城隍庙中的神像，把城隍庙改成了"铜山县民众教育馆"。不料，五年之后，竟酿起了一场风波。

1934年春节即将来临之际，原城隍庙还俗的道士们为捞回失去供奉的损失，精心扎制了一个纸城隍，供奉于西关城隍坛（城隍出巡时，在此休息，地址在今淮海西路路北民安巷东部），借机敛钱。年除夕，善男信女多来烧香，正月初一之后更逐日增多。风传到乡下，农民即络绎不绝来城进香，西关一带，万人空巷，有如庙会盛况。西关的博爱、永安两镇镇长程子良和李民意，怕出意外，便率人于夜间将纸城隍焚毁。次日农民来进香，发现纸城隍被焚，便大闹起来，拥到程子良家里，将其家具砸毁，更将其祖宗神牌抛于厕坑。程、李事先得了风声，躲避在外。

纸城隍虽被烧了，但每日进香的人仍摩肩接踵，并有高跷、旱船到市街游行，且在初七日上午拥入铜山县政府。县府院内院外都是激愤的群众，大喊打倒程、李之类的口号，要求严惩程、李二人。县长王公屼出见，群众对王百般挖苦、讽刺，甚至有谩骂者，王始终心平气和，反复晓谕，一直僵持到下午三四点钟。群众扬言，不答允惩处程、李就不离去。于是王县长应允详细调查，再行处理，群众乃逐渐散去。在国民政府的强势维持下，日久后此事终于无形销声，道士们也无可奈何。

1927年国民革命军北伐到徐州，庙被国民政府废为铜山县民众教育馆，除中央戏楼被拆除，西廊房在后门开门，并入铜山县警察局外，其余门殿仍保存完好。民国二十八年（1939），已经侵占徐州的日本特务机关借神道设教，令人四处募捐，重修城隍庙，并将以前的道士王祥昆和徒弟秦道人、程道人找来。但仅修了大殿的塑像，其他各处均未动。后来虽有香火，大非昔比，抗战胜利后旋即又废。

二、火神庙会

正月初七为火神会。徐州旧城四门内，各有小型火神庙，统一街西去的传薪阁巷内有"传薪阁"庙（旧府志称"俗名穿心阁"，大谬。此语音讹传，实编者粗心所致。"薪火相传"原指火神事迹，后来又附加灶神功能）一座，气势颇庄严，供火神。

1. 火神祝融

火神究系何人，传说不一。火神历史悠久，有说上古帝喾时的火官祝融，后人尊为火神；上古彭祖父祖辈皆任火正"祝融"，便是管理"火"（五行之属：木正即春官，火正即夏官，金正即秋官，水正即冬官）。一说火神即《封神演义》中的罗宣。语多附会，不必追求。如统一街传薪阁庙名颇费解，按"传薪"原来取《庄子·养生主》，"指穷于为薪，火传也，不知其尽也"之义，亦即"传火于薪，前火烧完，火到后薪，传续不断"。而通常说"传薪"则取师徒相传之义。

2. 王灵官

徐州火神庙内正殿火神像，须发皆赤，貌甚庄严。大多认为是王灵官（道教宫观山门内的第一座殿往往为灵官殿，殿中供奉着一赤面髯须、身披金甲红袍、三目怒视、左持风火轮、右举钢鞭，形象极其威武勇猛、令人畏惧的神仙，这就是道教的护法神将王灵官，其作用与佛教中的韦陀相似）。相传他善火术，伸手能取火，闭口能存火，开口能喷火，被后世推崇为"火神"。

3. 火神部下

火神以外，另有仿罗汉像十八尊，雕塑颇精，仅次于铁佛寺。壁上绘有火鸽、火狐，又有千里眼、顺风耳等像。据说千里眼为明察秋毫的"离娄"，顺风耳则是善辨五音的"师旷"（见《孟子》）。按传说二人是中在"华光天王"手下为佐，则火神又当是"华光天王"，即佛教演绎为华光菩萨。而徐州人多不知有此名。

4. 火神庙街

城东南方向火神庙街的火神庙，庙西墙临街，庙门在北首凹进的巷内，拱圈门上有蓝底金字的"火神庙"竖匾，庙院殿宇似较"传薪阁"稍宽敞，门外至街亦较空旷。逢会之日，香火不如"传薪阁"旺盛。主要因为地处偏僻、近处居民较少，商贩营业者亦寥寥，会期一天，至晚即散。远不如传薪阁庙会。

三、阎王庙会

在徐州，正月初八是阎王会。阎王即"阎罗王"，是梵文 Yama-raja 音译，意译则为"双王"，是古印度神话中管理阴间之王。佛教沿用其说，称之为管理地狱的魔王。传说他属下有十八个判官，分掌十八重地狱。又

203

有一说为：阎魔兄妹都是管理地狱之王，即"双王"。兄治男鬼，妹治女鬼。我国古代原有"泰山治鬼"的传说。佛教传入中国后，道教也有人便把泰山东岳大帝附会成阎罗王。

阎王会的会况特盛，阎王庙两进院子的东西两庑（廊房）内，香烟如同浓雾，香烛之火炽人。门小人多，虽欲上台阶至厦檐下也要视机会，进廊门须挽前边人衣慢慢挪移。里面更无隙地，欲磕头者均跪不下，一会儿便觉背后津津似有汗出。出来时多以小孩做前导，十三四岁男孩善挤，先用头插入人空，晃动两膀，左冲右突，身后人紧随着，虽颇吃力，却收实效。这一天城内庙会上人是最多的，许多人因进不去廊房则将香、元宝（锡箔糊制成串，取元宝形状）抛入院内鼎（大香炉）中，跪院内向两廊房叩头。到晚人群还是川流不息。

四、玉皇庙会

每年的正月初九有玉皇庙会，徐州人习称玉皇为"玉皇大帝"。他是道教的最高神，始于唐代。唐时奉道教为国教，而当时神道系统中还没有最高神，为适应统治者的需要，便编出了一个太上老君赐子的神话，此子即为玉皇，生于丙午年正月初九。宋真宗时，加封玉皇大帝为"昊天金阙无上至尊自然妙有弥罗至真玉皇上帝"，亦称"高上玉皇大帝"。每年的正月初九，各道观祭祀。

徐州玉皇庙在西关校场西北（现肖井涯东北处）处。玉皇庙坐北朝南，大门外路对面有一大影壁，另有山门、大殿和廊房，宽敞室大。徐州俗称玉皇为"天老爷"，非常推崇。每年正月初九逢会时，烧香者络绎不绝，以农村人为最多。玉皇庙原有道士主持。国民革命军北伐到徐州后，庙渐残破，道士不知去向，庙房慢慢成了贫民住房，至民国十年后荒废，不复有庙会。

五、人祖庙会

正月十三为人祖庙会，相传为盘古氏生日。此庙甚小，建于南门外奎西巷（从前俗称阴夹墙，即旧府志"西夹墙"是也），民国初已无庙祝，会期照料者，为居住庙中的赤贫户。庙中有人祖——盘古氏像，赤膊披柳叶蓑衣，北伐前已剥蚀不堪。1927年北伐军进徐州后仍有人逢会期时前去烧香。庙旁除有卖元宝、香者，无他营业。

六、黄楼会（女儿节）

苏姑娘

过去，在徐州东北角老城墙上有个黄楼。黄楼里供着两个神像：坐着的头带学士巾，身穿藏兰袍，一部又浓又黑的长胡子，这就是苏东坡，站着的是一个年纪轻轻的小姑娘，头上梳着两个"爬爬角"，身上披着大红的斗篷，这就是苏东坡的女儿，人称苏姑娘。听老人们说，这儿每年正月十六逢会，人山人海，拥挤不动，几百年来，香火不绝。这说明徐州的老百姓对苏家父女非常怀念。大家为什么这么怀念苏家父女呢？说起来还有一段故事呢。

那是宋朝的时候，当时苏东坡做徐州太守。有一年，黄河决了口子。俗话说，洪水似猛兽，一点不假，那洪水象千万头凶猛的狮子嗷嗷叫地飞奔而来，漫过了护城堤，包围了徐州城。再加上连天的大暴雨，哗哗地直往下倒，眼看洪水就要灌城。苏东坡作为全城的父母官，真是焦急万分。他脱下一只靴子扔进水里，水下去了三尺，又脱下一只靴子扔进水里，水下去三尺……可一会水又漫上来啦。

苏东坡正望着滔滔的洪水发愣，忽见远处的水"哗"地一声分开了。先是钻出一个分水夜叉，接着又钻出虾兵、蟹将、鳖精、鱼怪，簇拥着一个身穿黄袍、面目狰狞的人，原来是河神老爷驾到。河神老爷说：

"你有个闺女苏姑娘，才貌双全世无双。

苏东坡，苏东坡，快把姑娘嫁给我！"

正月十六，徐州黄楼会，因与纪念苏轼女儿有关，又名女儿会或女儿节会。徐州亦称这一天为"女儿节"。

1. 黄楼来历

黄楼建于故黄河城墙上东北隅，供奉宋代徐州太守苏轼之女苏姑。宋熙宁十年（1077）秋，黄河决口，洪水横流，直袭徐州；又加日夜大雨不止，徐州城岌岌可危。苏轼亲临大堤督率军民抢险，苦斗三月，终于抗住洪水，解救了大水围困的徐州城。宋元丰元年（1078）在城东门建造高楼，取北方壬癸水，中央戊己土，水色黑，土色黄，土能克水之意，故楼为黄色，便名黄楼，以镇洪水。此楼正殿门向东北，明柱飞檐，巍峨庄严，有后门西通州后巷，南达孔庙，有石阶上下，便是苏姑庙，庙中敬苏姑。距黄楼不远处，今市政府北大院后面，原有苏

姑墓（衣冠冢）。据旧志："署之东偏有苏姑墓，相传为东坡少女。新守莅任辙祀之。上覆小亭……"庙与墓疑为一也。

2. 苏姑故事

不知啥时候起，徐州对苏轼带领徐州百姓抗洪的历史事迹，演绎出了苏轼女儿（苏姑）在抗洪中英勇献身、挽救全城百姓的故事。且沿故黄河向东南，有故事中谈到显红（地名实为下洪）、显红岛。

3. 黄楼会

正月十六黄楼会，楼外城墙下比较空旷，平时有食品摊、花炮摊、玩具摊、香烛摊等。偶然也有身背黄布，布上写着"朝山进香"的农村老媪，前来进香。城中则家长偕女儿来拜。凡来烧香者回家后，即聚集家中全部小孩，于午时坐门槛上，团艾叶，在脚上炙之，男左女右，并祝愿说："正月十六炙脚尖，猫狗生病人撒欢。"且院内各屋门槛上均炙之。同时念道："不炙天神，不炙地神，单炙口齿是非离了门。"

七、福神会

二月初二，据传是福神的诞辰，因此这一天在徐州有福神会。各街巷多有福神（土地）祠。民间传说福神原为岁星，即木星，后逐渐人格化。福神来历说法种种，在徐州，福神与土地老爷是融为一体的。所谓"二月二龙抬头"天上打雷，万物惊蛰。祭祀土地神，来求一年的收获与福报。

1. 福神土地

中国古代就有奉土祭社的礼俗。《礼记》之《祭法》篇注称，"大夫以下包士庶，成群聚而居，满百家以上，得立社"。《汉书》之《五行志》又称"旧制，二十五家为一社"，是为报答大地之恩赐而奉土祭社，东汉时即称社神为社公或土地。社神初无姓名，东晋以后，民间以生前行善或

廉正之官吏为土地神，遂有人格及姓氏。

福神土地，民间称"土地老爷""土地公公"。供奉此神的土地庙属于中国分布最广的祭祀建筑。徐州俗信：土地公本名张福德，自小聪颖至孝；三十六岁时，官朝廷总税官，为官清廉正直，体恤百姓之疾苦，做了许许多多善事。一百零二岁辞世。百姓合资建庙并塑金身膜拜，生意人常祭祀之。取其名而尊为"福德正神"。

2. 土地职司

所谓"土地"，即是职司这一地段的善善恶恶、生老病死，有如保甲制度时的"保长"，是最基层的神界小行政长官。如这一地区死了人（升了仙了，或曰到阴间黄泉了），送葬前必有"豁汤""送盘缠"，到土地庙里来报告。

3. 土地庙

福神是一个地方刚正、有功德的人，死后即做当方土地（福神），当然这只是民间的迷信传说。所谓"福神祠"，多简陋，有的有小院，一小屋内供福神，旁列鬼判二人，大门上方有福神祠砖刻于墙；有的并无院落，临街巷小屋一间，不论哪种，其门窗均仿庙式，较之微且小，是真正的"小庙"。

福神塑像，戴员外巾，穿员外氅，各祠均同样。唯云龙山东北角，剪子股上道，南土城街玉桥之福神，戴纱帽，穿朝服，这是徐州仅有的一座不同神像。徐州故老传说：乾隆下江南时，到徐州驻跸于云龙山下的禹王庙（现博物馆）的行宫，玉桥土地，夜来参驾，乾隆问明他是明朝遗老，便谕允他仍穿戴明朝服装。这个传说，在清朝时就是"思明"思想，塑造这土地的衣着，其实是"思明"的表现。

4. 庙会

正会前一日，即二月初一晚，当地居民在当方土地庙上香燃烛放鞭炮，与福神上供后，街坊街邻共聚餐。饭后，打起锣鼓热闹一番，谓之给土地老爷"暖寿"。初二一早，由老年人上香，四邻左右人家均来进香。各方人只敬各方土地，不到别处敬神，范围虽小，也颇热闹，由晨到晚方散。逢会一切费用，多出于本处的绅商富户，或一方担任，或大家集资。

5. 官祭

官方对福神也有祭祀活动。据旧志，一般去"道府县治仪门外之东"的"福神祠"。但时间分春秋两次，分别在"春秋丁祭（祭孔）后一日"。

指是每年仲春与仲秋月的上丁之日，与民俗略有不同。

八、云龙山会

城南云龙山是徐州的游览胜地，古迹栉比，风景宜人。山西坡大士岩，每年农历二月十九观音菩萨诞辰日逢会。这个会的盛况，仅次于城隍庙会和四月十五徐州太山会。大士岩在云龙山西麓，山下临石狗湖（现名云龙湖），远山含烟，苏堤如带。

大士岩的观音会，历史不算很久，始于清康熙年间。当时，徐州知州姜焯派人凿刻了观音像，信佛教者多来祭拜，久而久之形成观音会，民间称为云龙山会。二月十九为正会，前一二天卖饮食、百货、玩具等的小商小贩，多汇集于山下北面的通道两侧，设摊应市。北山坡处，有书场，北山脚有漱石茶社和小朋友照相馆（北伐后始有，以前则无）。山阴石阶直上，半途歧分，一南上去放鹤亭、兴化寺；一去西南至大士岩的偏门。入偏门可以见到怀抱婴儿的"送子观音"，殿前廊上有乾隆皇帝所书楹联："慈云无住庄严相，德雨常飞清净身。"殿门抱柱上有一对联："我本是一片婆心送个孩儿与汝，你须行百般好事留些阴骘给他。"

殿前山门左侧为钟亭和送晖亭，右侧为鼓亭和试衣亭。出山门顺五十三参台阶而下，即可到俗称"点将台"的戏楼。民国时期戏楼毁坏，改建为亭，名为"半山亭"。十九这一天，进会者、烧香者、乞子者、还愿者，以及凑热闹赶会者、放风筝者潮涌而来，山路为塞，路外人满。大士岩院内外，男女充斥，观音像前善男信女烧香膜拜者，一排动辄十数人，此未动彼已伏。就是大士岩后的放鹤亭院及山东大佛殿等处，亦告人满。北伐前放鹤亭院内船亭有茶社可憩，社内还有人清唱，均是一般茶客来此遣兴，并与会增添色彩。正会后，次日即近尾声，但延至二十二三，仍有稀疏的烧香者和售物的小贩。会前十六七卖物者已陆续而来，香客也三三五五上山，人虽不多，则是正会之盛兆。

新中国成立后，云龙山庙会依然很兴盛。1966年，观音像被人砸坏，1978年又重塑了一尊，庙会再度兴起。每至会期，因赶会人太多，途经山下的公交车也暂时停开。但现在赶会者，绝大多数都为了游玩、购买民间工艺品、品尝风味食品。1990 年起，会上又出现了卖生产、生活用具的现象，商业的功用将越来越大。

九、蟠桃会

三月初三，徐州有王母娘娘蟠桃会。

旧时城东十余里有蟠桃山（小丘），乾隆年间，依托山上明代关公庙建了"王母庙"。王母庙祀王母娘娘；关帝庙奉关公、岳飞，俗称为关帝庙。两庙东西毗连，庙前松树三棵，大均可二人合围，另有白果（银杏）树一棵，稍小，树龄都在二百年以上。庙均为四合院，各有大殿、配房、山门、神龛，原由道士照料，后无，平时随由老乡照料。

会期时，偶有云游僧卓锡（即临时居止）。会期三天，初一起即有卖物者设市布置，初二开始有烧香者，初三为正会，香火为最盛。

王母娘娘庙地处农村，庙市很有特色。庙前广场颇平坦，买卖均集于此，这里最大的庙市买卖是牲畜市，除牛、马、驴、骡外，家畜猪、羊，家禽鸡、鸭均齐全。清末民初之时，甚至有打猎用的鹘鹰、猎犬（细犬）出售。

其次是农具庙市，再次是日用品、家具以及儿童玩具。

民国初年，此庙曾经修葺一次，再以后改为小学用地。但学校归学校，"文化大革命"前，这里逢会日仍多有人来，校前的大广场上，熙熙攘攘的很是热闹。但较新中国成立前的庙市长达近华里的状况颇有不如。

十、真武庙会

农历三月初三，城中察院街（大同街）以南、大巷口以东，有真武庙会。旧志称"东门内南偏"，初建于明永乐年间是也。据耄老云：清后期尚有会，唯长时间不修，观已破旧，民初改元后不久即废弛。数年后，观址无存，故鲜为人知。观中祀真武大帝，有塑像，主持者为道士，观废后，道士均纳入城隍庙。

真武大帝又称玄天上帝、玄武大帝、佑圣真君玄天上帝、荡魔天尊等，全称真武荡魔大帝，是我国神话传说中的北方之神。明朝时期，应明成祖朱棣政治需要而加封号，在全国影响极大，现在湖北武当山供奉的主神就是真武大帝。

真武大帝的形象非常威武，披散着头发，金锁甲胄，脚下踏着五色灵龟，按剑而立，眼如电光，身边侍立着龟蛇二将及记录着三界功过善恶的金童玉女。

第二节 夏 季

一、地藏王会

四月初八，西关（现杨家路路北）地藏王堂逢会。会前，由该堂出大红纸木板刷印会帖，大小约长十二厘米、宽八九厘米，上面填写日期，分向富户人家及常来往的施主，由他们再分散亲友，通知至期前来烧香。烧香者多为老太太及中年妇女，男子烧香的少。除正殿中供地藏王菩萨法相外，别无神像，所以显得异常空旷。

二、太山会

城南五里的太山会，每年四月十五正会。这个会不只在徐州算是最大，即徐州周围数百里之内，亦无大于此会者。除徐属八县外，鲁南、豫东、皖北一带的善男信女多来进香，更有人赶来买卖物品，因麦收将近，农民购置农具，城市购办夏令用品者以及各行各业，多在此汇集。

1. 碧霞宫

从四月初一起，本城的善男信女，有的为了"烧头炉香"，天蒙蒙亮已到达山顶庙里焚香膜拜。从这天起，即有百业人等来山下占地点，准备搭棚营业。据调查了解，清末民初时最盛。初五人就渐多，直到二十日的末会会期相延半月之久。二十日以后，仍稀疏有人，多为搬运东西的，烧香的寥寥。太山庙名为"碧霞宫"，供太山奶奶，称为碧霞神君，相传她是东岳大帝的闺女，修道成神。北面山脚下，路东有一座砖砌像炮楼的房屋，名"曹山亭"，传说其中所供之神为太山奶奶之舅。由此起，即入上山小石盘路。民国十年前石盘路只有一条，后因逢会时上下山的人多，十分拥挤，又在原路西面新铺一石阶路，于是便有了原来的为"旧盘路"，后铺者为"新盘路"的分别。两路均有三百多阶，由山下到山顶约三里多路。新旧两盘路在山上北端汇合，路西约二三十米处，有面朝西人工开凿观音洞，洞内冲洞门处有依壁山石凿成的观音像，坐莲台，貌极端庄，应该是佛家依托太山奶奶庙而后建。

沿石阶盘路终端即到达太山庙山门，门不高，上有"碧霞宫"金字横额，门内石台高及胸，有举鞭之王灵官像坐台上。分前后两进院子，后院正楼上，有太山奶奶像端坐于供桌后面的大木龛内，身后就是峻峭的山石，可见最初依山岩而建。

2. 求子

供桌之前，一直径两尺的大铜钱高高地悬吊在梁上，求子者用铜圆投掷，凡穿大钱孔过者，俗信可以得子，俗谓"砸金钱"。太山奶奶身后山石隙处，满放泥娃娃，求之者择一拴之，道士（1946 年前后，道士们离开，换成了和尚，碧霞像改成观音像，但百姓依然称之为碧霞神君）给取名，然后用红线系颈，交拴人抱去。拴娃者须一径回家，在途中不得逗留，并不断呼其名。至家，将泥娃置床上，每夜间要呼名三声，直至有孕方止。拴娃时要给主持者钱帛，少则两吊（二千文），多则一二元（银圆）。

楼的北面为半截罗汉墙，上半为朱漆花棂隔扇，凭栏可见前院，楼下的中间门洞南，相隔不远放一大铁香炉。东西两厢为十殿阎王，阎王像塑造之精，佳于各庙神像。站班的鬼判个个栩栩如生。正殿前又一大香炉，楼下为太山奶奶像坐佛龛内，悬黄绸帐子。正殿外左右有阶梯登楼上，里面有太山奶奶卧像，床帐被衾毕肖。

3. 会首

太山会民初会首张仁尧，青帮头领，清初张胆的后人。因为张胆墓在太山北山脚下，有大松树、柏树数百株，大者环抱，墓前石人、石马、石象、供桌、香炉、烛台、拜垫等毕具，松林东北五十米处，有四合瓦房一所，通称为"张家瓦房"，即张氏的家祠。家祠北百米处，有石砌高台于大路中心，上有"龟驮石碑"。

逢会时，体弱之小孩，由大人率领，在这里烧香叩头认干爷，有道人守候，给以黄线编成的锁状，名曰"锁"。孩童系颈上，宣称消灾祛病，永保平安。人人给锁钱，大大超过其实际价格。从此起，即渐入会场，除坐轿者有直抬到"曹山亭"外者，其余坐车、骑驴来赶会的均在此至瓦房一段内下来步行。

4. 会场

从张家瓦房起即入"佳境"，沿路两侧，卖米花团、粽子、凉粉条、黄米年糕（夹枣）以及其他零食担挑，排比重叠。进入会场有一大松树林，稀疏松荫下，满布黑棚和帆布棚，南北所留小巷五条，其中茶社、酒馆、饭店、小吃馆、烟酒店等，点片栉比。茶社内有歌妓讴唱，或开放留声机。松林外的西旁，说宣讲道者、基督教传教者搭布棚亦有七八处。至松林南头，五条小巷汇成两条大街。沿街两旁，鞋、帽、估衣、凉席、食品、糖果，以至钟表、眼镜等，凡城内商店所有者，这里无不具备。至曹山亭，这里卖元宝、香者最多，都是中老年妇女用长竹竿挂元宝、篮内放香叫卖。曹山亭向上盘路两边为香草市，再上，均是玩具摊，儿童玩具多摆在铺着布单的地上，摊摊相连，达半里远。再上，盘路两旁就是坐地乞讨的"红行"乞丐，直到山巅庙外。山东坡有小松树林，林内为曲艺界的范围，说书、渔鼓、大鼓、扬琴、骂大会（相声）、快书均在这里。肩担饮食挑，在书场外停放应市，卖烟、茶的小孩喊着蹿来蹿去，烧香赶会的妇女多在这里坐憩听书、听唱。小松树林以北，大松树以东，直到东边的大路，这一广大地面，有土梆子戏园、跑马卖解的，玩狗黑子（狗熊）、老虎、蛇的，均用布围墙，门上有画的布招，门下有二人收钱放进。除梆子戏演戏中另收钱外，其他只进门时付钱一次，不再敛钱。另露天无围墙的有花鼓、拉魂腔和唱小曲的，他们也扮装，扮男则戴呢帽或草帽，腰扎一汗巾；装女则蓝布顶头，穿大襟褂，或头顶一彩布球。他们全在唱中敛钱。另有拉洋片的，等等。山的西北面山坡，即大松树林的西南处为苇席市、竹器扫帚市、木器市、铁货市、石料市、牲口市等。牲口市北道通西南的大路叫马趟子，买牛、驴者在此遛，买马者在此跑试。

5. 休闲娱乐

大松林内，茶社等多有牌号，一般早在三月里即开始"派票"了。以所得派票款作为资本，至期收票。太山会结束后，有获利高达七十余元者（从购买力看，约相当于今日之二三千元）。但茶社多为数人合伙经营，且均参加服务劳动。

黑篷底的风味小吃多为自营，全家都上，忙得不亦乐乎。白棚底的商业营业，则是城中商店所派。其余则为平时走街串巷的商贩、四乡的手艺人、远路专来经营贸易者等。那时专有一些出苦力者，山上山下替人肩挑手抬，挣几个辛苦钱。

太山会上，常可见到安徽、河南来的"打沙鸡（谐音）"者，均为年轻妇女，二人一组。她们手持"沙鸡"（用二尺多长的竹竿做成，竹竿上凿了一些洞，洞嵌制钱），耍动时用"沙鸡"的两端有节奏地击打肩、腰、腿、脚等部位，舞动、转身、时蹲时站，并配着"沙鸡"上制钱发出的清脆声音，唱一些很卑俗的歌词。如："添灯油，打灯花，老爷娶个白棉瓜，又擦粉，又戴花，喜得老爷闻脚丫；打灯花，添灯油，老爷娶个山枣猴，又洗脸，又梳头，喜得老爷拍秃头。"唱罢敛钱。

6. 烧香

赶会的人上山逛过并在其他各处观光后，多在茶社或饭店逗留。烧香的善男信女持香烛，有的外地进香的年老之人，身背黄布香袋，上写"朝山进香"，一群五七人，或十余人，敲着锣，一同拥上山。更有"磕大头"的，从曹山亭起，每一磴石阶，即跪叫一次。第一年开始"磕大头"的，腰间还系着红带，一直须磕到正殿像前方止。进会的，农民为多，打鼓敲锣，燃烛上香，放鞭炮，群拥膜拜。又有在观音楼还愿的，将挑提供果等罗列像前，献帐献鞋的，则将帐、鞋挂于正殿之内。由初十起，人骤多，十四、十五、十六三天，到达顶峰，日夜香火不停，香积池里满满的，各房内及院内外睡满了香客，无插脚之地。

7. 其他

赶会途径山北有三条，徐州火车站一带的人循东北一条路前来；东郊一带的人经奎山而来；云龙山口过来的人是西关及西郊的。山后还有两条路，为南乡农民的赶会途径。各路人满，尤其北边更加拥挤，在土城街，即可闻锣鼓声、叫卖声、嗡嗡的吵杂声，足见盛况一斑。

太山会期间，有施主为还愿施茶水，也有富商大贾行善布施祈福，确实为赶会的人带来许多方便。沿途偏僻处，多用秫秸篱笆为墙做简易公厕。为保证会期治安，大松林内专设大棚，供负责弹压的军警休息，一般约二十人。民国十年前，军警由铜山县警备营与警察局派员驻会。以后，南关有了"新成排"（商团），会期与警察局分别派人驻会，轮流值日，夜间也值勤。

太山会期间，也是一些不法分子最猖獗的时候。而且，他们均有帮派，并划分势力范围。凡外来者，均须向本地的"瓢把子"（首领）挂号，未挂号者，不得下手"捶活"（即偷窃等），但禁偷营业者。

新中国成立后，太山庙会盛况不减，50年代中期，曾由政府倡导，借庙会期为物资交流大会（一名"土产农具骡马大会"）。最盛时，单是在会上搭临时戏台的戏班就有十多个。虽烧香拜神的人也不少，但更多的人赶会只不过是为了吃、喝、玩、乐及采购生产或生活用具。

三、天都会

四月二十八，徐州有天都会。此"天都"为星神名，属于南方七星中的星宿。按《晋书·天文志上》："七星……一名天都，主衣裳文绣，又主急兵盗贼。"百姓祭拜天都，实际上是奔着使用目的来的。相传四月二十八为天都诞辰纪念日。

天都庙在南郊奎山西营子庄北（即今徐州酿酒总厂后面）。庙坐北朝南，庙门与城隍庙相似。庙为二进院落，门前也有旗杆。民国十九年（1930）逢会后，此会即废止。

四、五毒庙会

五月初五端午节，东关大坝头北"五毒庙"逢会，庙不甚大，敬"五毒老爷"。此庙主神供五毒老爷，另遍查文献与各地风俗，徐州"五毒庙会"，系全中国独此一家。

一说是"五毒老爷"是瘟神，瘟神又称五瘟使者，是中国古代民间传说的司瘟疫之神。考瘟神事迹，与徐州五毒老爷恰好相敌对，故瘟神一说不可信。瘟神是人人惧怕的，而五毒老爷却是人人敬爱的。从徐州民众庙会期间所有的崇信看，五毒老爷恰是从瘟神手里解救了徐州人的好人。五毒老爷的故事如下：

某年五月初四，瘟神到徐州欲作祟，其所带"五毒囊"有异味，被一张姓郎中看破，张郎中请瘟神饮酒，酒中加了些许雄黄，瘟神大醉，被张郎中问出了瘟神来徐州散五毒传播瘟疫之事。张郎中大惊之余，也套问出了破解方法——即凡家门前挂香料荷包的，毒虫不进。张郎中连夜布置民众制作香荷包各挂在门前。到自己时竟一点儿香料也没有了。

瘟神醒来后，大街小巷转过，竟无释放毒虫处，到张郎中处才明白，竟是被此人算计了，一腔怨气撒到张郎中身上。刹那间毒虫将张郎中咬死，浑身黢黑死去。初五日人们看到张郎中的惨相，都明白过来，将其住处改作庙宇，即将张郎中真身扶起祭拜。

五毒老爷又有张秀才、吴商贾的说法，都意在说明徐州出了一位舍己救人的大好人。

五毒庙原拱门上方有"地藏庵"三字镶于墙，庙名与所供之神矛盾，应是后来有佛家比丘入寺主持所改。唯庙之主神，只能沿袭百姓的崇信。

据佛家说，地藏菩萨在"五浊恶世"中济度众生，此似与五毒老爷事迹有相类处。但地藏终究不能取代"五毒老爷"，只地名被地藏得去了（大坝头今称"地藏里"）。

五毒庙前有空隙地，却不大，庙东近河（黄河东岸）柳林颇宽敞，树不多，说书者、相面者、测字者、跑江湖人等，均在此二处设摊。庙内平时为尼姑主持，会期时也有和尚来协助，殿中神像须发皆赤，紫面绿袍，相貌狰恶，又有木雕刻像，北伐前曾偶有出巡，但较之城隍出巡，排场相差甚远，略同于子房老爷。庙会虽不大，相沿时间颇久，新中国成立后直至"文化大革命"前，一直有庙会。附近的小学校，逢正会日的下午，往往放假半天。

庙会期间，庙市最多的最具特色的商品是五毒衣饰、老虎枕头、香荷包、香草为主的民间各类祛毒、防疫用品。其余鬼脸、大刀长矛等儿童玩具也多。儿童多用蒜薹废弃的那一段串成胡须挂在下巴处，脸上戴了庙会上买的鬼脸戏耍。

五、关帝庙会

五月十三关帝庙会。徐州的关帝庙甚多，旧时四座城门内均有。庙甚小，有的只供牌位而无神像，比较大的为云龙山东的红关帝庙（因内外墙及殿堂均朱红色，故名）、在育婴堂巷内的铁关帝庙（现徐州医学院附属医院处）和常关帝庙（此为俗称，实为关岳庙，供关公和岳飞，在今徐州市水利局处）。庙供关帝，就是三国时的关羽，历代对他至为崇拜，就在五月十三他的生日这天，皇帝派官致祭，全国各地关帝庙于是日均逢会。徐州三庙，以铁关帝庙较大，次即红关帝庙。

前清时各庙香火颇盛，民国以来，渐次衰落。在军阀当道时期，胜败互易，你来我往，各庙常驻军，实多破坏，关帝庙也不例外，因之香火久断，渐渐凋敝。虽偶有道人、游僧寄居，均为时不长即去。

民国十七年（1928）的7月初，孙传芳借得张宗昌一师军队守徐州，国民革命军北伐军来攻，他全师出击，大获全胜。两军鏖战时，在太山南五老峰夜焚干柴，烟迷火炽，半面天赤红，次日即从他司令部里传出"关

215

公显圣，在红云中有关公提刀的半身像显现"的故事，一时军民皆知。孙以此鼓励士气，安定民心，并立即大修红关帝庙，内外一新，庙门上方有"关圣帝庙"四字嵌于墙，作俯视式。山门三间，左右有配房，正殿五间，均东向。南北各有偏房。正殿龛内为关羽夜读《春秋》像、关平捧印像、周仓持刀侍立像，北间一骑马提刀像，甚威武。

盖好后正当八月初，孙即令居民进香，官府先来致祭，一时盛况空前，久废之庙，骤然复兴。但骗局不长，孙虽守徐获胜，并南下蚌埠、陷滁县、取浦口、渡江攻南京，谁知又中北伐军诱敌深入之计，龙潭一役，全军覆没，赌注输光，骗局破产，而关帝庙仅此数日香火以后，又冷冷清清。北伐后，庙内外做了一家"柴草行"，抗战胜利后为正德中学使用，再以后方成为殡仪馆。

六、留侯庙会

五月十九（一说十八），徐州有留侯庙会。据旧志，为明宣德年间所建，清代又有重修。

徐州东火车站以东，一山不高，山巅平坦，面积颇广，即是子房山，山上建有子房祠，亦称作留侯庙，所供之神，徐州人尊称为"子房老爷"。民国初时模样：门西向，无山门，仅墙门上有"子房祠"三字，正殿塑像身材瘦小，面目姣好，为张子房。应是源自司马迁《史记·留侯世家》，文中载有"至见其图，状貌为妇人好女……"一段。祠东有张子房师黄石公庙，殿南为罗汉堂，建设均极整齐。

每年五月十九是张子房诞辰纪念日，逢会，因地址偏东，又隔铁路，天气炎热，所以香火较太山、大士岩等为差。

庙门前有石阶坡路，约三十级。石阶两侧在民国十年前有民舍毗连，

216

所以长度只两米余。逢会期间，特
别拥挤，而两侧又有卖玩具的等，
更觉行止不便。庙内卖香烛者、设
灶卖饮食者以及跑江湖人等，杂沓
一片，参差错乱。朝山拜佛，求子
房老爷保佑的，为人展示"运筹帷
幄"、占卜算卦"术数"的，山上

山下销售各种土特产的，卖木器、百货、民间手工艺品的，卖传统小吃的，
摆摊应市者，均在山下与铁路外围。场面狭小，人山人海，热闹非凡。

　　徐州民间故老相传，楚汉相争之时，项羽被围困在徐州城北郊"九里
山"下，善于"运筹帷幄"的张良，便命人扎制了一个足有三间房屋那么
大的巨型风筝，夜间东南风起，张良坐进风筝，用竹箫吹奏起了楚人的歌
乐，吹散了项羽的八千子弟兵。张良去世后，徐州人为纪念他，在山上建
起了子房祠。从那时开始，出于对张良"运筹帷幄"异能的崇拜，研究兵
法的人，那些胸怀大志一心想建功立业的儒生们，喜欢易经打卦、卜相算
命的道家人，多来参拜。明代开始，徐州人更把祈雨求丰年的大型祭祀活
动，也融入庙会。后来，佛教寺院进入，也都祭拜"子房老爷"。形成了
规模空前的子房山庙会。祠会期间，有占卜祝愿风调雨顺的祈丰年仪式，

子房老爷出巡，唯仪式不若城隍
庙会。

　　民间传闻，此庙求签甚验，所
以问卜者较多，而正殿内所悬旗匾
等亦多，都是卜灵之家恭送。虽不
在会期，平时一询休咎者，常有其
人，徐州沦陷后至期仍逢会，但甚
冷落。

　　会期三天，因天气炎热，除十
九外，余均松淡。有法号叫经密的
大和尚北伐前后主持此庙，与云龙
山兴化寺的效周、皇藏峪瑞云寺的
东岭同称三大和尚。

七、痘哥哥、痘姐姐会

六月十五日，徐州有痘哥哥痘姐姐庙会，神像供于城隍庙正殿城隍座后门内西侧，凡家有小孩者多来进香。小儿磕头如捣蒜，大人则甚恭谨。庙内也有卖糖果、玩具者。

痘疹俗称"疹子"或"天花"，通常在婴幼儿时期发病。痘神之说见《封神演义》，姜子牙封余化龙为"主痘碧霞元君"，同时封其原配金氏为卫房圣母元君即痘神奶奶，并封其五个儿子为东、西、南、北、中五方主痘正神。徐州"痘哥哥、痘姐姐"，当指余化龙子女。

另有以痘疹娘娘为珠妈、柳夫人者。清人十分害怕痘疫，宫廷中多建痘疹娘娘庙坛。民间都相信《封神演义》的说法，认为痘疹娘娘是痘神余化龙之妻金氏。

因天气炎热，人多不停，烧香完毕即回，虽然川流不息，但是没有聚集，所以不显热闹。

八、彭祖庙会

农历六月十五，徐州城内西北有彭祖庙会。旧志云：北魏徐州刺史元延明"移建"彭祖庙于此。元延明（484—531），北魏宗室出身，是南北朝著名藏书家、数学家，距今一千五百多年了，可推知彭祖庙初建当极久远。旧志又说此处有彭祖宅，宅旁有彭祖井，为历代文人骚客路过徐州游览必到之处，饮彭祖井水求长寿，当是不约而同的趣事。

旧时厨师们最关注彭祖庙会，据名厨胡德荣（1917 年生人）回忆，他出身厨师世家，很小的时候被祖父领了来参加庙会，当时徐州周围各地均有厨师前来，一来祭拜祖师爷，二来相互切磋交流技艺。逢会期间庙门外摆摊，俨然成民间美食街矣。（东南福建沿海渔民认为六月十二为彭祖生日，届时海上有"彭祖风"，二者日期明显有共通之处。）

第三节　秋　季

一、刘将军庙会

徐州云龙山后山东坡，有南北相连的两座庙，北边的庙小，仅殿三间，并无院墙，殿门上镌着有"刘将军庙"四个大字的匾额，徐人皆谓之"蚂蚱庙"，文人则说"刘猛将"。

这位将军，并不姓刘名猛，而是因为治蝗有功。南宋景定四年（1263）名将刘錡被敕封为"扬威侯、天曹猛将之神"，人们就简称为"刘猛将军"。徐州旧志亦云"神讳錡"，说"刘猛将"为南宋的抗金将领刘錡。所谓"蝗虫来袭，犹如外敌入侵"。于是就附会上了。从宋朝开始，民间设立专门的蝗虫庙，供奉刘猛将军。

徐州故老相传，刘将军在徐任官，每有蝗灾，都是他率领兵丁，日夜捕杀，后来死于徐州。为了纪念他，便为他建立此庙。每年七月初一，官府派员来致祭，人们来烧香，但庙里神像久损。民国十年前后，徐州蝗灾甚大，六月间飞蝗遮天，跳蝻遍地，城内树叶、农村秋粮吃得"体无完肤"。此庙据说只此年逢会一次外，此前此后均未闻逢会，北伐前已残破不堪，后渐无迹。

二、东岳庙会

东岳庙紧挨着刘将军庙南首。据旧志，此庙由"城西南隅"移建于此。庙颇大，大门和左右长五间，门上方有东岳庙匾，有戏楼通内院，正殿五间向东，祀东岳大帝，宝相端严，有二侍者分立。民间传说，东岳大帝掌管人的生死，所以有了危险的病人，亲友数人到庙烧香膜拜，与病人"保寿"。所谓"保寿"，就是把来求之人的年寿，借给病人三年或五年，以延长病人的寿数，又称为"借寿"。"保寿"无定时日。逢会则于七月十五，是日从晨至晚，香火不断，有道士照理，民国十年前已渐废，后即全毁，但不时尚有"保寿"者，为数甚鲜。现庙址犹可辨识。

三、盂兰盆会

七月十五为中元节，徐州民间有祭祖、祀亡魂、放河灯、焚纸锭的习俗。这一天有所谓的盂兰盆会，寺院庵堂，凡僧尼主持者，均作盂兰会，是西来佛教文化融入中国传统节日比较成功的方式之一。佛门信士前往烧香。"盂兰"梵语为"乌蓝婆"，是解救倒悬之苦的意思。其实主要是仰佛光解脱"饿鬼"之苦，诵《盂兰经》，施食，烧盂兰盆，盆用竹竿破作三角，上编灯窝，挂衣及冥钱于上烧之。《东京梦华录》《老学庵笔记》等均有记载。晚上放焰口。民国二十八年（1939，时日军已侵占徐州），曾在济众桥西南方搭坛，由僧人诵经，在黄河里放河灯（也称"焰口"），以超度战祸死亡者。盂兰会每年都有，至半夜方散，是日各寺庵烧香者并不多。放焰口徐州做得很少，民国以来，只此一次。

四、大王庙会

农历八月初五，徐州有大（音 dài）王庙会。大王庙徐州有两座，一座在老北门外堤北，一座在南马路（现在的建国路开明街南头小学）。

南马路大王庙门头高大，有如城隍庙，两道院子，各有东西庑，有"风调雨顺"及雷公闪将"四大金刚"像（后均移于传薪阁），正殿为龙王塑像。徐州以龙王为敖广，则据《西游记》传说。据《古今事物考》载："唐玄宗封东海为广德公……"从前在八月初五逢会，庙门上方有"金龙四大天王庙"金字横匾及旗杆一根。庙前广场不大，逢会时满设营业小摊和相面、卖药、拉洋片的。

民国十年前后，逢最后一次会，以后便废，径改为学校。

五、眼光娘娘会

九月九，城隍庙大殿后门东侧，逢重九有眼光娘娘会。

眼光娘娘，又称眼光明目元君、眼王奶奶、眼光圣母，是道教神话传说中的女神，东岳泰山有其道场。眼光娘娘形象经常出现在民间传说之中，是一位专职负责医治民众眼疾的女仙，手托着一只大眼，象征明目去眼疾，是道教中的重要女仙之一。佛教信众多称其为"眼光菩萨"。

因九数为阳，二九相值，取光明之意，是以于此日逢会，妇女、儿童以及患眼疾的多来参会，赶会的情况略同于六月十五日的痘神会，较之稍显热闹。不再赘述。

第四节 冬 季

一、腊八会

冬季庙会甚少。腊月初八，平时所谓"腊祭"，城隍庙有烧香者，虽说逢会，但人不太多，卖物者也少，会只一天便匆匆而过。寺、庵均有会，信佛者多来烧香。各佛寺庵堂多煮粥分送施主，以博得更多布施，并诵经除邪祟。

二、城隍封印会

十二月二十为城隍"封印"日，白天有会，人多忙年，来烧香者较少，但是日起，道士每晚诵经至除夕前一日方止。

除夕，由下午四五点起，来城隍庙烧香者渐多，晚饭后变得拥挤，八时至凌晨一时最盛，因为此夜也是民俗上的守岁时间，闲坐家中更容易犯困，不若出来进会。乡间进会的乘夜前来，民间玩意儿彼此接连。

有还愿"进大香"者。还愿人赤膊，两手抱大香高举，香长度五六尺，粗如栲栳，故另有二人左右掖助帮扶。大香火光熊熊，烟似出岫之云，飞走入庙，还愿人在神前叩头无算，叩毕方穿衣。

又有"挂吊香"者。用大针作钩，端系一大盘香，式若现在的蚊香，外圈周围约五十厘米。两盘燃点，用针尖钩端刺透皮肤，挂于两膀的肘前，以两木拐下端支于胯，上端架肘，双臂左右平伸，穿单衣（也有赤膊的），左右也有人扶持，其行缓慢，进正殿后将盘香连钩取下，用叉子挑悬殿梁。然后磕头、上香烛。

又有老年妇女向城隍奶奶献鞋的，等等，盛况与前述者无异。庙内庙外，乞丐甚多。卖汤圆、八宝粥、杏仁茶等挑担者也多，庙外街旁及其他街旁均有炸糖糕、卖热粥者。直到天将明，迎年的爆竹也已经再度炸响，庙内外人方渐稀。

第七章　民俗艺术

民俗艺术首先是艺术，但从其表现方式、表现方法、表现内容、表现特色等看，其特定地域的民间民俗性十分突出。一地有一地的曲调，一地有一地的舞蹈，一地有一地的美术工艺。

真正纯粹的艺术习俗，也许仍是指进行某一活动时既有的工具（道具）、规矩、组织形式、行业黑话等，本章在"戏"一节中特别突出地详细列出这一套规矩，旨在寻求艺术民俗的最佳叙述方式，故不追求整个第七章的文体表现风格的统一。

第一节　民间音乐

一、民歌

徐州现整理出的民歌有近六百首，可分为以下几种。

1. 生活类

生活类民歌极多，代表作有：《四季调》《借锅》《玉壶春》《光棍哭妻》《寡妇自叹》等。

2. 生产类

生产类民歌数量亦很多，代表作有：《闹秋歌》《割韭黄》《搬运号子》《打夯号子》《打场号子》《赶车号子》《推磨队》《摆船》等。

打夯号子（一）

（领）一女贤良，（和）哎呀哈！（领）数孟姜，（和）哎呀哈！

（领）二郎担山，（和）哎呀哈！（领）撵太阳，（和）哎呀哈！

（领）三人结义，（和）哎呀哈！（领）刘关张，（和）哎呀哈！

（领）四马投唐，（和）哎呀哈！（领）小梁王，（和）哎呀哈！

（领）伍员重把，（和）哎呀哈！（领）韶关过，（和）哎呀哈！

（领）镇守边关，（和）哎呀哈！（领）杨六郎，（和）哎呀哈！

……

打夯号子（二）

（领）：十冬来，腊月来，（齐）：哎嗨哟呼嗨哟！

（领）：不怕来，万事难，（齐）：哎嗨哟呼嗨哟！

（领）：不怕来，旱涝来，（齐）：哎嗨哟呼嗨哟！

（领）：人勤来，地生宝，（齐）：哎嗨哟呼嗨哟！

（领）：齐使劲来，（齐）：夯夯嗨哟！

（领）：就怕手懒哪，（齐）：夯夯嗨哟！

（领）：就怕靠天哪，（齐）：夯夯嗨哟！

（领）：人懒哪地生草，（齐）：夯夯嗨哟！

3. 叫卖类（吆喝）

叫卖类民歌也是商业贸易的一种推销和招徕顾客的方式，其代表作有：《卖饺子》《卖药糖》《卖辣汤》《卖花生》《卖花生、蚕豆、麻花》等。

卖辣汤：

（吆喝声）哎！又酸又辣的哎——胡椒的辣汤要吧！又酸又辣的哎——

卖药糖：

（吆喝声）卖糖来！卖药糖那么卖药糖。特勒别的酸，特勒别的凉，开口味我就卖药糖！香蕉橘子、荷凉糖——

4. 爱情类

爱情类民歌主要有：《想郎》《盼郎》《十二月探妹》《会情郎》《送郎》《十二月想郎》等。

如《十二月想郎》：

（唱）：正月里来妆灯节呀，我郎出门儿把家撇呀！

　　　一阵风来一阵雪呀，不知我郎在哪里呀！

223

……

四月里来四月八呀，下来樱桃共黄瓜呀！

大瓜下来一身刺儿呀，小瓜头上一朵花儿呀！

（从正月唱到十二月）

5. 礼俗类

礼俗类民歌主要有：《小拜嘲》《敬酒歌》《送房歌》《哭调》。

如《哭调》：

（唱）：我的娘啊！这样的日子我也没有法过了呀（抽泣）

我的娘，（抽泣）我的娘呃啊啊——

6. 游艺类

游艺类民歌主要有：《放风筝》《绣花灯》《小板凳》《抓石子》《小豆芽》。

如唱《抓石子》：

哎呀里，四李子，开黄花，高底子。

碗对三，三弯弯，骑毛驴，到萧县。

一门廉，穿铜钱儿，爹喝酒，娘斗牌。

哒哒哒，一匹马，马上山，一杠烟。

……

7. 革命历史民歌类

徐州革命历史民歌类主要有：《毛主席》《送陈老总过微山湖》《不忘新四军》《新四军号房子》《入县城》《送郎参军》《抗美援朝小调》……

如《送陈老总过微山湖》歌词：

天上挂满星，微山湖上静，知有亲人来，点火烧茶等。

壶水添又添，茶味正香浓，不见亲人来，只闻湖上风。

船上点起灯，残月挂夜空，忽听芦苇动，来了陈老总。

老总要过湖，延安去见毛泽东。今送老总去，来日破坚冰。

《新四军号房子》歌词：

老大娘，老大爷，请你快开门，

来了抗战的新四军，要住这一村。

咿得呀得喂得喂，要住这一村。

二、民乐

徐州市流行的民乐有三类，曲牌大约有一百三十余种。

唢呐曲：这是一种以唢呐吹奏为主、竹笛为辅并配以民间锣鼓的吹打乐。这一形式在徐州据说已有上千年的历史，吹奏班遍布城乡，红白喜事、逢年过节十分活跃，主要词牌有《得胜令》《八板》《柳叶金》等。

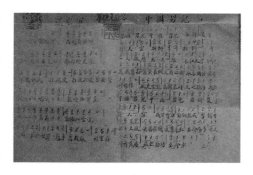

辛亥革命刚成功，徐州传唱的流行歌

民间丝竹牌子曲：主要乐器为二胡、坠胡、扬琴、柳琴等，主要牌子曲有《徐州琴书八板》《满江红》《欢上天》等。

民间锣鼓：这是徐州传统音乐的重要组成部分，它不仅有既定的乐调，还有完整的锣鼓点，可分为大板家伙和小板家伙两种。它和江南的十番锣鼓各成一派，一般6—10人合奏，节奏变化万千，表现力十分宽广，演奏起来也欢腾热闹，振奋人心。鼓点有《十八番》《老虎吃蚂蚱》《巧七点》等。

流传徐州市的民族乐器简表

类　别	乐　器　名　称
吹管乐器	唢呐、竹笛、笙、箫、闷管、篌管等
弹拨乐器	柳琴、琵琶、扬琴、三弦、阮、古筝、古琴等
拉弦乐器	京胡、二胡、板胡、坠胡等
打击乐器	板鼓、堂鼓、扁鼓、大鼓、掌锣、云锣、筛锣、小锣、大锣、中锣、小镲、梆子、竹筒、竹板、檀板等

第二节　民间舞蹈

1983年3月至1985年10月，为编写《中国民间舞蹈集成·江苏卷》，有关方面在全市范围内进行民间舞蹈普查，纵观徐州五县一市境内一百多

225

种民间舞蹈，综合起来可分为三大类：一是祭祀性舞蹈，如枭褒会、旗役会、跳大神、拉地捧鬼、十八罗汉等；二是反映节令习俗的舞蹈，如渔鼓、云牌舞、龙虎斗等；三是群众自娱性的舞蹈，如狮子舞、旱船、花灯队、扑蝶、竹马等。这些流传在民间的舞蹈形式，为人们研究徐州的社会历史、宗教、节令、习俗、民间风情提供了有参考价值的资料。

一、落子舞

落子舞遍布徐淮大地。清康熙三十五年（1696），河北人李声振著《百戏竹枝词》一书中，描绘徐沛地的"霸王鞭"时写道："徐沛伎妇，以竹鞭缀金钱，击之节歌，其曲名《叠断桥》，甚动听，行每覆蓝帕，作首妆。其诗曰：'窄样春衫称细腰，蔚蓝手帕髻云飘，霸王鞭舞金钱落，恼乱徐州叠断桥。'"它生动地描绘了三百年前，徐沛伎妇在北京街头卖艺求生的情景。至今睢、邳、铜各县，还广为流传着"以竹鞭缀金钱"为主要道具的落子舞和十余首《叠断桥》民歌。

关于"霸王鞭"一名的来源，全国各地传说不一。但有一点是共通的，就是由传说中楚霸王项羽作战时常用的武器——"鞭"而得名。徐州古称彭城，原是楚霸王的国都，以徐州为中心的西楚旧地，民众深爱项羽英武盖世，模仿其舞

鞭的英姿，用以抒发自己的威武和勇敢的感情是理所当然的。

落子舞的历史渊源可上溯几代。落子舞又称莲花落、莲花乐，源于唐五代的散花乐，最早为僧侣募化时所唱的宣传佛教教义的警世歌曲。到宋代流传民间，为乞丐乞讨时所唱。

睢宁县古邳乡半山村老艺人卢修田，是玩落子舞的世家，七代先祖从师于本地汤姓艺人。汤姓者是明朝威武将军汤忠（明初名将汤和的第七子）的本族，原属仕宦人家，因遭天灾，家产荡尽，漂流江湖，以玩落子谋生。汤忠死后，葬于古邳乡半戈山西，明嘉靖元年（1522）其元孙汤克宽建石坊于墓前。汤忠死后，皇上赐封，为感圣恩，汤克宽大庆十日，除搭台唱戏外，并邀集民间艺人在半山脚下各展其艺。其中汤姓莲花落演技超群，大受欢迎。汤克宽召见，叙其宗缘，认作本族。

从此，落子舞定居半山村。据此推算，它早于李声振的《百戏竹枝词》一百七十四年，也就是说落子舞在睢、邳一带至少已流传了四百六十年。

几百年来落子舞的兴衰给我们描绘了一幅社会和民俗的长幅画卷。一些老人还可清晰记得，旧社会徐州街头巷尾，经常可以看见打莲花落的求乞者，他们沿街走户乞讨为生。迫于天灾人祸的落子艺人，一边诉说着自己悲惨的遭遇，一边含着眼泪见景生情地编唱些吉利话，以求得人家的施舍。

新中国成立以后，落子舞重新恢复了农村春会的自娱性质。1958

年，睢宁县的落子舞艺人，到首都北京向党中央汇报演出，它再也不是昔日"徐沛伎妇"卖艺求生的手段，而是解放后的劳动人民欢歌起舞于北京的舞台。演出后，周总理亲切接见了演员，并合影留念。

落子舞流传最广的地区要数睢、邳一带。新沂市的炮车乡、铜山县的单集乡也有流传。落子舞在春节前后的"春会"或其他喜庆节日中演出，属于广场舞蹈，演员大多为五人：一人持伞起领舞作用，两人舞霸王鞭（男性），两人打竹板（女性）。舞蹈间歇插唱民间小曲或数板念白。

二、花鼓

在铜山、邳县、丰县、睢宁和徐州市郊区，广为流传着一种土生土长的民间舞蹈——花鼓。舞者男挎鼓，女手持花扇、手帕，在清脆多变的鼓点伴奏下，蹁跹起舞，气氛炽热奔放，形式活泼可喜。自古徐州人民在评述花鼓时，流传着这样几句话："花鼓花鼓，敲锣打鼓，女顶彩球，男挎花鼓，蹦蹦跳跳，有文有武，追根求源，晋朝有祖。"花鼓到底起源于何朝何代，说法不一。徐州博物馆收藏的汉画像石中，可见到击鼓对舞的形象。

三、竹马舞

舞者全为男性，腰系竹扎布糊马形，扮演各种角色，以跑阵式来表现

邳州赵墩竹马

邳州滩上跑竹马

战马驰骋。因马壳是竹篾扎、用布糊而成马形，故名"竹马"。邳县竹马历史悠久，溯其源流，传说不一。据一些史料记载，北宋都城汴京（今开封）及南宋都城临安（今杭州）在欢庆元宵佳节时，舞队中有小儿竹马、踏跷竹马，到了清代，竹马仍繁衍不息。邳县的竹马扮演的人物是金兀术带领妃子出外游猎，和我国其他地区扮演梁山英雄、昭君出塞是不同的。这主要是和当地的历史条件有关，历史上金人曾在邳县滩上乡加口打过仗，这一带有大小土山和湖水，正是围猎的好地方。据《邳州志》载："宋室内渡……下邳入于北者九十余年"，"绍兴十年（1140）韩世忠于加口镇迎击金兵"。金兵主将金兀术转战这一带的历史，成了邳县竹马扮演人物的历史依据。

竹马舞源自古代的儿童游戏，李白《长干行》"郎骑竹马来，绕床弄青梅……"更是千古绝句。

邳县竹马功夫主要表现在跑阵上，只舞不唱，它以变幻莫测的阵势和满场飞奔的热烈气氛令人叹服。其阵式有"一溜长蛇阵""二龙取水阵""四门斗""五虎寻羊""八卦阵""十字梅花"等。其他还有睢宁县的龙虎斗、鲤鱼戏花篮、云牌，邳县的抬阁、假马、大锯缸、旗役会，沛县的云灯、四蟹舞，新沂的七巧灯、地跷等百余种民间舞蹈。每年冬末岁首活跃在广大农村。

民间舞蹈和其他艺术一样，运用特殊的艺术语言，以生动的艺术形象来反映生活，表达人民群众的思想感情。正是在徐州特定的历史、地理环境中，形成它有别于苏南的民俗性和特殊风格，具有刚健、敏捷、朴实、粗犷的风格。

附：徐州市民间舞蹈种类与分布

市区：高跷、旗役会、旱船、抬阁、龙灯、狮子舞、黑驴。

郊区：花鼓、枭裸会、花梆子。

邳县：旱船、竹马、独杆桥、跑驴、花梆子、花鼓、小放牛、西游记、架图、鲤鱼戏花篮、落子舞、花车子、姜老驮姜婆、腰鼓、高跷、狮子舞、大头和尚、五女夸社、武松打虎、假马、扇子舞、龙灯、旗役会、大锯缸、花篮、黑驴。

睢宁：云牌舞、龙虎斗、双龙、花车子、渔鼓、落子舞、扑蝶、狮子舞、花梆子、扇子舞、独脚虎、鲤鱼戏花篮、单龙、高跷、花船、花鼓、跑驴。

沛县：枭裸会、花船、云灯舞、四蟹舞、竹马、狮子舞、跳大舞请孙猴子、花梆子、对棍、八仙骑八怪、大头面具舞、扇子舞、拉地捧鬼、推花车、高跷、龙舞对剑、十八罗汉。

新沂：狮子舞、花梆子、花鼓、河蚌舞、龙灯舞、落子舞、花车子、高跷、旱船、竹马舞、七巧灯。

丰县：龙灯舞、打连厢、狮子舞、独杆桥、旱船、花鼓。

铜山：花鼓、狮子舞、跑驴、十八罗汉、腰鼓、龙灯、板凳舞、落子花船、花梆子、旱船、高跷、旗役会。

第三节　民间曲艺

徐州历来有"曲艺之乡"之称。据文化部门统计，1946—1948 年，徐州城内有书棚、书场八十四家，分散在公园、娱乐场、永安商场、利民市场等处演出。职业曲艺艺人有三百多个，全国曲艺明星小黑姑娘、高元钧、徐玉兰、郭文秋、谭金秋、谭金芳等均曾在徐州搭班演出。

新中国成立以后，曲艺发展时好时坏，至"文化大革命"期间，民间曲艺发展受到了前所未有的破坏。1979 年底至 1980 年初，徐州市文化局对全市曲艺艺人重新进行登记，考核发证。当时发证的有琴书、渔鼓、大鼓、评词、皮影、坠子艺人共二十六人（包括贾汪区）。但是此后仅数年时间，80 年代中期，据统计全市共有民间曲艺艺人一千多名。曲种有琴书、评词、大鼓、相声、快书、三弦、渔鼓、坠子、花鼓、淮海锣鼓，还有杂技魔术。此外尚有唢呐四百余个班、三千余人。

徐州流传的曲种繁多，有扬琴、大鼓、评书、坠子、渔鼓、丁丁腔、皮影等。在这些曲种中，徐州琴书发展最快，影响最大。丁丁腔、渔鼓、皮影、花鼓等在徐州已基本后继无人了。

一、徐州琴书

徐州琴书原名丝弦。"文化大革命"前，街头巷尾、庙会上演唱者多为盲人，故民间又称为"唱瞎腔的"。到清代用扬琴伴奏，又称扬琴。新中国成立后，改名徐州琴书。徐州琴书是在明、清小曲的基础上，由"小曲儿""小唱儿""唱曲儿""唱弦子"经过演变而形成的一个乐曲系、联曲体的曲艺种类。因伴奏乐器均为丝弦（如古筝、琵琶、二胡、三弦、软弓胡琴等）而得名。

民国二十三年，《徐州游览指南》（张奉明主编）则较多地记录了徐州的曲艺及丝弦的活动情况："说书场在奎东巷、张公祠、教场、菜市场等处。种类有大鼓、玉鼓（渔鼓）、评词、丝弦等数种。"由于徐州琴书是徐州地区土生土长的民俗艺术，解放后尤受当地党和政府的重视和支持，也受到广大群众的普遍关心和喜爱。它由地摊搬到舞台，在苏、鲁、豫、皖广大地区影响很大，一个时期内出现了"街头巷尾有琴场，大人小孩都哼哼"的极盛局面。

徐州琴书表演形式多样，有单口唱、对唱、三人坐唱和多人联唱等。唱腔也很丰富，除有凤阳歌（俗称"四句腔"）、垛子板等几种板式外，还有《叠断桥》《剪靛花》《满江红》《上河下河调》《呀儿哟》《银纽丝》等几十个曲牌。

演员可以根据唱词的内容词句格式和条件自由运用,使它的音乐性更加完善和优美。

徐州琴书传统剧目极其丰富,主要书目有《王天宝下苏州》《张廷秀私访队》《李双喜借年》和小段《马前泼水》《猪八戒拱地》《刘二姐算卦》以及参加全国曲艺大奖赛的《王二还家》等。

20世纪徐州琴书的演员中,人才辈出,在各个历史阶段均有其较有影响的代表人物:二三十年代有魏兴岐,三四十年代有杨士喜、张二妮,四五十年代有崔金霞,五六十年代有丁兰英、孙成才,七八十年代有魏云彩等。

1985年底,江苏省文化厅、江苏省曲协确定扬州、苏州、徐州三市文化局联合举办"三州书荟",每年一届。1986年、1987年和1988年按顺序,轮流做东道主。首届"三州书荟"在扬州举行时徐州市代表队共十七人,演员有刘蔚兰、魏云彩、张巧玲、蒋立侠、丁兰英、徐教明、周绍俊、韩兰成、高林生、王勇、孙长龙等。

二、徐州花鼓

徐州花鼓又称"二人鼓""打花鼓""花鼓舞""响花鼓""花鼓小锣"等,原为一人(或二人)多角坐唱或走唱的曲艺形式,在其发展、演变过程中,分别朝着曲艺、戏曲、舞蹈三个艺术门类发展,而成为今日各行独立的曲艺、戏曲、舞蹈。其活动范围以徐州为中心形成东北西南不同流派。

东路花鼓以徐州为中心,又称苏北花鼓。1945年前后,不少花鼓班、社增加了丝竹、管弦及锣鼓伴奏,在形式和内容上都具备了戏曲的特点,不少班、社改为剧团。1948年前,沛县有甄友明花鼓班、轩怀仁花鼓班,铜山有卜庆春花鼓班等。新中国成立后以花鼓唱腔为音乐基调,以花鼓艺人为班底,先后成立了徐州市花鼓剧团、砀山县花鼓剧团、沛县四平调剧团、丰县四平调剧团(1960年改名为徐州专区四平调剧团)等。

花鼓传统的舞蹈节目有《扑蝶》《盘鼓闹妆》《拾棉花》《打蛮船》等;戏曲节目有《吕蒙正赶斋》《高文举赶考》《五香女观花》等;连台本戏有《白玉楼》《孟丽君》《清官记》《巧连珠》等。代表艺人为卜庆春等。

三、徐州大鼓

徐州大鼓,也有人称淮海大鼓。它的形成,各家所见不尽相同。艺人说法有二：一说由山东传入，一说由渔鼓分化而来。它的伴奏乐器只有一面皮鼓和一副铜板，左手打板，右手击鼓。演出时站坐结合，以坐为主。唱腔粗犷高亢，颇具北方曲艺特色。

徐州大鼓的板式有五鼓三板、慢板、垛板等。鼓的套数有《紧急风》《水底鱼》《凤穿牡丹》《凤凰三点头》等，传统书目有《精忠岳飞》《金枪北宋》《水浒传》《三国演义》等数十部。其代表艺员为张朝聘、张家成、郑良怀等。

四、渔鼓

渔鼓又称道情，原为道士宣传教义或歌颂道家思想的乐曲，并用于募化。相传为东汉张道陵始创。唐代有《九真》《承天》道曲，宋代创制了渔鼓。宋、金、元时期，一方面有道士宣讲道义的道情，同时又有文人学士所作的唱词和散曲。到了明代，叙事道情才开始流行。到万历年间，说唱渔鼓者，已由道士变为教童（见《金瓶梅词话》第六十四回），其说唱内容，也由歌颂道家思想转向叙述生活故事。

渔鼓何时传入徐州，至今尚无定见。一说来自河南，一说由南方传入。

渔鼓的伴奏乐器有渔鼓、简板，二者均为击节乐器，不能节制旋律。演出时，左臂抱鼓，右手击鼓，左手打板，配合说唱，均为单档演出，坐唱为主。讲究赶板、夺词，强调对精、气、神的运用。代表唱腔有大含腔、小含腔、阴素调、阳素调等。传统曲目有《韩湘子讨封》《白猿盗桃》等数十部（段）。其代表有朱元才、刘宪松等。

五、丁丁腔

丁丁腔开始称太平歌，据画家宋德安先生调查，丁丁腔是徐州特有的曲艺、戏曲种类，约于1680年前后形成。其活动范围，以微山湖畔的厉湾、季堡、西李一带为中心，又分别朝着邳城、韩庄、柳新三个方向发展。唱腔缠绵抒情、清新明快，颇具水乡特色。伴奏乐器以月琴为主，主要唱腔有：发腔、扫腔、阴韵、花韵等。

第四节　民间戏曲

一、拉魂腔（柳琴戏）

徐州民间戏曲流传最广、最为群众喜闻乐见的，首推"拉魂腔"（今称柳琴戏）。

"拉魂腔"是一个土生土长的地方剧种。它的发展约有二百年的历史，最早形成于鲁南、苏北一带农村，早期多以三五人或七八人的小戏班演出，服装、道具、化妆等都非常简单。民国十年前后，才有一些艺人和班社进入徐州城内，在黄河滩、东夹墙、太山会上打地摊演出。在徐州周围活动的一些拉魂腔班、社组织成为解放后的徐州市柳琴剧团的基础，1953

年分别组成徐州市柳琴一、二团，后合并为徐州市柳琴实验剧团，再升格为江苏省柳琴剧团。

二、梆子戏

徐州民间流传最广的另一戏曲是梆子戏，几乎可以说是人人会唱，人人爱唱。梆子戏最早发源于陕西、山西一带。在向全国传播的过程中，音随地改，逐步形成不同风格。

江苏梆子戏受河南豫剧影响最深。丰县、沛县素有"梆子戏窝"之称。民国二十三年（1934）铜山县图书馆铅印的《徐州游览指南》一书中，有这样记载："土戏即指梆子腔或皮黄而临时搭台上演者，布景简陋，剧艺粗鄙，常与各种江湖杂耍麇集于黄河滩一带演奏，一般无聊之人多喜就之。"到抗日战争胜利后，江苏梆子戏逐步登上舞台演出，如庆乐、民生、天祥等戏院，均为其演出场所，多演蟒靠大戏，剧艺日进。

新中国成立后江苏梆子戏得到进一步的发展，在音乐、舞美、表演等方面日趋完美，以它特有的地方特色，深深扎根于广大劳动人民之中。

三、戏班规矩

1. 班规与俗约

江苏梆子戏班规由各戏班自行制定，条款有多有少，但内容大致相同，艺人都谨慎奉行，如有违犯，轻则扣戏份罚款，重则请出老郎爷神位，当众公布罪状，由打大鼓者进行责打，更甚者，则开除出戏班。有行业班规，有后台规矩：

十大班规

1. 不准偷生挖熟（演戏马虎）；
2. 不准临场推诿（不接受分配的角色）；
3. 不准鱼竿钓鱼（把主要演、职员挖走）；
4. 不准招摇撞骗；

5. 不准夜不归班；

6. 不准两头白面（挑拨离间）；

7. 不准刁拐妇女；

……

××班谨订

出演规矩

1. 开演锣鼓响后，全体演角必须到齐候场。

2. 不许从台上向下窥视，或用眼神与观众暗打招呼。

3. 开锣前，文武场各种乐器不得发出声音。

4. 演角上妆前，不准试戴盔头等，特别是红胡须，犯忌讳。

5. 后台不准大声喧哗，刀枪把子一律入架。

6. 不准随便拿"彩娃子"（老郎爷像）。

7. 未经允许，中途不得跳班，更不许私自开小差。

8. 不许笑场、起哄、骂台、错投家门。

9. 不许酒后上场，不许把个人恩怨带到台上。

10. 司鼓坐处，旁人不得擅坐，堂鼓更不许乱击。

11. 座位：旦角坐一箱，红脸、小生坐二箱，其他人坐中箱，小丑可随便坐。

××班谨订

2. 三通锣鼓

旧时每场开演前，照例有打三通锣鼓的规矩，即"打闹台"。一为招徕观众，二为戏班做临场准备。迄今，仍采用此形式。头二通是用武场的吹奏乐，吹吉祥的曲牌，如《得胜令》等。每通之间，停息片刻。第一通的点子可以随意为之，

戏楼

旁人也可以代击，一般都是慢节奏。此时后台的演员不管是主角还是龙

套，都要到齐。第二通为"响通"，场面上人以全堂打击乐演奏。这时，所有的人要各就各位，做好演出的一切准备。然后由后台管事人传话司鼓，开始演奏第三通，即"吹台"，节奏快速，一遍比一遍急，告诉观众马上开了。假如有的演员尚未扮好戏，打鼓佬在吹奏曲牌后，再打"战场"锣鼓，直到管事的告诉一切齐全了才开戏。

3. 打加官

旧时正戏开场前的一种戴面具的舞蹈节目。特别是演敬神戏，戏前必加演打加官。一般由老生或小生扮演加官，戴青相貌，穿红蟒，围玉带，蹬粉靴，手端牙笏，嘴咬喜神面具笑面壳，在鼓乐声中做出各种象征性动作。加官又分单出头和三出头两种，三出头加官演三出神戏，单出头加官只演第一出。第一出是加官，其程序是先送加官礼（由钱、酒、糖、果之类组成）、放鞭炮，头戴脸子、身穿官衣、手拿写有不同字样的精致缎幅条子的加官上场，给打大锣的作揖，边跳边展开加官条子，出现"天官赐福"，再一层是"指日高升"，第三层是"荣华富贵"之类吉祥话。过程中只有打击乐器伴奏。第二出是封相，即苏秦游说六国，由饰加官的演员扮演。第三出拜堂，由封相中的报读官改饰小生吕蒙正，中状元后回府拜堂成亲，一般有四人登场，按人物身份装扮，有对白和唱，即小登科。伴奏乐器是笛子，唱笛戏，在笛声中结束。打加官唱的是昆曲。

打加官时，有的演员扮成八仙等，从台上走到神棚，要走在地上，俗称"落地加官"。

4. 踩头场

开戏前，为稳住观众，由一官扮须生上场，哼引子，念四句诗，唱大段前三皇后五帝之类固定的戏词。有文头场、武头场两种，大多为文头场。后台喊场"马前"，马上停止演唱，便开演正戏。

5. 写水牌（出牙笏）

后台有事暗示，即由掌班或报单的将事由写于牙笏上，竖于后台，晓喻众人。如无此条件，则由报单的在后台口头宣布，当日无戏未到后台者，或于剧场或戏班宿舍看"水牌"，或互相转告，误场、耽误事者则按班规处分。

6. 敬神

每逢农历初一、十五上午，将两大碗熟猪肉（上面各插一双筷子），供奉在后台老郎爷和三官爷桌（即服装与化妆桌）前面，焚香，开戏前全体艺人向其磕头，谓之小敬神。每年农历除夕晚上，艺人在后台祀祭老郎爷和三官爷（分别用一木棒披上黄蟒皮与黑蟒皮制成，挂在墙上）。老郎爷的牌位上写着"唐明皇之神位"，两旁的对联是"金枝玉叶梨园主，龙生凤养帝王家"，三官爷神位两旁的对联是"天官地官水三官，弟兄三人三圣贤"。神位外侧再挂几身蟒靠，表示是听差的。旦角艺人穿戴新戏装从除夕夜至初一早晨轮流守护两旁，此谓"守龙棚"，香火一直不断。大年初一早晨，全体艺人到齐，由技艺最高的生角唱三出头加官戏，然后掌班的率领大家一齐焚烧黄表纸、跪地向神位磕头，祈神灵保佑。然后，众艺人向掌班的磕头，掌班的撒给大家一些压岁钱，大家再互相祝贺、拜年。此谓大敬神。

7. 迎神

农历除夕下半夜，即初一凌晨约四点钟，掌班率领全体艺人（留两三个看家的），悄悄离开驻地朝村庄外田野走去。二衣箱（一般是教武戏的教师）提着用长袍裹着的马灯走在前面，随后是敲梆子的，端着香盘子，手持鞭炮和黄表纸，再后是大衣箱，年轻艺人、老年击乐器的乐队和掌班走在最后面。路上，遇到了物，二衣箱大喊一声"遭事"！亮出马灯点起火，即迎到"神"了。然后向后转，返回驻地。留守看家的人员焚香、烧纸列队迎神。手捧老郎爷神位放置在洁净的大衣箱上，掌班的烧香磕头，全体艺人依次下跪磕头，掌班的一边磕头一边祷告："把您老人家迎来，请保佑我们戏班老少平安，一顺百顺，大发财源！"祷告毕，再往神位前的香炉里插放散发着檀木香味的香火，终日不断。路上遇到的"神"不同，说法也不同，如果遇到的猪，就是好兆头，预示着戏班在新一年里演出稳定，不离窝，不用东奔西跑；若是遇到兔子，就不吉利了，预示着演戏要跑得快稳不住窝，到处奔波。

8. 送财神

旧时戏班在某地演出时，逢农历大年初一和正月十五，便给当地的商号或乡绅送财神。有文、武两位，武财神是赵公明，头戴黑盔黑髯，开花脸，扎黑靠，脚蹬黑色高底靴，手持疙瘩鞭；文财神头戴金雕，身穿红蟒，一手持假面具，一手抱笏板。戏班敲锣打鼓来到商号或家宅，武财神挥手持疙瘩鞭挥舞一通，意为驱鬼避邪，文财神跳加官，展示写着吉利话的加官条，同时高喊："送财神来了！"商贾或居家要燃烧鞭炮相迎，还要送上礼金表示酬谢。也有自己主动邀请戏班来送财神的。

9. 见面礼

人初次进入一个戏班当客或打炮，要由"入相"门进后场，双手抱拳打拱道："老少师傅们都辛苦，发财！发财！"后台人与之招呼，喊场："有客！"箱管扔过垫子，便拜老郎爷神位，再向在场的人磕头。然后从"出将"门走到前场，给前场的人拱手磕头，说："前后的老少师傅们都辛苦！"并走到戏台中间给全体磕头，遇到比自己年龄大又相识的还要单独磕头。如果欲串戏演出，化好装、穿过衣服后要先给大衣箱磕头，再给后场磕头，在登台亮相前，还要给司鼓、乐队磕头，请多担待。这第一次见面礼，艺人如系年幼者，均需磕头，如系年长者，可以作揖。第一次去伙房吃饭，要给炊事员磕头，叫谢扰。

10. 封箱

反串戏演后，大家都准备过年了。负责管理服装道具的"大衣箱"，用写着"封箱大吉"的红纸条把戏箱封上，等到初一开箱时再启封。即使只有短短几天也要有这个，与开箱时同样要上灵官，跳加官，给祖师爷行礼，再贴封。时至今日，虽然不封箱了，但不少剧团仍在农历除夕前的夜戏之后，齐聚到舞台上，摆上几个大桌子，喝酒吃团圆饭，尽欢而散。

11. 开箱

每年农历初一举行"开箱"仪式，先上四个灵官，手持灵官鞭在没铺台毯的舞台上跳完灵官后，检场在台中摆个铁盆，盆内有钱粮纸马，一把火引着，四灵官每人用长竿挑着鞭炮燃放。此时奏起"急急风"，撤盆，灵官下场。上两个童儿，扫干净台上的鞭炮纸，放台毯。再上加官，边跳边展开"恭贺新喜"等条幅，下场。掌班和管事的上，把下联交给台下的掌柜，再给灵官、加官、财神、童子发红纸封"彩钱"，此时掌柜的将对联贴在剧场后排的两根柱子上，掌班的高喊："开戏喽！"一年的演出就宣布开始了。

12. 拜杆子

科班开办时，学生先拜老师，磕头，再拜放在桌上或靠在墙上的白楝杆子，磕头。这是老师给学生来个下马威，叫学生好好练功学戏，不然就要挨杆子揍。新中国成立后废除。

13. 满堂红

一个学徒犯了错误，全体学徒都要趴在地上，两腿伸直，教师用白楝子逐个打屁股，谓之打满堂红。也有的科班，教师每天晚上都责打学生一

239

遍，表现好的三杆子轻打，表现差的重打。旧时科班，一般是三年出师，俗称打戏，经常挨打，打死打伤概不负责，管主都是有钱有势者，学徒多系穷人家的孩子。有的学徒为免皮肉受苦，挨打前，往往偷偷地在屁股上绑一双皮鞋底。

14. 犯众恶

旧时戏班中，违犯班规严重的，掌班的就令打梆子的在戏台上挂幔子，请来老郎爷神，打大锣的拿来白楝子杆，让重打犯规者屁股。有的打后还要扣股账罚款，再严重的就除名。凡被除名者，再想搭别的班也难了。犯规轻者，惩罚也轻。例如没有请假，私自离开戏班，或无故骂人，要处以"全捶"（与"满堂红"相反，让全戏班里的人都上来捶他一顿）。

15. 搭班季节

旧时演员在春、秋两季农历的四月十五和十一月十五可以自由搭班组合，平时不得随意流动。江苏梆子戏演员中有句俗谚："搭班是一季，娶媳妇是一辈。"当时演员把一年分成两个季，要搭班就得干完一季，不能中途退出，这是一条很严格的规定，好比婚姻那样严肃。入班这天的收入平均分配，俗称为"摸小辫"。

16. 反串戏

腊月二十七、二十八两天，戏班准备过年了，唱年终的最后一场戏时为了欢乐一下，各行当的演员来一个反常的大变换，不唱本工，而唱其他工，例如演生行的演旦行，演旦行的改演脸子。有时也采取抓阄的办法分配角色，使演员和观众都感觉有趣好玩。

17. 压轴戏

过去的戏比较松散，一出大戏往往有几十小场，常由几场戏做轴心，大多是前三场有一个"小轴子"，中间又有"中轴子"，倒数第二场为"压轴戏"，唱、做、念、打俱备，文、武并重，最后一出为"大轴戏"，或嬉笑团圆，或大开大打。

18. 垫戏

最初在农村草台演出，从中午吃饭一直演到晚上掌灯前，演完一出再演一出，第二、第三、中轴和大轴都是武戏。如果遇上演员临时没来，需要垫出戏等他，这时就由后台管事的根据人员情况确定唱什么、由谁来唱，一般都是唱文戏。到了20世纪三四十年代，进入剧场演出，为了等齐观众，也在正戏演出之前，垫一出折子戏。新中国成立后，为配合各种运动、宣传时事政治，也往往在正剧之前，加演新编的小型现代戏或清唱。

19. 戏单

江苏梆子戏进入戏园演出后，开始是在戏台前的台柱上写张红纸条，后来改用木刻毛边纸印制，再后又改为铅印，对每一个剧目、主要演员都有简单介绍。20 世纪三四十年代，就发展成了演出说明书。

20. 分账发薪

旧时戏班的全部收入，每月除去税金、场租、伙食及其他开支，由掌班的抽取 20% 外，余款先付给演员身钱（也叫身价钱），再按全班人员总份数算出每份金额，然后按照各人份数（即股账），发付薪饷。每人的身钱和股账数额，开始搭班时便由管主与艺人议定妥了。新中国初期，除国营剧团外，仍沿用股账分配旧规，直至剧团全部改为全民所有制或集体所有制后，才开始改为固定等级工资。20 世纪 80 年代初期，一些实行承包责任制的团（队），为打破"大锅饭"，又采取了基本工资加分红的分配制度。

21. 送礼

戏班新到一处演出，报单人（多由主要演员担任）总要带上用很精致讲究的盒子装着的茶叶和糕点，拿着戏折去拜见当地会首和名人，请他们点戏并送上礼物。实际上会首和名人不收礼，倒是戏班去向他们要点小礼钱，其中的茶叶钱归报单的所有，单钱按规定分配。新中国成立后，演出剧目由场（院）、团两家协商，剧团也不送礼了。

22. 破台子

戏班新到一地，头场戏开演前，由花脸拿一只公鸡，把鸡头咬掉，绕戏台洒滴鸡血，以为可以避邪，俗称为破台子。

23. 行话

老郎爷——梨园的祖师，徐州的戏班称为唐明皇。

马前——唱快点儿，时间快到了，可挡去点戏。

慢点儿——后台尚未化妆好或没准备好，加点戏。

九龙口——司鼓的座位。

凉胡子——指外行人。

高楼儿——指在台上唱戏的。

下处——指演员宿舍。

看下处的——指炊事员。

搁死葫——演出时忘了台词，答不上来。

盲场——演员在演出时提前上场。

误场——演员在演出时上场晚了。

笑场——演员在演出时不该笑时笑了。

扒戏——演员演出时忘词、唱错、说错。

冷君子——当兵的。

冷霸子——地痞流泯，当地恶霸。

掌班的——戏班负责人。

外角门儿——剧中的男角色。

里角门儿——戏中的女角色，也叫小门头。

坤生——女扮演小生。

硬乐——指打击乐。

软乐——吹奏、拉弦、弹拨乐。

坐板凳头儿——不化妆在地摊唱戏。

放快——没用行话说了犯忌的话。

演出的名目和作用分类：

庙会戏——在庙会上唱的戏。

神戏——演出带神灵的戏。

启会戏——某地想启大会，当招人，特请戏班演出贺会。又名"启集戏"。

庆寿戏——为庆寿而演出的戏，某剧目多为《天台山》《赵颜求寿》。

还福戏——结婚、升迁等喜庆时所唱，其剧目多为《五福全》《全家福》《天台山》等。

还愿戏——为病人或办丧事乞求神灵相助，目的达到后，唱戏还愿。

赔礼戏——为向人道歉而唱的戏，其剧目多为《青龙阵》。

求降戏——为求神降雨而请戏班演出的戏。

谢降戏——久旱降喜雨，为谢神灵而唱。

立碑戏——为人立碑时所唱的戏。

白头戏——死人后，为其出殡而唱的戏。其剧目多为《后楚国》（《伍大郎哭爹》）。

堂会戏——把戏班请到家中演出。

第五节　民间美术

徐州民间美术，历史悠久，源远流长，技艺精湛，琳琅满目，植根于千家万户，始终和人民群众的生产、生活紧密相连。千百年来，这簇簇绚丽的艺术之花，开遍在这块古老的土地上，点缀着这座历史文化名城，使之更加娇艳多姿。在过去、现在、将来都显示着它的重要社会价值。在改革、开放、搞活的形势下，适应对内对外文化交流和旅游事业的发展，民间美术是一片蕴藏丰富、具有广泛开发潜力的沃土。

徐州民间美术，多姿多态，遍及城乡，广为流传的有：农民画、儿童画、剪纸、面塑、风筝、彩灯、泥玩具、木玩具、糖人、糖人贡、木雕、石刻、刺绣、纸扎、皮影、织锦、草编、柳编以及蓝印花布和木板年画等三十多个品种。全市有民间美术艺人三千多人，其中技艺较好的有五百余人。他们创作的各种民间美术品，由于具有较强的地区特色，故而始终受到人们的喜爱。

一、剪纸艺术

有两种，一种为主题性剪纸，以反映现实生活为主，内容涉及周围生活的方方面面，如耕种、收获、编织、养殖、运输、建筑之类，也有历史故事、民间传说、戏剧人物等。邳县民间剪纸最为丰富

多彩。另一种为装饰性剪纸，如鞋花、鞋垫花、窗花、顶棚花、盆花、枕花、帐花等，内容多为吉祥如意，如双喜、龙凤、鸳鸯戏水、喜鹊登门等。

二、面塑艺术

以各色糯米面捏制的面人，多为《西游记》《红楼梦》《水浒传》《白蛇传》等戏曲中人物。铜山县黄集乡、何桥乡面塑艺人的技艺较高。最为突出的有李开元、宗世友两门民间面塑艺人，他们长期在西安唐城宾馆，为外国友人捏制面人，受到国际友人的赞赏，把徐州面塑之花撒遍世界各地。

三、糖人贡

这种民间工艺，是用白糖熬化浇灌于模具中，经凝固而成。糖人贡的品种有天神、寿星、三仙（福禄寿）、寿桃、石榴、城楼、龙凤、鸡、鱼、马、狮等。糖人贡的模具用梨木刻成，刻工精细、造型各异。其

上品加以精致的装潢，作为贡品进京上贡，一般则作为逢年过节时敬"天地君亲师"的供品或做丧葬礼仪的祭品。

四、风筝工艺

全市城乡民间风筝活动历来盛行，各类风筝造型美观、扎工精细，有动物、人物、工具、建筑等二百多个品种。民间风筝活动已成为徐州市人民春游的重要内容，有的区、县、局单位每年春季举办风筝比赛，盛况可观。

五、石刻工艺

市属铜山汉王乡盛产青石、大理石、汉白玉石，睢宁县官山乡盛产黑

大理石。这两个乡石料资源丰富，有传统的石刻技艺，被誉为石刻之乡。主要石刻品种有人物、动物、碑刻、建筑装饰以及家具台面等。

六、刺绣工艺

民间手工刺绣，遍及全市城乡，品种有鞋花、鞋垫花、枕花、帐花、围嘴花、肚兜花、帽花、襟花等。

七、香荷包

香荷包，徐州又叫"香蛤蟆"，是民间传统工艺品之一，佩戴上可作装饰之用，真正的作用在于驱邪避毒。在徐州，每逢端午节前上市，五毒老爷庙会期间最多。家中手巧的女子也可以自己做，唯香料要请老中医指导。彼时已入夏，天气渐渐炎热，妇女、儿童戴了以为可以祛病。

香荷包的款式有虎头、蟾、如意、元宝等。用彩丝缠好，下坠彩珠。

八、布玩具、木玩具和泥玩具

主要为儿童玩具。布玩具有布老虎、布娃娃、香荷包和春公鸡等；木玩具有刀、枪、剑、戟、花棒槌、兔子推月车以及飞燕击鼓车等；泥玩具以泥娃娃为主，另有泥公鸡、泥雀、泥猴等。农村不少村镇仍继承这种传统的民间美术。

九、版画、印花布

木版年画和蓝印花布，历来为人民喜爱，只是目前在城乡仅可能收集到蓝印花布和旧的木版年画和木版、蓝印花布版。这些民间美术技艺已濒于失传。

十、邳县农民画

邳县农民画，起步于20世纪50年代初期。解放了的邳县农民，带着翻身的喜悦，以极大的热情，拿起画笔描绘苏北农村的新生活。画壁画的活动在邳县各个乡迅速传播开来，一时形成"乡乡村村有壁画，家家户户画满墙"的可喜局面。这一新生事物立即引起国内艺术家的青睐和新闻出版界的重视。《人民日报》头版报道："邳县第一个实现了壁画县。"刊印邳县农民画的专集，一册接着一册。从此，邳县被誉为"农民画之乡"。

邳县农民画，50年代中期萌发于沸腾的农村生活。三十年来，始终是农民歌颂生活、抒发美好愿望、鞭挞落后现象的艺术表现手段。初期的作品，多半浪漫主义色彩较浓，刚从"三座大山"下解放出来做了主人的农民群众，经历了自然灾害，迎来第一个丰收年景，有种说不出来的喜悦，激动地拿起画笔来抒发内心的衷情。但由于文化水平的限制，心里怎么想就怎么画：见饲养员克扣饲料，就创作了《老黄牛告状》；见玉米丰收，棵秆长得高，就创作了《飞机闯断玉米秆》；见群众性的造肥运动蓬勃开展，就创作了《孙悟空难过火焰山》之类的画。这些作品触动了干部群众，也惊动了华君武、王朝闻等全国闻名的专家，他们来到邳县，留下佳话。

60年代初，邳县农民遵照周恩来同志"坚持生产、坚持业余、扩大队伍"的三点指示，一手拿锹，一手拿笔，在坚持业余创作的同时，开始有组织地发生横向联系。在绘画技术上，开始吸收专业美术工作者那种讲求比例、结构、设色、构图方面的技巧，用写实的手法反映他们周围的生活。当时影响面较大的《评膘会》，乃是一幅农村风情画，还有那《早晨一片黄，下晚一片绿》，也是一幅深受欢迎的抢收抢种图。1963—1964年，美协江苏分会和上海分会，先后在江苏省美术馆和上海美术馆举办了"邳县农民画展"，一百多幅具有浓郁生活气息和多种绘画形式的农民画，赢得了观众的普遍赞扬。

邳县农民画家长期生活在农村，整天和泥土打交道，农村的生产劳动样样他们都很熟悉。农民画内容有农业生产、家庭生活、集市贸易、绿化造林、婚姻嫁娶、文化娱乐、田园风光等。这些千变万化的生活，奠定了农民画创作的基础，丰富了农民艺术美的内涵。他们的画，也流露了自己善良乐观的情绪及对美好生活的向往，反映了他们的追求和智慧。他们的

画没有框框和模式，从构图到设色都是那样自然，犹如大地任其耕耘那样气派和自由、那样天真烂漫和淳朴。

1988 年是邳县开展农民画活动整整三十年。7 月间在北京中国美术馆展出的"邳县农民画展"，一两天内观众达三万多人次。首都观众和美术界的前辈、专家、知名人士以及许多外国朋友观看了展览并给予很高的评价。

第八章　游艺竞技

儿童游戏、体育竞技、乡土棋等，这其实是社会生活中民俗传承最质朴、最自然而又最率真可亲的活动事项。其中，有许多东西仍值得今天的社会学家、民间文艺家、民俗学家以及教师们认真研究。

徐州儿童的游戏中的"指天星、过天河"游戏，"跑竹马灯"一类的竞技，笔者以为可以认真借鉴，这对培养孩子们的想象力、创造力和表现力必将有极大的好处。也许，在将来的某一天，徐州的这一民俗活动要在新的天地里展示出徐州民俗风情的特殊魅力。

第一节　儿童游戏

一、调龙尾

一队孩子竖排，每人牵着前面人的后衣襟，一个在前拉着排头的手，一个在排头的对面，双方成对峙状，对唱。

拉手的唱："卖，卖，卖锁来！"

对峙的唱："什么锁？"

"金花琉璃锁。"

"什么开？"

"钥匙并个柳条开。"

"开不开？"

"上南街。"

"南街有您什么亲？"

"有俺叔伯老丈人。"

"姓什么？"

"姓潘。"

"攀个莲花俺看看。"

（以下转为"攀莲花"）

排头与拉手者拉手，高高举起。

对峙者："你的城门有多高？"

拉手者："一丈二尺高。"

"进去城，走一遭，街上去瞧瞧！"

遂从手下钻过，至最后牵前人衣为"龙尾"。

此时排头一人为"龙头"，原来拉他手的离开队，转过头来成为对峙者，试图去捉"龙尾"，"龙头"伸展两臂阻拦。双方左右窜跑，"龙尾"左右躲闪，龙身齐动，谓之"调龙尾"。

调龙尾游戏，其实是组合性游戏，其中的"攀莲花"可以独立成另一种女童游戏，叫作"搭戏台"。或者说，如果转向下一种，则游戏已经变了，"调龙尾"等于后面游戏的引子。

这种组合式，是儿童游戏的一大特点，下不单述。

二、点木鹅

一个小孩坐着，众儿童各用一只手的手指捏住他的衣襟，他一个个地指着唱："点、点木鹅，阿、阿弥陀，羊吃草，马过河，青布、蓝布、砂糖、火烧，有盐吃点，没有盐，走路！"

坐童喊"走路"时被指点到的儿童，松开手离队，站到一边。

然后反复再点，最后剩下二人，点者则唱："一张纸，两张纸，逮住谁，屙稀屎。"

话说完被指点着的，算是被逮住了。坐童站起，将被逮住的儿童眼蒙上，转入"藏蒙蒙"游戏。儿童们各自分藏，藏好后，放他逮之，藏者视隙跑出，摸摸点者，为收"老姆家"，如逮着另一人，则被逮者捉，即捉迷藏游戏。

249

三、挑人赛跑

靠墙站着一排儿童，另有甲乙两名儿童为甲、乙队长，二人用猜拳（剪子、包包、锤）方式决胜负，赢者先在儿童中挑一人作为自己的队员，乙随后也挑一人。挑选的方法是指着靠墙的儿童念词："叮叮当当，元庙烧香，大肚小肠，骨咚一枪。"

念一字点一下，念至最后一个"枪"字时，点到谁，谁就出来。挑完后，甲乙分立在队前对唱。

甲唱："张伯亮（也有讹唱成"张百让"的），扛大刀，你的人马尽俺挑。"

乙唱："你挑谁？"

甲唱："挑归我，摘了帽子喊我哥。"

甲遂在乙队中拉出一人。

下面由乙方挑人，唱法相同，唱罢在甲队拉一人。

双方组队后，排两队进行集体接力赛跑，最后胜者多的为赢。重新排队，胜者轮当甲乙。

……

四、撩手绢

参加撩手绢游戏的，蹲成一圆圈，一人拿手绢在背后转，并指点蹲的人的头，说："浇，浇花来，清早浇花鲜灵灵，晌午浇花死公公，第大的，第二的，死了埋在空地里，一瓢水，一瓢麦，浇得鲜花冽冽瓣。"蹲着的举手。再说："一瓢水，一瓢油，浇得鲜花抱着头！"众都抱头。在转着唱的时候，偷将手绢丢在一人背后，转到此人身后，在肩上拍一下便跑，被拍的拾取手绢即追，追及，将手绢仍交还，持手绢的再做一遍；追不及，丢帕的跑到追者的空处蹲下，遂由追者丢手绢。

五、指天星、过天河

又名指星过月。众儿童排队，甲乙二童分别先后，按人指点排队者，唱："叮叮当当，元庙烧香，大肚小肠，骨咚一枪。"被"枪"着的分排甲乙二队，如果最后剩下一个，则将年龄最小的出队闲看，名为"瞎公鸡"。甲到乙队蒙一人眼，甲队中各人由队首起分别出队过，指天的，甲则指与被蒙眼的说："指星一过。"第二人装瘸，甲则说："瘸子一过。""抱头的一过。""蹦跳的一过。"……甲队则按原来的秩序站好，甲回本队，说："俺的月老娘来打头，逮那个抱头的。（或者别的动作的，只许一人）"被蒙的即到甲队寻找，众童均拍手乱呼。逮对时被逮的遂归乙队，错时，逮人的归于甲队。然后乙也如上动作，蒙甲队人眼。最后某队比原来的人数多为赢，人数少的为输。游戏时，儿童们多极尽想象，千姿百态，妙不可言。

六、捉蜻蜓

夏季前后河边处，一到傍晚，群儿手持短竿，系一雌蜻蜓（身有麻点，较大）来回甩动，以引雄蜻蜓，唱着："青丝（蜻蜓呼为青丝）来乎来来，来乎来来，来乎悠悠，那边有猫这边有蚊，青丝你的回头，压压血母（称雌蜻蜓），哟！你个青丝。"雄蜻蜓来，落在雌蜻蜓上，小孩持竿急旋转数圈，就地上捕之可得，如是红蜻蜓来，则唱："红尿罐（均为此称），打火烧腚瓣。"则舞长竹竿击之，多有损伤，不似"青丝"能易得全躯。（唱时拖着长声）

七、指弹

三四个儿童一起，互伸手，嘴里还"咻"地作响，看里所伸，以分胜负，胜者为"头将、二将、三将……"。所伸的分"剪子"（伸食指中指）、"包袱"（伸掌）、"锤"（伸拳）。剪子剪包袱，包袱包锤，锤砸剪子，循环制约。胜负定后，各出蚕豆或花生仁若干粒，"头将"合并撒之，在两粒中间用小指空划一道，示以彼此相对，捏拇指中指弹之，打中对方，遂收起，如一粒打中亦下交。弹时唱："一弹弹，二指棉，三支锅，四陀螺，五打马，六葫芦，七打鳖窝窝。"其余的弹时，均如此唱。

八、包烟

两个儿童，一站一坐，坐者脱一只鞋，站者持着打其脚掌，遂说："扫帚婆（蚱蜢）去包烟，包不来，打三千，三千万，万三千，问你包烟不包烟，包烟不？"被打的说"包"便不打。说"不包"就再打。彼此互打作为游戏。

九、剁刀

儿童持一刀头，在地上轻划，说："剁一剁二连三倒，蚂蚱跟个蛐子跑，蛐子腚上四两肉，不多不少整十六。"所划之痕正十六道，其他儿童亦划，有不足十六或超过者，则罚打"扫帚婆"。

十、骑竹马

儿童拿根竹竿放胯下骑着，东跑西跑，嘴里唱："马儿马儿真正好，跟我南北东西跑，一日能行千里路，不喝水也不吃草。"

街巷中的孩子们，往往有大点的孩子，胯下竹竿当马，手持芦苇竿（打身上不疼）作刀，互相冲撞砍杀。

正月十五上元节，有人做了竹马灯，儿童前面拴马头灯，腰后吊马尾灯，晚间走在路上，仿佛骑马在游街，很是抢眼。但谨防跑马灯被火点燃，以免酿成灾（当时与被调查者一起聊，如果做成电池灯，肯定大放异彩）。

十一、求雨戏

农历夏间天常旱，官府有时到南关大王庙降香求雨，儿童们也聚合一起模仿求雨。一个凳子反放着，两根长棍绑左右，前后都绑了横棍架在肩上，凳内一小的关帝泥像，凳顶覆以柳枝，像前炉里还燃着香。二人抬着，其余的人前后拥护，都戴柳枝编的圆圈。大家错错落落地唱："黑的风，白的雨，小孩出来心欢喜，大雨下到漫地里，小雨下到庄里田。不求天，不求地，单求龙王老爷喘口气，龙王老爷一张嘴，满天满地都是水，龙王老爷一跺脚，满天满地都是雪。"

十二、赶黄鼠狼

儿童排成队站好，另一童装扮成黄鼠狼，大声唱道："白菜疙瘩白个小，昔囵珀早为人抱，人呐，人呐，响一黄鼠狼拉一个就跑。"众齐喊"熬——吃！熬——吃！赶下来（"熬吃"，徐州一带驱赶家禽、牲畜时常用的语声词，似乎另有杀伐、恫吓的含义在）。"

十三、挤轧（yǎ）油

冬天一群儿童背靠墙站着队，左右互相向中挤，被挤出队者，便跑到一边排尾再参加挤别人，挤时一齐拍手唱："挤轧油，包扁食，刺刺玩玩怪好吃。"或唱："挤轧油的队长（cháng），挤出去的没有娘"，"挤挤挤，你挤我，我挤你，冻得乱打战，一挤就出汗"，"挤得好，挤得妙，使劲挤，别挤掉。"

十四、踢板脚

儿童数个排坐着，直伸腿，脚向上叠起。另一童站起用脚轻踢大家抬起的脚，边踢边唱："踢，踢板脚，板，板山脚，亚里葫芦踢莴苣（读为jué）。莴苣南，好种田，莴苣北，种荞麦，荞麦开花二百八，耕耕，界界，跑马，卖解，麦疙瘩，黄疙瘩，不知前边是哪家？"

被踢着者即答："是官家。"

问："谁的楼？"

答："官小姐的梳妆楼。"

"楼不好，打倒再重盖！"

将叠着的脚踢下来。再喝再踢，均如此皆踢完，齐说："盖新楼啦！"重把脚叠起，踢着喝："盖的新楼高又高，小姐绣花在楼上，俺在楼下来吹箫，做个两口有多好。"喝完入队坐下，另换人踢。

十五、对花名

两女童对坐，甲童右掌拍乙童左掌，乙则用右掌拍甲左掌。

甲唱问："俺拍一，你对一，什么开花叶儿稀？"

乙唱答："你拍一，俺对一，蜡梅开花叶儿稀。"

问："俺拍两，你对两，什么出土节节长？"

答："你拍两，俺对两，竹子出土节节长。"（如果不唱"两"而唱"二"，则唱问："什么开花黄金垂？"唱答："迎春开花黄金垂。"）

问："俺拍三，你对三，什么开花叶儿尖？"

答："你拍三，俺对三，鸡草子（风仙）开花叶儿尖。"

问："俺拍四，你对四，什么开花一包刺？"

答："你拍四，俺对四，黄瓜开花一包刺。"

问："俺拍五，你对五，什么开花红似火？"

答："你拍五，俺对五，石榴开花红似火。"

问："俺拍六，你对六，什么开花河里头？"

答："你拍六，俺对六，莲蓬开花河里头。"

问："俺拍七，你对七，什么开花把头低？"

答："你拍七，俺对七，金钟开花把头低。"

问："俺拍八，你对八，什么开花像合巴（包）？"

答："你拍八，俺对八，秋海棠开花像合巴。"

问："俺拍九，你对九，什么开花在重九？"

答："你拍九，俺对九，菊花开花在重九。"

问："俺拍十，你对十，什么开花一般齐？"

答："你拍十，俺对十，石竹子开花一般齐。"

问："十一月，对花名，什么开花月月红？"

答："十一月，花有名，月季开花月月红。"

问："十二月，到一年，什么开花屋里边？"

答："十二月，到一年，屋中开的西番莲，叶又大，花又鲜，年年岁岁保平安。"

往下二童如前相拍，歌唱则变节奏与音调。

甲唱问："春天什么花放清香？夏天什么花风送香？秋天什么花金丹香？冬天什么花雪里香？"

乙唱答："春天兰花有清香，夏天荷花风送香，秋天是桂花香，冬天雪里梅花香。"二人合唱："一年四季有花香，唱渴了，俺回家里喝口汤。"

以上为完整对唱。唱罢结束散开。

十六、斗鸡（斗拐）

斗鸡是两人在划定的圆圈内，各将一腿屈膝盘于裆前，一手搬住脚脖，一手扶于大腿，膝峰向前。另一腿自然直立支撑身体。用单腿蹦跳步法，运载身体和膝峰进行攻守。攻则用顶、掸、撅、压、砸、拐等战术，守则用躲闪的战术。两人虽以膝相搏，但对斗起来，形似两鸡斗架，故俗称"斗鸡"。又名斗拐。斗鸡是徐州民间广泛流行的一项活动。它不要器械和特殊的场地，简便易行，所以深受人们特别是儿童的喜爱。

斗鸡以把对方挤出圈外或使对方的盘膝之腿落地而为胜利。双方均被挤出圈外，或双方的盘膝之腿同时落地则为平局。可将参加者分两队，每队各出一人组成一对进行比赛或若干人组成若干对同时比赛，以队员获胜多者为胜。

斗鸡可使腿部肌肉发达，增强腿部耐久力和膝部的硬度，提高身体的平衡性能，还能增强神经系统的协调能力，改善体内的血液循环以御冷抗寒。

十七、砍圈

地上画一方框为"圈"，距圈前五六步或更远画一线，两端画竖线档头，名为"杠"，数童各出铜圆一或二枚，累放框中，执铜饼（较铜圆为厚大）或当五十文之铜圆，向"杠"掷之，以不出竖线而离"杠"近者为"头将"，以下顺序排之。童将铜饼反回掷，打框中铜圆，打出框者遂为所得，以后之童，可打框中钱，也可打"闲将"之铜饼，打中饼者框中所有均为所得，名曰"砍圈"，既是游戏，又是赌赛。

十八、蹦钱

参加游戏的儿童各执一铜圆，贴放在砖、石墙上同一高度，松手看钱下蹦滚动，以较远近，远者站原地拾起铜钱来，瞄准近者的铜钱投掷，击中，再打；不中，则由下一童击次者，往复行之，亦赌输赢。（注：砍圈、蹦钱，戏者多为十余岁之儿童。幼童砍圈、蹦钱，后均以卷烟盒画片代替。）

十九、打腊枝

打腊枝是冬季徐州城乡儿童都喜爱的、一种用长树棒击短棒令其飞远的游戏。从民俗的角度看，打腊枝源于一项古老的、源于狩猎生产的游戏——击壤，相传远在帝尧时代已经出现，距今至少有四千年的历史。先秦有《壤父歌》。东汉刘熙的《释名》中讲道："击壤，野老之戏。"晋人皇甫谧《高士传》记述此故事"帝尧之世，天下太和，百姓无事。壤父年八十余而击壤于道中，观者曰：'大哉！帝之德也。'壤父曰：'吾日出而作，日入而息，凿井而饮，耕田而食，帝何德于我哉！'"

徐州城中，民国时期，称此种游戏为"打梭"，概因三寸木两头尖尖，形状很像"梭子"。近几十年来也已改称为"腊板"，新中国成立后至今，已改称"腊枝"。这是因为打腊枝游戏由于需要场地大，多是在腊月场地空闲时进行，"木二寸"也罢，"三寸"也罢，都是用树枝去皮做成，故名为"打腊枝"。

徐州腊枝是取一大拇指粗的坚韧树枝两头削尖而成。再取一握把粗、半臂长的木棍为腊枝棍。将腊枝放在地上，用手中的腊枝棍下捶腊枝的一端，使其蹦起，再用腊枝棍迅速将其横向打出。使之飞远是游戏采用比赛的方法，可以个人对抗，也可以成队比赛。

个人比赛是在地上画一方城，先打者将腊枝从城内击远，对方跑去拾起向城内丢。丢不进时，先打者将腊枝击远，根据离城的远近，打方要尺数。假若要尺量过超过实距，或对方将腊枝丢进了城内，就进行交换。对方照此打法要尺。谁的尺寸先达到预定尺寸，谁为赢方；没达到尺寸者为输方，便要受罚的。方法是：赢方将腊枝放在城内击出，输方从城内拖长音呼"卯"，跑去拾腊枝，夹在膝窝中，用单脚跳回，将腊枝放在城内。呼"卯"时，如中间断声，或带回的腊枝没有放进城内，便要再次受罚。

二十、缠绳

一长绳，两端各有数童挽之，彼此围绕对方互跑，视某端跑得快，快者之绳，渐渐缠绕慢者，越缠越紧，被缠者挤得叫喊，缠者一齐猛松，被缠者则一团倒地，相互笑乐。

二十一、转圈

两童对面拉手，曲其一手臂于乙童脖后，原地转圈，对唱。

甲童唱："打，打石榴，二人上山抬石头，山路弯，转着圈，你累没？"

乙童："我累啦！"

"别累着，叮当，换一个。"将新曲的手臂放下，换另一只。唱着朝相反方向转，后二人互换。儿童原地自转。

唱："转，转悠悠，小孩勒个花兜兜。"

转晕了倒地，唱："转倒了，一窝小狗抢了（liao）了！"晕时跄踉抓扶持物，唱："扶着人，能成神"，"扶着墙，变个羊"，"扶溜地，好放屁"，"跌倒，吃个枣"等。

二十二、踢瓦

在地上画并排方框六至十个，众童立方框前，以瓦片向框的前端掷出，距前端方框线近者为"头将"，以次下推。"头将"先踢，站框右方外，直身掷瓦框内，曲一足，用另一脚踢瓦，使出前方，再掷踢第二框。第三、第四毕，则掷踢左边四框，右边者，踢时由下向上，左边则由上向下，每框均踢着向前，曲足不得落地，瓦片不得压线，否则即算"毁"，下一童接踢。新画之框均踢过，择一框画"×"线于框内，谓之"盖屋"，再踢时可在此框落脚稍息，别人踢时，瓦片须穿框过，不得落入，谓之"独"。每一框为屋一间，盖间数多者为胜。

踢瓦早在徐州各县乡村也很流行，道路上，谷场上，校园里到处可见踢瓦场地的印迹。农村踢瓦是在空地上画出场地，将瓦片砸成圆形，用独脚跳踢，瓦和脚不得踏线，也不能双脚落地，否则停踢进行交换。比赛方法是：将瓦片丢进第一城内，用脚跳踢一遍之后，再丢进第二城、第三城……第七城跳踢。所有城都踢完者，可以"盖屋"。"盖屋"就是背朝城将瓦片过头向城内丢，丢进哪个城就为"屋"。再踢时，可在"盖屋"的城内双脚落地休息片刻。将"屋"盖满所有的城者为胜。

踢瓦可以使下肢得到锻炼，能增强身体平衡性能和神经系统的协调能力。踢瓦不仅适宜儿童锻炼，对于中青年也很适宜，妇女踢之更为有益。

二十三、拾籽子

徐州一带拾籽子活动，最迟清朝时期就已流行。此种游戏系女童为之，数女童据一案，籽子是用布缝之圆兜，内实砂粒，或以木、黏土制作成小圆蛋、小长方块等，也有捡取山上之圆块砂石。

拾籽子游戏每人五枚，以"凹"法分先后。所谓"凹"，即将五子掷起以手背承接，接后再掷起，用掌心向下"凹"收之，收多者居先。

拾籽子时，从"对"起，"对"即"一"，下即二四六八，拾双不拾单数，拾的秩序分三层，第一，先拾一次拾三个，再拾一个；第二，各拾二个；第三，各拾一个，拾前撒出四子，一子在握，称之"天头"。掷起，抓撒出之子后，将"天头"接住，再撒拾下次。

拾籽子要唱与数字相关的歌谣，随拾随唱："……俺的四，李子，李子开花看六子。……俺的八，金八合银八，插花描云看打家。"接着便是

"打家"。把四个子摆成方形，掷天头，逐一拾之，掌心向上收者，名"接打家"，向下收者，名"坎打家"。

多者至十次，也伴以唱：

俺的一，小燕飞，飞江南，到江西。

俺的两，革命党，革命军，种海棠。

俺的三，牛角弯，老佛爷，在西天。

俺的四，四季子，梳油头，用篦子。

俺的五，小五叔，搬板头，唱花鼓。

俺的六，小六舅，买来鱼，又买肉。

俺的七，上家西，大婶家，艳抱窝。

俺的八，月季花，采朵花，头上插。

俺的九，麻花肘，瞧亲戚，看朋友。

俺的十，都打齐，打锣鼓，扛大旗。

十遍完了，便拾"搏"，"搏"是左手为勺式伸于案上，右手掷上"天头"后，用手"搏"一子，入左手内。"搏"完则是"接"，先拾三子，一一掷起，左手接之，再拾二子，次一子。左手接子后，亦掷起，右手接之，遂放案上，再拾他子，"天头"不得落地。"接"完，便是"地窟"，左手掌心向下，拇食二指塞掩，成洞式，右手"搏"子入窟。完后则为"天窟"，左手攒拳成碗形，拾得之子，用左手承之，使落碗内，然后，四个子连续掷起，右手接之。拾后，再拾"双打家"，掷"天头"拾起一子后，二子并掷，再拾，三子并掷……或"接"或"坎"，各子均不得落地，遍数不完。右手遂接遂掷，再接者方得用左手接，四子都在左手，遂连续一一掷起，右手再接，放于案上。五个子上下乱飞，双手不以挽花，眼逐子动，手随眼动，看姿既美且巧。"双打家"完，即为"鸡犯（谐音）蛋"（产卵），将四个子排一行，掷"天头"从右拾一子，再掷，拾第二子时，将第一子放置原处，第三、第四均为此，仍须排列整齐，秩序不乱。遍数临时确定，并唱："鸡犯蛋，犯几遍，犯一遍……"二遍、三遍同此，最后唱"……收鸡蛋（儿）"，则一把顺着均握入手。游戏方算完了。看"搏""接""地窟""天窟""双打家"等，均有唱。有时唱戏曲人物，如："一坎坎儿，龙打碗儿，龙打龙，小罗成……"

徐州农村的女孩子也很喜爱拾籽子活动，所玩籽子系布缝或砖（石）砸成小块，呈球状，大如核桃，五个一副。玩时席地而坐，将腿分开，籽子放在裆前。开始时，一把将五子抓起，放四抛一，拾四接一成五。

城南农村拾籽子先唱："老疙瘩，一把抓，拾来了。"接着，放四抛一，拾三接一成四，边唱："老把三，坐清官。"再接着放四抛一拾二接成三，边唱："老把对，拾来了。"再开始拾"平接"，是放三抛二各手接一，依照抛二接成二，抛二接成三，放三抛二各接一，连续拾十次。"十拾歌"的唱词如下：

俺贪一，燕儿飞，屋檐底下穿花衣。

俺贪两，两长长，一百八十俺撵上。

俺贪三，三弯弯，骑着毛驴要烟钱（一说"到萧县"。萧县是徐州最近的属县，距离距徐州二十五公里，1955 年划归安徽省。在曾经的脚行里，"骑毛驴，到萧县"是一句大实话）。

俺贪四，四节季，割了麦子糟稷子。

俺贪五，他五叔，走黑路，买烟土。

俺贪六，六圆圆，瓦屋没有楼好看。

俺贪七，狼拉鸡，鸡没拉。

俺贪八，海棠花，海棠柳（此处调查时即是如此歌韵，也许倒过来更合适）。

俺贪九，九九来，阴雨天补口袋。

俺贪十，不拾它，拾个小鞋插兰花。

再拾"小卡"是放三、抛二右手接一，左手卡一。依照抛二卡成二，卡成三，放三抛二卡成一，连续卡十次，边唱"十拾歌"。再拾"双卡"（也称"大卡"）即放三抛二，两手各卡成一依照抛二各卡成二卡成三，放三抛二各卡成一连续十次，边唱"十拾歌"。再拾"小传"即一手轮抛传递三子，另一手接、放，再拾"大传"，即一手传递四子，另一手接、放。均边做边唱"十拾歌"。做完一套为"一年"。在拾籽子中，若有拾不来者，则进行交换。下次再拾时接前下拾，最后以拾"年"多者为胜。

拾籽子可使手指动作灵敏、准确、协调。

拾籽子游戏，最迟 50 年代前后的小学女生都会玩，唱词多变。民间故事与戏曲人物事迹居多。

二十四、藏蒙蒙

众童背手蹲一圆圈，圈内一童蒙眼，圈外一童持物绕圈转，随转随唱："背背马儿,马儿不吃河边草,单打青菜园里跑,大马背小马,小马背樱桃,樱桃结果一串红,拿着果子别吱声。"遂将所持物递与一童藏之。圈内童去眼上巾,逮藏物者,逮得,被逮者蒙眼,逮者圈外传物,原传物者,蹲被逮童处。如逮非其童,仍旧再逮。

"藏蒙蒙"在农村开展较为普遍。活动方式是一人裹目,在划定区域内捉摸他人。集体玩时,是把数人均分为两队,定一物(或树)为"家",一队看"家",另一队在划定区域内藏起来,让看"家"队的部分队员去找,若被看"家"队员找到打着头顶,便为"死"了,成为看"家"队的队员,直至所有队员被捉为止。这时两队交换,继续进行。

藏蒙蒙,也称捉迷藏,相传源自唐代宫廷游戏。《致虚阁杂俎》:"唐明皇与玉真恒于皎月之下,以锦帕裹目。在方丈之间互相捉戏,谓之捉迷藏。"

二十五、摔洼屋

摔洼屋(一说"瓦窝",但方言"瓦"是徐州第三声,相当于普通话的第二声,而游戏中这里读音是第四声,即去声),在徐州男童中盛行。民谣说:"月入五,树下和泥摔洼屋。"

摔洼屋是将红土(黏性很大,早前徐州家家烧炉子,用红土掺碎炭和水,晒作炭块,大街小巷多有拉车卖红土的)块捏成钵盂状,底薄帮厚,开口朝下,用力向地面猛摔,使洼屋内产生较大的气压,将底冲破,发出爆竹似的响声。两人玩时,摔后各自从自己的泥中拿出一部分,补上对方屋底部的破洞。这样谁摔的洼屋底的破洞大,谁赢得泥就多。

捏洼屋时还兴唱:"东庄上,西庄上,看我的洼屋响不响,我的洼屋要不响,都来打我的光脊梁。"

或者有应和式快板唱法:

摔者唱:"洼屋洼屋响不?"

同游戏者唱:"不响。"

"到家挨(读音 yɑi)嚷不?"

"不挨。"

"挨嚷算谁的?"

"算我的。"

捏洼屋者此时用力往地上摔,"嘭"的一声,只求摔出大大的破洞来换的对方的泥土。玩够了用泥土自己捏成各种玩具，妙趣横生，深受儿童喜爱。

二十六、杀羊羔

杀羊羔活动在徐州城乡都很流行。

玩时从参加者中选出一人做"屠夫"，一人做"老羊"，"老羊"站在排头，其余站在"老羊"的后面成一路纵队作为"羊羔"，两手搭在前面人的肩上或抱住腰部。"屠夫"站在"老羊"前面约两米处。游戏开始后，屠夫先唱："磨、磨、磨刀来。"老羊："磨刀干什么？"屠夫："杀你的羊。"老羊："俺羊怎么得罪你？"屠夫："你的羊吃了俺二斗秫秫二斗麦。"老羊："赶明儿个还你。"屠夫："不行！"老羊："不行怎么办？"屠夫："杀你的羊。"老羊："不行！"屠夫："不行我就逮。"老羊："你敢？"这时"屠夫"便设法捕捉"老羊"后面的"羊羔"，"老羊"设法阻挡保护"羊羔"，"屠夫"若用手触着"羊羔"即为捉到或称"杀死"。进行中若"羊羔"脱节，则暂停，重新搭好后，再继续进行。

杀"羊羔"游戏玩起来躲躲闪闪、追追赶赶、激烈热闹，颇受儿童喜爱。

二十七、耍撇

耍撇又名打水漂，是一种水上的技巧性游戏，玩时站在岸边，用力将薄石片或瓦片贴着水面向远处漂，在水面上击起串串水花，煞是好看。徐州的男孩子们爱结队于池塘边、河边进行打水漂比赛。

比赛规定，参加者各选石片或瓦片五块（也有十块的），最后以水花个数累计算分，多者为胜，负者被罚立定跳五次（或十次）。

打水漂比赛都自发的，没有成绩记录，但是打水漂的高手倒是有的，据说丰县赵庄镇有个叫齐天水的人，就是以打水漂出了名。曾有人给他数过，他最多时打出一串五十三个水花，长达四十余米。可见他的臂力、技术、角度掌握配合之巧妙，人们都叫他"水上漂"。

二十八、打跪砖

数童各取一砖立放，某童放，即以代表某童，所放并排而稍留距离，前方亦画一"杠"（即横线），两端堵竖短线，诸童持半头砖向"杠"掷之。距"杠"近者先回打，用半头砖击立砖，击中立砖倒，引砖代表某童者，某则出队跪于砖侧，击者则将砖扶置原处，后之童击之，如中是砖，跪者即起，谓之"得救"，如中他砖，则另童亦与先者同跪，有跪只剩一人者，此一人，再一一击之，中某某起，不中者仍跪。

新中国成立后，打跪砖的活动渐渐衍变，不再有跪地者，其玩法为：竖在地上的砖分别命名"头领"（司令）、"鼻子""耳朵""腮帮""后脑勺""胳膊""顶门杠"等，砖的数字比参加游戏的儿童数少一个（命名花样视人数多少可增可减），众人击倒砖后，各自按自己所打的砖的名称揪拧着未能打倒砖者的相应部位，在"司令"的指挥下，朝某个方向走数十步再回来，每走一步，大家便在自揪着的部位拧一下，任"顶门杠"者则双手扶被罚儿童的双肩，走一步，抬膝朝受罚者的屁股顶一下。

二十九、贴锅饼

贴锅饼是活动性游戏，长期以来徐州各县城乡均有开展，同时也成为学生课余游戏之定。

玩时，参加者每两人前后成对，面向圆心站成一个双层圆圈，每对前后距离一小步，左右间隔一至二步。再选出二人，一为追者，一为逃者。追者可在圆圈内外追赶逃者，以手触拍到逃者身体任何部位即为追上，追者与逃者即要互换角色。逃者不得进入圈内，但可利用站双层圆圈上的人做障碍，来躲闪追者的触拍。如要摆脱追者，则可进入内圈，面向圆心站在任何一对成员的前面，即为安全。此时三人重叠的一组中，最外层人便成为逃者，游戏继续进行。

三十、打陀螺

陀螺为木制，上大下小，重量及大小无规定，另配一鞭（尺余，木、竹棒头上系一细绳）。玩时先将鞭绳顺时针方向绕陀螺上，左手扶陀螺于地上，右手持棒一端向外抽动，使陀螺旋转，继以鞭抽之，使旋转不休，谓之打陀螺。另外还有拉拉牛，将竹子削成钱眼大小的方柱体，把铜钱套在方柱体上，成为拉牛托体，再用竹子削成一细长轴，穿入竹筒孔内便成。玩时将绳子绕缠在竹筒方体上，一手把住细轴，另一手住后拉绳子，当绳拉完拉牛转时，将拉牛放在平整地面上旋转，亦称"捻捻转"。

明刘侗、于奕正《帝京景物略》记有"杨柳儿活，抽陀螺"的歌谣。

徐州城乡儿童普遍喜爱打陀螺，陀螺大多自己刻制，百货店玩具柜和个体小摊上也有出售。

三十一、播麦糠

一女童，两手捏着衣襟，随走随播，唱："播，播麦糠，一播播到王家庄，不吃王嬷饭，不喝王嬷酒，单问老王嬷要只小巴狗。老王嬷，把您的小狗给我一条好不好？"一女童装王嬷说："小狗还没睁眼！""用热粥泡泡！"王嬷身后幼童数个，一齐"汪汪"叫，女童说："狗咬人，不要了！"吓跑。女孩再唱播一遍，对话后"王嬷"便将身后的儿童作为小狗送给女孩，"小狗"便拉着女童的后衣襟，随其身后一起边唱边播。再问王嬷要小狗，王嬷一般反问："不是给过你了么？"女童便撒谎或说"到河边洗衣服，小狗不小心掉小河里淹死了"，或说"到马路上被车轧死了"。王嬷再反诘："你身后是什么？"女童便道："是草，一打就倒。"转身做个打的姿势，身后"小狗们"一起蹲下。王嬷再给女童一个小狗，反复下去，一直把王嬷身边的小狗都要完为止。

也有的要完小狗后，由王嬷扮屠夫玩"杀羊"。老羊可以选两个小童站左右，一边一个作为小羊角，互相拉着手，一起阻止屠夫杀羊。

三十二、鹰逮兔

以石路为界，路两边泥土地为兔窟，一童在石路上为鹰，众童由土路跑为兔，鹰逮之，逮住，被逮者为鹰。兔童跑时，看着鹰唱："鹰逮兔，鹰逮兔，逮不住，鹰饿肚"，"兔子跑，鹰来赶（读作 duàn），跑进窟，看不见"，"瞎鹰瞎鹰，逮不着兔子，扑个瞎空，饿得肚子生疼"。

三十三、斗海啦蹦

用纸折成独角或二只角、三只角的"海啦蹦"状。海啦蹦，语义不明。海蚌？嗨蹦？似乎后一种更贴近。嗨蹦——用方言来解释就是一个劲地蹦跳。值得注意的是，三角的形状，很像徐州出土神像的"冠"。

游戏时，将叠好的海啦蹦平放在桌上，以角指向对方，俯下身子双方用力吹自己的海啦蹦，两只海啦蹦便会蹦跳着朝对方扑去，以用角顶翻对方为赢。

第二节 体育竞技

一、踢毽子

毽子，故称"蹀""鞬子"，古文献中多有记载。"蹀"一般认为是战国时期蹴鞠游戏演化来的。据文物考证，汉代画像砖上已有踢毽者的形象，照此推断，踢毽子最晚也起源于两千年前的汉代。到了南北朝，人们已经能够熟练、巧妙地踢毽子了。唐代释道宣《高僧传》记载："沙门慧光年立十二，在天街井栏上，反踢蹀，一连五百，众人喧竞异而观之。佛陀因见怪曰：此小儿世戏有工。"（卷二《习禅·魏嵩岳少林寺天竺僧佛陀传》）蹀就是毽子，反踢就是用脚外侧踢，也叫"拐"，反踢五百下，可见脚上功夫。踢毽子甚至影响了少林寺武功，少林寺僧曾把踢毽子作为一项练武的辅助功。

唐宋时，踢毽子更加风行，技巧也更高超。《事物纪原》记载："今时小儿以铅锡为钱，装以鸡羽，呼为鞬子，三五成群走踢，有里外廉、拖枪、耸膝、凸肚、佛顶珠、剪刀、拐子各色……"可知此时踢毽子有边跑边踢之法，且不光用脚踢，还用膝、腹、头耍弄毽子，"耸膝""凸肚""佛顶珠"即是。

宋代，由于踢毽子的人多，还产生了以卖毽子为生的小商业。南宋词人周密写的笔记《武林旧事》卷六"小经纪"条，列举了首都临安城（杭州）里经营各种玩具的小商业，如风筝、粘竿、毽子、鹁鸽铃、象棋、弹弓等，并指明："每一事率数十人，各专藉以为衣食之地。"也是在这时，"毽子"的名称终于定格。

明清时代，踢毽子更为普及。相传隋朝丰县人张可随父去中原经商，将踢毽子技艺带回家乡，继之在徐州城乡传开。清代徐州西关有个"毽子王"，能踢几十套花样，左右拐子能踢几千个不坠。

今人制作毽子，是用布或皮裹缝铜钱为毽托，毽托的一面缝一截鹅翎简，简内插入五颜六色的鸡毛。

毽子的踢法颇多，有盘（以脚内侧踢）、拐（以脚外侧踢）、进（以脚面踢）、蹦（跳起踢）、捣（以大腿踢）、赐（脚面停毽）等基本踢法，还有抽、跳、环、剪、跷、踊、提、提进、提踢、提踢进、佛顶珠、猴子摇头等花样踢法。以上踢法还可编排出各花套，用以游戏和比赛。

初学踢毽子的，都是"掇五踢一"，即用手先掇五个，然后用脚踢一个，数时则做五个就算十个，再用手接着掇起，以下皆如此。

技艺高的，另有猴下山（毽子"试"落在脚面上，甩起，屈膝，以大腿承之，甩起，仍落脚上，再踢，再试，再甩腿上）、甩鼻梁（踢后试于脚上，甩高，以脸承之，毽子落脸上后，甩下，再踢，再甩，再以脸接，如此反复踢接）等。

徐州城中儿童毽子游戏，最典型的是喝卯，踢毽子赌赛时，不论哪种形式，输了都要"喝卯"，也就是等于受罚。胜者将毽子远远踢出或跳起由背后打出，负者则口喝"卯"字长音，跑去将毽子拾回，递与胜者，须一气来回，不得换气，否则重喝，视责者所输多少，有从一"卯"喝至三四"卯"者。

"喝卯"的另一种说法叫"嗨卯"。"嗨卯"游戏法是在数人中抽出一人"喂卯"（把毽子扔给"嗨卯"的人），嗨卯人将毽子使劲向前踢去，叫作"嗨"。下面的人都纵起身来抢这只毽子，谁抢着了，谁就接替"嗨卯"，原"嗨卯"人就下来"喂卯"。

"递踢"游戏法是数人围成一个圆圈，将一只毽子轮流传递着踢，脚法大都用"盘"，间或来一个"跳"。

毽子作为民间体育竞技，比赛的形式多样，有单个对手赛、集体轮换、分组赛、踢"过河"（在场子中央画一宽约一米的河，两队各站一边，一队先将毽子踢过"河"，对方需在毽子落地前或第一次着地反弹起时，将毽子踢回对方，如此循环往复，一方未能将毽子踢回对方区域者即失一分，以十分为一局，采用三胜制，称为踢"过河毽"）。

随着踢毽活动的普及和提高，在学校里踢毽活动已逐渐变成为毽球运动。

二、爬绳

爬绳又名爬杆，原为古代作战及登攀手段。《后汉书·南匈奴列传》中载：汉军曾"绳索相悬，上通天山，大破乌桓"。后传于民间，常用以攀山渡河。

爬绳是将绳或杆一头悬于高处，一头垂下，手足并用或仅用双手沿绳或杆由下攀缘而上。手足并用的爬法为：双手握绳，直臂悬垂，然后收腹屈腿夹绳两腿伸直两臂配合屈缩引体上升。双手爬法是：双手握绳双腿悬空，双臂用力向上引体，然后借助惯性，双手及时交替向上换握，使身体不断上升。

三、跳绳

古代叫作"飞百索""跳索"。汉代画像石上的跳绳图，证明至迟在汉代已经有了跳绳活动。南朝梁代宗懔《荆楚岁时记》中有"飞百索"的记载："正月十六日，群儿以长索丈许，两儿对牵，飞摆不定，若百索然。群儿乘其动时轮跳，以能过者为胜。"这就是古代的集体"跳大绳"游戏。清《有益游戏图说》记载："用六尺许麻绳，手执两端，使由头上回转于足下，且转且跃，此游戏是谓绳飞。"这里"绳飞"就是单人跳绳了。

徐州有民谣说："月入七，扯根红芋秧儿，玩绳飞。"这是盛夏。但成书于明代的《金瓶梅》第十八回这样描写：西门庆由外面回家，"刚下马进仪门，只见吴月娘、孟玉楼、潘金莲并西门大姐四个，在前厅天井内月下跳马索儿耍子"，就是在"七月中旬"。

跳绳有短绳、长绳之分。短绳可以单人跳和双人跳，长绳则集体跳。跳法有前甩、后甩、前交叉甩、后交叉甩、多人跳双绳、双摇飞、多摇飞、计时跳绳、集体八字编花等。徐州民间常见跳法如下：

"跳大绳"，二童牵一长绳各一头，甩成弧形圈，绳打地时，旁一童跑入，从绳上跳过，跑东跑西，旋转跳，唱着："一跳金，二跳银，跳个鲤鱼跳龙门。跳到后，跳到前，跳不过去不要钱。"跳不过去，即去甩绳，另换一童跳，跳的数多者为胜，引谓之"跳大绳"。

"蹦绳"，即一人单跳，徐州谓之"蹦绳"。一童持一绳两端，自甩自跳，唱："跳着玩，跳出汗，不敢冷，不打战，跳起来，不吃饭，跳成千，跳成万。"随甩随跳，如果数童赌赛，即先空数目，二百、三百……，随跳随数，先达数者为胜。

其他种类又有：向后甩，倒着跳，跑着跳，在地上画一位置不得越界的"原地跳"，转着圈地跳，等等。此谓之"跳小绳"。也有一脚独跳的，叫"咯噔跳"。跳小绳又可带人，即一童正跳着，另一童瞬间跑入，与跳者对面二人齐跳。跑入的人甚至此时可以原地转着跳。

跳绳不仅适合儿童锻炼，中年人也适宜。双摇飞、多摇飞等多是成人能达到的技艺。

四、拔河

拔河活动历史悠久。早在春秋战国时期，就有拔河这项活动，称为"钩强"或"牵钩"，后演变为荆楚一带民间流行的"施钩之戏"。《墨子·鲁问》中有较为详细的记载："昔者，楚人与越人舟战于江。楚人顺流而进，迎流而退；见利而进，见不利则其退难。越人迎流而进，顺流而退，见利而进，见不利则其退速。越人因此若势，亟败楚人。公输子自鲁南游楚焉，焉始为舟战之器，作为钩强之备。退者钩之，进者强之。量其钩强之长，而制为之兵。楚之兵节，越之兵不节，楚人因此若势，亟败越人。"这里的"牵钩之戏"，实际上是当时配合水战的一种军事技能。

后来，楚国的这项水军"教战"项目，逐渐普及到民间，广为流传。南朝梁宗懔所撰《荆楚岁时记》称，立春之日，"为施钩之戏，以绠作篾缆，相冒绵亘数里，鸣鼓牵之"。施钩即牵钩。特别是临水地区的各水乡渔村，渔民们仿效"钩强"制作成类似近代带有"挽子"的篙，作为驶船的工具。与此同时，有的地区还把这项军体运动变成一项民间的体育娱乐活动，形成一种习俗，每逢佳节就用牵钩之戏来进行庆贺。

再以后，"牵钩"称为"扯绳"。训练士兵，模仿水运拖船的背纤动作，在一条大篾缆上系数百个小索相向对挽，以练气力。

最初，拔河传进徐州时是两人各持一带钩的木棍，将钩相挂，或者两人各抓绳子的一头，双方同时用力拉，较量两人力的大小。再以后才有人数相等的两队各持长绳的一端，绳中系一标记，在画有中线和"界河"的场地上听令后双方同时用力拉，把标记拉过本队"河界"的队为胜。

拔河运动不仅能够锻炼臂力、腿力、腰腹及全身肌肉的力量，促进肺、心脏机能的增强，同时也可以培养齐心协力的集体主义精神。比赛场面热烈，新中国成立后，工、农、商、学、兵界常开展此项活动。

五、打牤牛

徐州所谓打牤牛，就是抖空竹。打牤牛的名称源于空竹转动以后发出的声响。

牤牛（空竹）起源之说还存有很大争议：一说三国时期曹植就曾作过一首《空竹赋》，如果这算是有关空竹最早的记录，那它的历史至少有一千七百年了。一般认为，空竹源于明代的"空钟"。明代人刘侗、于奕正在《帝京景物略·春场》中记述"杨柳儿活，抽陀螺。杨柳儿青，放空钟"的童谣，还记述了空竹的制作方法及玩法。

徐州牸牛（空竹）两端为立体正圆形，周圈各有孔数个，有五响、七响、九响不等，视空竹的大小而空。两圆体中间嵌一轴，轴为蜂腰。打时用十短杆，前端系一绳，绕轴蜂腰，提起，一上一下，渐打渐快，空竹之孔，为转速风吹，响声喔喔，渐响渐大。有善打者，乘其正转，猛地抛向空中，落下时，以绳承之，继续再打；或者趁抛起时，转身再接打，转着团圈打，偏一只腿打，身前一杆，身后一杆，骑马式打，种类甚多。空竹所发之"嗡嗡"声，既清幽又达远，不独儿童爱玩，成人也爱玩。

徐州又有"地牸牛"，也是用竹制成，一圆筒，上下垂直，圆面较小，筒周有孔四至六个，中有一竹棍为芯，芯与圆面连接处有台，圆筒下之台上大下尖，如陀螺式，用鞭抽之在地上旋转，孔发响声，似空竹而小。恰与明代的记载略同。

六、扔沙包

扔沙包在徐州民间开展较为普遍。沙包也称沙袋，用布缝制而成，内盛沙子或豆子等细粒状物，分为方形和圆形两种。重量均视练者需要而定。练法颇多，有扔接练习法，包括自扔自接、两人互相扔接和集体扔接。扔接在徐州所流传的动作有：体前扔接、转身扔接、背箭式扔接、翻身扔接、举腿扔接、穿裆扔接、腋下扔接、换手转身扔接、背后换手扔接等。沙包游戏法有多种，一种同毽子游戏，另一种同踢瓦游戏。

值得推崇的是扔沙包游戏。将参加游戏的人分为两组，扔沙包的一组分两股占场地两端，躲沙包一组站场地中央。两头扔沙包的轮流砸中间躲沙包的人，如被砸中则退下。游戏中的另一个规矩是，如果躲沙包的人接住沙包，则多一条命，可以复活一人。如此进行下去，直到躲沙包的人全部退下，两组人互换，游戏重新开始。特别适合锻炼儿童身手的敏捷性。

七、斗马

斗马是一种斗勇的民俗体育活动。有二人者即一人做马，另一人为将骑在"马"的脖子上，有三人者即一人做马头，另一人弯腰用双手抱住"马头"作马身，第三人为将骑在"马身"上。

斗马时，两马冲在一起，马上之将双手立即扑到一起，力争将对方摔到马下，做"将"者有技艺的，可将身体后仰下腰，而双手却死死揪住对方（将的双腿被"马"死死抱住，不必担心摔下来），若对方无折下腰能力，必力怯而输，若双方技巧相当，则全在"马"的拉力强弱及行动方向技巧了。斗马可混斗，即三四个将骑在马上互攻，厮杀在一起时，犹如古代沙场上的斗将，极为壮观。稍一不慎，可数马连将一齐摔倒。

斗马时为防出危险，多选在沙土地，如能在沙堆上则更佳。

八、武术

武术在中国历史悠久，没有文字以前，人类争战、狩猎时个人表现的搏斗方式，其实就是原始的武术。文字出现，"止戈为武"，则是指的武事（军事），而不是武（搏斗）术了。

徐州出土的汉墓画像石中，有许多出猎图、兵器对练图、杂技表演图，表现了贵族欣赏健武娱乐的生活。

南北朝时期，以平民"博徒"出身的徐州人刘裕，率师北伐，收复失地。七百年后的南宋词人辛弃疾曾在词中赞叹："人道寄奴（刘裕的字）曾住。想当年，金戈铁马，气吞万里如虎。"气吞万里如虎表现了徐州人尚武的英雄气概。

后世武术按特点有武当、少林为代表的内家、外家之分，所谓"内练一口气，外练筋骨皮"是也。无论内家、外家，均有器械和拳术两大类。而每一门类中又有众多的或以地名、组织名，或以姓氏（大名家）为名的众多武术流派。

据体育部门不完全统计，徐州民间的武术拳种有数十种之多，优秀地方拳种以北派少林拳、大洪拳、三晃膀、梅花拳、小八极拳等最为著名。

清代，铜山北派少林拳名家徐忠良率其子徐廷章、徐廷保在徐州城中开设"振兴镖局"谋生。清末，徐氏族人徐兴武当过知府护卫，并兼任徐州清军红旗营盘武教头。

民国初年提倡武术，组织"国术馆"，使徐州的武术兴盛起来的，是1928年创办徐州国术馆、担任馆长的张剑泉，他是八卦董海川的高徒张占魁的弟子。张剑泉还得到过武当山道长陈士钧所传授的武当太极拳，是将太极拳引入徐州的先行者。稍晚，有八卦名家钱树樵（1894—1972）。

徐州尹式八卦掌则由天津人庞鸿志传入。庞鸿志生于1906年，青年时代拜董海川大弟子尹福之四子尹玉章门下演习八卦掌。

徐州沛县更是名闻全国的"武术之乡"。徐州沛县的技巧运动，更是名家辈出，曾在世界竞技大赛上夺冠。

九、乡土棋

徐州城乡人们世代喜欢下棋，如赶牛角、憋猫、摆龙、四子棋、赶五湖、六子棋等。棋盘随处可画，棋子随处可寻，简便易学，老少皆宜。道旁、田头、山坡、庭

院、公园等人们休憩之处，平滑的地面、石板上几乎都可以看到这类棋盘的印迹。

1. 赶牛角

赶牛角，棋盘像牛角形，棋子只需找两种形状或颜色的小物体即可。两人对弈，一人两子，另一人一子摆好，两子者赶一子者。运子时可沿路线一步一步地前进或后退，直到一子者被两子者赶到牛角顶端时为一局。

2. 憋猫

憋死猫的棋盘呈"区"字形，"区"字右边口处的"O"为"井"。棋子只需找两种形状或色彩的小物体各两个，按阵势摆好，对弈者照路线一步一步地进行运子。在运子过程中，不准第一步就"憋死"对方，也不准越"井"而过，直至将对方的两棋子憋死为一局。

3. 摆龙

摆龙，找两种形状或色彩的小物体做棋子，两人对弈，一人一次地轮换向棋盘线的交叉处下子，下子过程中凡己三子能在一条线上，谓之"成龙"了。每成一条龙，可圈住对方任意一颗子，作为"死子"。直至棋盘下满，将所有"死子"拿掉，然后先摆子者开始运子。运子时要一人一次地轮换进行，若己三子运到一条线上，便"成龙"了，可吃掉对方任何一颗子，吃完对方棋子者为胜。

4. 四子棋

四子棋的弈法有两种：一种是
"摆四"，就是找两种形状或色彩的
小物体各四个作为棋子摆好。两人
沿路线一人一步地运子，当运至两
子对着对方一子时为"小吃"。
"小吃"是将所对的一子吃掉，吃
完对方棋子者为胜。另一种是"下
四"，就是各备数子，一人一次地

轮换在棋盘上下子。当两子对顶着对方的一子时，为"小吃"，可将所对
的一子吃掉；当两子对着对方的两子时，为"大吃"，可将所对对方的两
子吃掉；当四子下到一条线上时为"四了"，可任意吃掉对方的二颗棋子。
棋盘下满后，先下者去掉一子，开始一人一步地运子，也是用"小吃"
"大吃""四了"的法则吃掉对方的棋子，吃完对方棋子为胜。

5. 赶五湖

赶五湖，备两种形状或颜色的小物体各数枚作为棋子，按阵势摆好，
沿路线一人一步地轮换运子，当运子将对方一子夹在己两子中间时为
"夹"，可将所夹的对方一子吃掉，换上己子；当己子运至对方两子中间时
为"挑"，可将所挑的两子吃掉换上己子。直至对方剩下一颗棋子，被赶
进"湖"的顶端时为一局。

6. 六子棋

六子棋，找两种形状或颜色的
小物体作为棋子。下法有两种：一
种是"摆六"，各备棋子六枚，摆
好后沿路线一人一步地运子，当运
至两子顶住对方一子时为"小吃"，
可将所对的一子吃掉，当运至两子
对顶对方两子时为"大吃"，可将
所对的对方两子吃掉，吃完对方棋
子者为胜。另一种是"下六"，就
是各备棋子数枚，一人一次地轮换
向棋盘上下子。当两子对顶着对方

271

一子时为"小吃"，可将所对的对方一子吃掉，当两子对顶着对方二子时为"大吃"，可将所对的对方二子吃掉；当两子将对方一子夹于中间时为"夹"，可将所夹的对方一子吃掉；当一子在对方两子中间时为"挑"，可将所挑的对方两子吃掉；当六子在一条线上时为"六了"，可任意吃掉对方的二子。棋盘下满后，先下者去掉一子，再一人一步地运子。运子过程中也是用"小吃""大吃""夹""挑""六了"的法则吃掉对方的棋子，吃完对方棋子者为胜。

7. 喝一壶

在地上画一正方形，二童各用区分的四块子摆好，用压手指法，胜者先走（移动其子），每次只移一步（"十"或"T"处），甲子伴连二子，对着乙的一子，遂将子"吃"去，横竖均可。最后谁剩余一块子，对方即拦着去路，挤着向弧形"田"字中里走，憋在"田"字的中心为输，叫作"喝满壶"，只要进入"田"字，叫作"喝半壶"。

8. 成方

棋盘与棋子同"六子棋"，下时先用压指分先后"走"，走时自己的子四块占据"口"字形，谓之"成方"，任选择"吃"去对方一子；为纵或横六子相连，谓之"成六"，"吃"去对方子两块。对方剩三块子时，即算赌输。

9. 进京

三个儿童，每人各握三个子，占据一方，背后持子，可空拳或至三个，三人相对，和是几，即由占几者走一走，至方块，向左转，走过外方框，再走内方框，由内框走向上，先入厕所，后入饭馆，从饭馆回，即入京，至圆圈的中心为止，先至者为赢，每次限走一步。

10. 消消气

一方纸上，以木板红黄绿色彩印油灯、火镰、菜刀、蛤蟆、蛇、熏炉等物，错落分布于螺旋形之方块内，同样两个，居间相隔于不同地点，以二骰掷之，查数至某图，则压钱于另一图上，旋转而进，至中心庙形图为赢，未至者为输，所压之钱，则归进者所有。此游戏多在春节前后儿童相聚为之。另有升官图，上印秦琼、敬德、程咬金、徐茂公等半身图。还有十二属相图，则为十二属相，均同于"消消气（棋）"。

11. "棋村"

在邳县老城西北方，靠近大运河分洪道的东侧，有一个二百多户的大

272

村，本名祁家村。因为这个村的人世代喜爱下象棋，所以人们也把祁家村称作"棋村"。

平时在田头场边就能看到对弈的人，每到冬闲时间更是家家摆开棋盘，楚河汉界地对战起来。亲邻串门坐下来不谈别事，先"杀"两盘再说。"棋村"人如此酷爱下棋，传说是由仙人指教的。1987年春节，邳县体委举行全县象棋赛，祁家村获团体冠军。

下象棋丰富了祁家村人的业余文化生活，也推动了全村的精神文明建设，在这个村子里，结婚典礼也成为一次切磋棋艺的聚会，新郎新娘只要准备棋子棋盘、香烟喜糖，贺客来后坐下"对战"两盘，更增添了喜庆气氛。有时新人还成为"擂台主"，奉陪来客对弈两局，就算是敬客了。至于青年男女由对局并产生爱情，终成眷属之事，早已屡见不鲜了。现在村里六七十岁的老人到处可见，八十岁以上的老人就有二十多位，真可谓长寿之乡了。

第三节　宠物竞斗

民间历来都有养宠物进行比斗的游戏，有的比斗还掺杂着竞猜式博彩。徐州一带，主要的项目有斗鸡、斗蟋蟀、斗鹌鹑、斗狗、斗画眉、斗八哥、斗蚰子（蝈蝈）等。

过去，鸡、狗之类，不分贫富几乎家家都养；蟋蟀主要是城中孩子们的娱乐（成人的多是赌斗）；鹌鹑是乡村农闲时的农民娱乐。画眉鸟、八哥等，以富人为主，非中产以上家庭玩不起，故不录。

一、斗狗

斗狗是徐州年轻人爱玩、爱看的一种赌斗方式。据历史记载，秦末汉初时便十分兴盛；后世正史中则少见记载，但民间玩狗之风一直不衰。近十余年间，城市中斗狗多在"狗市"，近郊则在乡野宽敞之处。

1. 狗的种类

目前参加斗狗的狗的品种，一般均为老百姓所说的"狼犬"类。主要有德国产"黑盖"（牧羊犬）、日本产"狼青"、苏联产"红毛"等。一般认为这几种狗的个头大、嘴巴长、咬斗凶猛，国产的云南犬、新疆犬之类，略逊一筹。调查中，玩狗者多推"黑盖"品种为最佳。

2. 斗狗训养

斗狗的饲养方法为：（1）依照有关教科书的规定为据，在饲食比例中再加大肉类的比例，以增强斗狗的野性及耐久力。（2）斗狗一律用链子系住圈养，不使其随便活动。（3）训练及遛狗在夜间为佳。（4）常常利用各种工具、各种方式加强狗的咬斗耐久力和技巧。

3. 斗狗规矩

没有"狗证"的狗不准参加比赛；有狗证没有注射"狂犬疫苗"的狗不准参加比赛；斗狗人在斗狗时不得持训狗器械助威；斗狗以一方被斗败为止，中途不休息。

4. 斗狗方式

斗狗有两种方式，一种为撒手式，即狗主人将牵狗绳解开，让两条狗放开来斗，一种为狗主人均牵着狗绳不放松，有控制地咬斗。二者相比，前者多见，观看起来也更精彩一些。

一般来说，斗狗时双方将狗牵到预定位置，然后双方渐渐走向对方，狗主人发出让犬威吓、攻击的指示，两条狗便咆哮着扑向对方，但狗主人不松绳，故意让两条狗在看似咬着又咬不着的状态持续分把钟，然后双方再齐喊"一、二、三"，喊之时，同时松绳，两条狗便在狂怒中扑斗在一起。实力相当者，约可咬斗十多分钟，不相当者，仅数分钟内便分出胜负。

按照常识，一条狗在负疼率先奔逃时，便可判定胜负，有时，当看到其中一条狗不是用嘴、爪去咬斗，而是用后臀部去抵挡对方狗的进攻，这也是该狗斗败的征兆，按惯例，也可判定胜负。

二、斗蛐蛐

徐州人好斗蛐蛐。蛐蛐，又名蟋蟀、促织，天性善斗。汉以来，在文人骚客的诗文中常可以看到蛐蛐的踪迹。最迟在宋代，斗蛐蛐已成了社会上的一大娱乐方式。北宋诗人、大书法家黄庭坚根据蛐蛐的习性，品鉴此虫有五种美德，即：守信、立勇、忠贞、知耻、识时。可见蛐蛐在当时人们心目中的分量之大。也有因贪玩蛐蛐儿而误国殃民的，南宋丞相贾似道便是这么一个例子。这人贪玩到了入迷的程度，著有《促织经》一书，每至秋季在家中"半闲堂"玩斗蛐蛐，竟累月不上朝，连前线来的告急文书也放在一边不问，为后世所诟、所戒。

1. 捕捉

捕捉蛐蛐的时间，在徐州有两种观点。一种称为"立秋三天出大将"，认为立秋之日，便是"秋虫"（蛐蛐）出土之时，以立秋日为准，前后各推三天，在这七天内可以捕捉到好的蛐蛐。

另一种说法为"白露三朝出大将"，原因与上述同，但认为立秋时捕捉有些过早，蛐蛐出土后先天不足。前一种说法认为，白露时，天气已渐寒冷，蛐蛐常以牙咬土打深洞，有损牙的毛病。

捕捉工具极为简单，若在白天，用蛐蛐罩、捅条、胶皮（或塑料）管一根（往洞穴中吹气或灌水用）即可，可备纸筒数十，将捕捉到的蛐蛐装在里面。

若是夜晚，则用蛐蛐罩、捅条、手电筒（过去用蜡烛、煤油灯或串蓖麻籽为烛）。捕捉时，要善用蛐蛐罩，避免损伤蛐蛐前面的两根须子和尾部的箭。徐州人讲捉蛐蛐要"全须全箭"才好。捕捉以后在喂养过程中，也要注意保护，尤其是须子，最易折断。

无论白天或夜晚，闻声捕捉都是一种主要方法，但有许多蛐蛐，只要听其叫声，便可判断值不值得去捉，徐州人最喜欢的蛐蛐叫声为：老劈腔，声音听上去有沙哑的感觉；大憨腔，声音深沉、浑厚；钢腔，声音刚劲、响亮，有中气十足（蛐蛐的叫声是振翅发生，不是用嘴巴）的感觉。这三种，前两种若是叫声起，且每次鸣叫之中间隔时间长，则肯定为上品。其余叫声的蛐蛐，真正玩斗蛐蛐的人是不屑一顾的。

2. 喂养

蛐蛐捕捉回来，多放入土陶罐中饲养。第一天喂茶叶，将秋虫肚中的脏东西打下来，亦可连打三天，三天后，以每七天为周期制定食谱，食物为蛋黄、虾肉、蛋白、鱼肉、青豆、大米、谷类、苹果均可，也有人认为，《黄帝内经》中的"五谷为养、五果为助、五畜为益、五菜为充"同样适用于蛐蛐。编者曾是蛐蛐的爱好者，根据个人观察及总结前人的经验认为，以低脂肪荤食为主，配以青豆、青菜，效果更佳，不但有益于蛐蛐的生长，也能增加蛐蛐凶猛好斗的习性。此外，现在鱼粉、骨粉、肝粉等都不难采购，若配制营养食物，效果也许更佳。

蛐蛐也是一日三餐，但晚餐要多些。晚上休息前，将剩下的食物取出，不在罐内留隔夜食物。除放食物的"食板"外，还应放一小水盅，放入清水，供蛐蛐饮用。

凡蟋蟀格斗后，应减少食量、水量，一天后再恢复原饮食水准。

3. 鉴别优劣

蟋蟀优劣鉴别主要是看外形，此中学问颇深，只能简略述之。

头：前额正中部分前凸为佳，斗丝（脑线）要清晰，头色以紫麻头、红麻头、黄麻头为上，眼色以红、绿、蓝、白色为佳。牙：牙色以血红、板白、黑斑、乌墨、青紫为好。项：蟋蟀的项部要求以宽、厚为佳。腰背：腰要紧圆，背要宽厚。而（徐州俗语，即"翅"）：翅形长而尖，纹路细密，色要金墨黑、血斑为佳。脚腿：大腿要圆长结实，小腿细长，四脚展开稳定，如能象山中俗称"蹬倒山"大蚂蚱的腿形则更佳。

4. 赌斗

民国时期，徐州的斗蟋蟀场在张勋祠堂前影壁墙前，有的要设赌品（钱或物），双方讲好规矩后，便可开斗。有一对一斗者，有三对三三打两胜者。斗时，可由一方用"蟋蟀扫"（蟋蟀草制作的挑逗工具）引逗两个蟋蟀凑到一起咬斗。赌斗时，或以一方蟋蟀斗败为止，或以一方看到己方蟋蟀处于劣势，主动认输为止。

蟋蟀咬斗时，一般有这样几种斗口形式：一为推底（从下往上咬，如推土机似的往前推），一为平咬，一为咬天（咬口较高），一为剪咬（歪着头斜着夹咬，好像剪口）。每分开一次为一个球子（回合），咬时，有咬在一起，双腿蹬起，双方搭起桥形的，有摔跤似的窝在一起（窝球子）的，也有一口夹起，将对方甩出斗盆之外的。

徐州人认为，"推底"和"剪咬"的咬口方式为佳品。

5. 产地

徐州及市属各县市均有出产，据玩蟋蟀者反映，南郊太山营一带、东郊工程兵指挥学院后山、北边贾汪区及利国一带，向出名将。一般地说，山地蟋蟀个头多小，但咬斗凶狠，平原庄稼地里蟋蟀个大，但斗性差一些。

6. 名家

近几十年间，徐州玩蟋蟀最有名者，当属"孙六爷"，此人为前清秀才，一生好养斗蟋蟀，所用器具均为精器，他原来以自捉为主，上了岁数后，往往从小孩子、年轻人手中寻觅佳虫，善自调养。其人最高的技巧在于，只望一望对方蟋蟀，便知己方能不能斗胜，用什么品种上才能斗胜，在什么时间、什么地点斗才可以取胜。

7. 名虫

徐州历年来名虫不少，南边上海，北边北京、天津，西边西安等常有人来搜购佳虫。在国内蛐蛐咬斗比赛中，最出名的是一只"白玉黄"。此虫小黄大头，其皮呈淡咖啡色，头上金黄色斗丝细直贯顶，纯黄脑盖色清晰，项呈火盆底色，黑脸，一对老黄钳牙，淡色金背翅身紧包扎，白色六足，全无一点斑巴，洁白干肉，鸣声细急。此虫参加1989年度全国第一届"维力多济公杯"邀请赛时，上场后逢北京一只黑紫红钳大将。交口第一局中，便咬斗百十回合，所有斗蛐蛐中所见的斗口方式如对夹、对咬、跌、飞、掷、腾、盘、背包、双紧夹、起桥等均出现了。两虫真有"棋逢对手、将遇良才"之状，"白玉黄"以两局两胜斗败北京的大黑。

8. 蛐蛐协会

徐州在80年代中期组织协会，并派人于1989年10月9日至11日参加第一届"维力多济公杯"邀请赛。但成绩不理想。从调养水平看，徐州水平较上海为低，从赌斗方式看，徐州还处于较原始的状态，不按重量分级，单纯以个大、体重为胜。

有人能将蛐蛐养过春节，亦是一绝，里面有着不为人知的诀窍，足见其经验之丰富老道。

三、斗鸡

徐州的斗鸡习俗由来已久，发展水平在全国也是一流。据汉代彭城（今徐州）人刘歆《西京杂记》载，刘邦称帝建立大汉皇朝以后，老父亲被封为太上皇，居住在未央宫。但是习惯于老家徐州丰县生活的刘太公，到长安宫中生活并不愉快，刘邦仔细打听后才得知，刘太公认为，在家乡时"平生所好，皆屠贩少年，沽酒卖饼、斗鸡、蹴鞠，以此为欢"。在长安却是一概的见不着，"故以不乐"。刘邦为表孝心，特地令人在长安城东北建新丰城，把家乡的这些统统搬了过来。从此，刘太公每日里又"斗鸡、蹴鞠"，如同在徐州老家一样，那份快乐劲儿，当然就不用提了。由此看来，关中地区的"斗鸡"活动，竟是从徐州一带传过去的。

作为斗鸡活动的故乡，徐州的斗鸡活动近年来发展极快，养斗水平也较高。

1. 饲鸡

每日食水要分开，早晨鸡的膛已净，可送茶叶水，午间及晚间用食前再饮清水。午间、晚间训练完休息几分钟再用餐，高粱、玉米加上几个蛋清或几两牛肉，再喂上点青菜水果。

斗鸡的饲养，按月定食谱。一般说来，要有三天青菜、三天花食、五至六天大食。

2. 训练

鸡的训养最为关键，好的训鸡师均有几套绝招。大致说来可分三个方面进行。一是基本技能方面，即对鸡的遛、盘、转、跳、蹲、搓等基本功的训练；二是招式和战术方面，即对鸡的揪斗、叼啄、踢蹬、蹦等招式的训练；三是对战斗方法的训练，如脑后啄、游身调、转身磨盘调、以逸待劳调等。

斗鸡训练要掌握练七歇八，运动量增减要掌握合理，休息适当，以战前精神抖擞、时想上天、见人打人、见鸡如命方为玩成之鸡，下坑参赛，才有把握。

3. 选鸡

受训的鸡事前一定要精心挑选，一般标准为："一长、二粗、三直、四尖的嘴、长如扁担圆如鳖，柔若棉花硬如铁的身骨。"

斗鸡的训练方法，全国各地大同小异。训鸡的腿爪要求：又干又细的十字爬爪，即"细腿线爬爪"；体裁要求：三长五短，矮小敦实。如先人所说："长如扁担圆如鳖、软如棉花硬如铁"；窝份要求：斗鸡的血统要明详，父母辈、祖父母辈等必须是斗口技巧全面、斗性坚强的。最好是战功显赫的名门战将。

4. 训斗

大体方式如下：

试斗：首先试斗一场，约20—30分钟。观察一下鸡的斗口技术，借此机会刷刷鸡身上的浮膘。

遛鸡：天蒙蒙亮时起来遛鸡，主人手持小鞭赶它跑几十分钟。

转瓢、跳罩：鸡师手拿装食的瓢，引诱鸡左右转圈，练习它的灵活性。再以手中食瓢引诱它上下跳跃。

搓脖搓腿：先搓脸、脖子、腿，然后再轻轻拍打。意在锻炼它的肌肉，使鸡在打斗中经打。

盘鸡：让鸡练习飞打的动作。要领是，人一手接着腰、一手托着鸡前胸让它翻腾。从三十、五十到三百、五百，或者更多。注意地上要垫上软垫以免伤腿。

蹲功：让鸡站着不要动，人去按压它，跟举重运动员练压腿一样，蹲下、起来，起来、蹲下，增加腿部力量。

传鸡：两人站立，相距四五米，一人抱鸡托前胸，揪着尾巴，传给对方，对方再如此传过来，练习鸡的冲刺、飞穿能力。

5. 斗赛

斗鸡比赛可随时随地举行，亦可作娱乐性表演，国内各种大赛也渐渐多起来，赛时自有一套规矩。

四、斗鹌鹑

斗鹌鹑，徐州又名"斗折子"，旧时，冬闲无农事，农民闲暇时会以斗鹌鹑作为消遣。人们养鹌鹑以雄鹌鹑为主，目的是为斗架，通常只有捕鹌鹑的人家才养雌鹌鹑（雌鹌鹑为了捕捉、引诱野鹌鹑）。徐州斗鹌鹑的活动，目前以各县农村为多，城市中较少，且无大的活动。

1. 捕捉

鹌鹑一般出现在秋冬季的草丛灌木之中，摘过棉花的棉棵地里最多。每天夜晚，将一张网罩在棉棵的上面，捉鹌鹑的人用母鹌鹑做诱饵。母鹌鹑发出叫声，雄性鹌鹑就被引诱过来。擅长捕鹌鹑的，往往会模仿母鹌鹑的叫声（偶有卖鹌鹑哨的，吹起来极像母鹌鹑的叫声）。雄性的鹌鹑不知是计，往往落入网中。即便扑空，捉鹌鹑的人往往一夜夜地守候，直到满意为止。捕捉来再经过一段时间的驯化后，便可以参加决斗。

2. 白堂

鹌鹑按年龄与身上的羽毛，可以区分为四种：处子、早秋、探花、白堂。四种之中，又只有白堂会斗。因此，在斗鹌鹑的场合中，所看到的只只都是白堂。春节过后的雄鹌鹑，羽毛最为丰满。凡是养鹌鹑的，都懂得一些斗鹌鹑与训练的常识。刚刚捕到的野鹌鹑是不会斗的，也不肯斗。过肥或过瘦的也不会斗，这些都是最基本的常识。

斗时专用一大粮食折子圈起来，参赛时，养鹌鹑者一手持食物，一手持鹌鹑，略挑逗后，即放入圈内使斗。

把鹌鹑的主要目的是为了和别的鹌鹑咬斗。刚刚抓来的鹌鹑是不能立刻和别的鹌鹑咬斗的，需要主人耐心地调理。这个调理的过程，徐州叫作"把"。

3. 鹌鹑笼

把鹌鹑是个相当复杂的过程。首先得为鹌鹑建造小小的、便于随身携带的鸟笼，鸟笼特别的讲究，最好用细藤条编一个没有上盖的笼子，里面衬以柔软的布料，外面刷上桐油。那桐油要刷得细腻，干后，在阳光的照耀下，光亮可鉴。上盖部位接一深色的布袋，长半尺许，顶部穿一细绳扎紧。将鹌鹑放于其中，先把它善飞的习性约束下来。农村有太多的人对鸟笼不重视，只有布袋。

4. 把玩

鹌鹑笼一般不挂在墙边树下，而是悬在主人的腰带上。有人甚至都悬四五个鹌鹑笼于臀后。把鹌鹑的人把玩时，多蹲在墙根、门旁，时不时地将鹌鹑从笼子里掏出，握在手里。"握法"讲究一些套路。鹌鹑头必须卡在拇指和食指中，两条腿从无名指和小指中露出，短短的尾巴卡在小指后。这样，鹌鹑很舒服又不至于跑掉。另一只手的手心里放一些谷子，让鹌鹑叨食。估摸鹌鹑口渴了，用主人的唾液作为鹌鹑的饮料。每隔半小时喂食鹌鹑一次。这样，在主人的精心调理下，鹌鹑渐渐膘肥体壮，也渐渐地与主人熟悉起来，即便将鹌鹑放于手背它也不会飞去。再训练它的敏捷性与斗性，这时才能考虑和别的鹌鹑一争高低。但是，鹌鹑千万不可喂得过胖，过胖则欠缺敏捷性与持续战斗力。

5. 斗鹌鹑

鹌鹑一旦体格强壮以后，它跃跃欲试，经常浑身的毛都向外刺出，摆出一副好斗的架势。这时，主人携自己的爱物四处寻觅对手。

斗鹌鹑一定是在早晨举行，早上鹌鹑肚子饿。"鸟为食亡"，鹌鹑为了争夺谷子，斗性也就起来了。

斗鹌鹑多是在房间内，在地上圈折子（旧时的粮食折子），或者把鹌鹑放在藤条编织的长方形的簸栏里决斗。

斗鹌鹑时，用一草棒挑逗它们。等到它们发怒后，便撕咬起来。一般，鹌鹑只斗三五个回合就罢。决斗过程中，如果其中一只鹌鹑突然飞了或是不斗了，在簸栏中被对方追得乱跑，多是败了。战斗到最后，鹌鹑们毛发受损，血迹斑斑，惨不忍睹。当失败的一方突然振翅而逃走，主人半年的心血就在这一瞬间化为泡影。

徐州俗称"咬败的鹌鹑斗败的鸡"，也就是说，鹌鹑被咬败后，即使不飞走，留着也没有意思了，因为它再也不和别的鹌鹑斗了。所以，聪明的把玩者在斗鹌鹑时，一旦发现自己的鹌鹑有失败的倾向，就赶紧认输并将它们分开，留点斗性在鹌鹑身上，养起来以后还可以参斗。但事先约好的，不得中途停止比斗。

第九章　信仰习俗

万物有灵论是远古时期的一种文化遗存，一者是人们对大自然风雨雷电等现象不解，以为冥冥中有神灵管理；一者是人们在劳作、生活中，尤其是身体不适、遇有困难或久病不愈的情况下，作为精神中的一种寄托。曾经，有部分科学家与哲学家、政治家认为，人们往往在这种不自觉的信仰习俗活动中，麻痹了精神，戕害了自身。

笔者认为一切民间信仰习俗其实都是一种迷信。生活在 21 世纪的今天，人们若硬要去遵循往时的禁忌、避讳，那实在是一种愚不可及的行为。但是，如果认为民间信仰一无是处，似乎也不正确。比如俗称的"叫魂"，一个幼儿摔倒了，或突然间受到惊吓，家长们和言善语加上一番抚慰，这在心理学上、精神病理学上，一定有某种合理的成分，但切勿夸大它的功用。"魂魄"之说，目前还只是一种民间俗信。

第一节　巫术巫医

一、求子

夫妻婚后久未生育者，盼子心切，往往拜菩萨求神灵。无子的夫妻，因受社会重男轻女传统习惯的影响，往往也用求神拜佛迷信的方法求子。民国以来，徐州常见的求子方式有以下几种：

1. 砸金钱、拴娃娃

徐州南郊太山上，原有一座碧霞宫，宫内有座观音楼，楼内梁上用红绳吊一枚大钱。凡祈求观音送子者，均站在楼前，用铜圆掷大钱，力争将铜圆从大钱孔内穿过，俗称"砸金钱"。如掷出的铜圆从大钱孔内穿过后，即认为可以有喜（怀孕），烧香、上供拜菩萨许愿，然后将准备好的求子钱交给僧人。僧人收下钱后，从观音像后的石龛内用红线拴一个泥娃娃，交给求子者。求子者接过泥娃娃，先给"孩子"起名，然后如抱着真孩子一般，小心地走回家去，路上不能停留。边走边喊着孩子的名字。回到家后，安置在床上。夜间夫妻们醒来，要喊几声"孩子"的名字。白天则一天喂三顿饭（象征性地），直到求子者怀孕为止。俗称"拴娃娃"。

砸金钱、拴娃娃一般是四月十五太山会期间，平时没有人来。凡拜观音求子后偶有怀孕生子者，均须来谢神还愿。一般人家也就是挂帐子、献供品。大户人家，除赠碧霞宫较丰富的财物外，还要演大戏庆贺一番。

2. 求送子观音、摸树干

徐州南郊云龙山西麓上，有一大士岩，岩上有送子观音（大士）石像一座，怀中抱一个小娃娃。因云龙山比太山近得多，山也较矮，又是名胜古迹较集中的地方，故求子者平日到这里来的很多。烧告、拜观音外，还要举行一个"摸树干"的仪式。

古代求子图

大士岩院内正殿前有两株古柏，古柏高大粗壮，树围约两人合抱。两树相距约八米。北侧树树干距地面一米多高的地方，有一处凹洞（正对着南侧树），形似女阴。凡求子者，蒙上眼睛后，以左手摸凹洞处始，逆时针方向环树转圈，而后用手摸索到凹洞，慢慢转过身来，背靠树干，然后伸平双臂，朝对面即南侧柏树试探着走过去，凡方向走得正，恰好摸到南侧柏树树干（象征男根）的，则认为求子可以如愿。

拜神佛求子除到太山、云龙山外，亦可逢城隍庙会时，去城隍庙（已废，原址在今徐州市公安局）内后楼上求城隍奶奶送子、保子。

3. 叫孩子

叫孩子是求菩萨、拜神灵之后的补充手段。除夕夜半敬神（或菩萨）以后，求子的妇女手持竹竿站在自家大门外，用竹竿敲打地面。另请二人代喊："黑毛丫头黄毛小，都到×家穿红袄。不要拿针捏线的（指女孩），单要拉弓射箭的（指男孩）。"齐声呼三遍后，求子的妇女持竹竿进门，将竹竿放置在自己的枕头下面，一月后再取出。

求子夫妻的分工是，去太山、云龙山等处求子拜菩萨的为男子，在家中"叫孩子"的为女子。

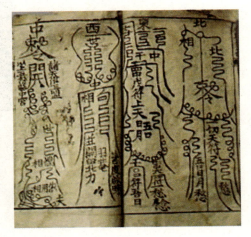

符箓

4. 吃薅脸蛋

新娘子出嫁那天，要用红线先将脸上的细汗毛绞去，然后用煮热的红鸡蛋在脸上揉滚数遍，同时，边滚边唱："薅脸要红线，滚脸要鸡蛋，今天吃喜酒，明年吃喜面。"祝愿新娘子婚后早得贵子。

徐州习俗，凡婚后久不生育的妇女，如果吃一枚薅脸蛋，即可以怀孕生子。俗称："吃了滚脸的红鸡蛋，明年开怀（生孩子）吃喜面。"

5. 抹腊八粥

婚后多年不育、求子心切的夫妇，亦可在腊八节时，取多子女者家中熬制的腊八粥，抹在自家的床桄上，边抹边念："今年吃了腊八粥（徐州读音为"zhū"），明年就有小孩哭。"以为可以怀孕生子。

6. 吃佛馒头

某家遇丧事，如果大操大办，请和尚做斋超度亡灵，由大和尚取下坛上供的馒头，在馒头上画符（梵文），花钱买下这种"佛馒头"送给不育妇女吃，以为可以生子。

7. 吃鬼馒头

把祭祀祖先、神灵供斋用的馒头取下，在馒头上画一小孩头像，然后由不孕妇女拿着馒头躲到没人看见的地方吃下去，以为可以生育。俗称："吃了鬼馒头，就把小孩有。"

二、保命

家有小儿娇养多病，或此前虽育多子而终未成活，壮年后才又得子者，徐州习称为"太娇"。一旦生病，手足无措之际，往往请神嬷嬷（女巫）或神汉子（男巫）来看病。其中换童子保命的方式极为烦琐，长的可延续十多年，直至孩子长大成人。

1. 仙姑赐药

神嬷嬷或神汉子来看病时，先敬神、下神（巫者入定，以求神灵附身）。下神时，一般是先坐着慢慢地摇晃、闭眼，然后打哈欠，两手捏指，开始唱词。唱毕，恢复常态，用茶杯倒上半杯开水，然后，持敬神的香在茶杯上转，待有香灰落入杯中后，便称为"仙姑赐药"，令患者喝下。

2. 叫魂

患儿喝下"仙药"之后，三天内须再为之叫魂。叫魂时，一般由神嬷嬷二人合作进行。请其吃晚饭后，天刚黑，二位神嬷嬷便开始唱起来，所唱之词，可以说胡扯一通，别人根本听不懂。二人唱一阵，歇一阵，至晚十一时结束，然后为患儿挂锁。初次挂"长命锁"，锁用黑白色线编成戴在项上。要求线要结实，挂好的再打个结，避免脱线，掉则大凶。

3. 保造会

每逢腊月，神嬷嬷在家做保造会，凡经其戴锁的孩子，均须到这里换锁，每年换一次，换下的旧锁焚烧。新锁改为杏黄色且比较粗的绒线编制而成，因为这种线只为编锁用，俗称"锁线"。

4. 圆锁

戴长命锁长到十一二岁的儿童，再换新锁。圆锁时，举行仪式，名为"换童子"，是神巫之流诈取钱财的最佳机会。

5. 换童子

先择定日期，期前一天，先来三四人用彩色纸剪大旗四杆，上下等宽，中剪花鸟，背后用竹竿挑起来，插在盛了高粱的斗内。将插了大旗的斗并放供柜上，旗高约与屋檐相齐。旗后摆纸马十数个，作为诸神之位。旗前罗列素供，柜前方桌上置香炉、烛台等供器。左首放一铜磬，桌前地上铺拜垫，桌围、椅披俱全。布置好后，由孩子家长招待饭食后辞去。

次日黎明，为换童子举行仪式的人陆续来到，多的可达十人，少的也有六七人，其分工大致为："上手"一至二人，"下手"二至四人，"出仕"（"中手"）数人，通晓一切程序者数人。人来齐后先吃饭，饭后稍憩，正式开坛。开坛时，家主率全家依次行叩头礼，"领坛"巫者先燃烛、上香、烧元宝（锡箔制）祭神后，诸巫人分别拜神。然后一"上手"坐右侧椅上（俗称为"掌磬"）击打铜磬，边敲边唱巫词，唱两句后，由"中手"们接唱两句，然后"下手"们一齐接唱："啊呵呵——弥陀——。"掌磬再接唱二句，然后出仕接唱，唱罢，中、下手齐。如此，唱一阵歇一阵，闲聊、说闲话，休息一会儿再唱，直至吃午饭。

　　这天上午，事主家的亲友纷纷前来送礼，女客除送礼外，均提红穗箔串，俗称"添岁"。

　　下午二时，院内设方桌，圆锁的儿童头顶红巾，腰系红带，由舅舅或表兄背着站在桌前。一巫者用绳子系在该童的脖子上，牵着围桌子转。一边转，牵绳者还一边唱着，另有四五位中、下手接腔对唱，其余的巫人在屋内休息。转十余圈后结束，俗称此为"送路"。

　　稍停后，全体巫者又如早先一样唱起来，至吃饭时结束。吃饭后，约晚七时左右，群巫坐唱，另有二巫在院内大烧金纸，边烧边唱。俗称为"买性"，意即为圆锁儿童买替身（按巫人的说法，替身是圆锁儿童家死去的祖上卖掉的，必须多烧些钱买回来）。

　　晚十时许，换童子仪式渐至高潮，由中手一人扮土地老爷，一人扮土地奶奶。二人调谑一阵后，众巫又是一齐边唱边念颂，俗称为"上路"（去领买替身）。上路后如同演戏一般，边唱边念，大致为："买替身沿运河南下，走清江，由瓜州渡长江，路上又是打尖，又是住店……"渡江时，有四名"中手"巫人各持一棍，扮作撑船的样子，在屋内走圆场。这时，为首的巫者越唱越高，渐渐变声，捏尖了嗓子狂喊。脸上表情大变，眼睛睁得特大，但眼珠上翻，不转动，装出一副"仙姑"附体的样子，其他人亦均如此。再唱一阵，停止表演，休息。

　　夜十二时"拿性"。先将猫狗等拴好，怕被猫狗冲掉后，"性"就跑样子。这时，一巫人突然从屋内跳出，双手持长索，两端各系制钱一串，脸上涂画得如传说中的煞神一般，此巫一边跳跃前行，一边抖甩绳索，绳索上的钱打在地上连连作响。这时，巫者突然捏尖了嗓子变声唱起来，唱着唱着，突然跳出大门，沿门口路上猛跑二十米至五六十米后，将绳索用力

286

一抖一掷，嘴里发出"吱吱"的鬼叫声，表示把替身的魂拿到了（拿性）。这时，巫人才恢复常态，持绳索走回屋内，把绳索放在供桌前的地上，用备好的新砖或瓦压住。

休息片刻后，另取白天预备好的"童子"（用苇扎好外用纸糊的男童或女童相），放好。"上手"再开始领唱。一边唱，一边把压绳的砖拿开，然后把绳索搭在"纸童子"项上，用新大针对"童子"的七窍及从头到心各个部位逐一刺之，一边刺，一边唱。俗称"开光"。

此时，家人、亲友等来"送饭"，用碟子盛果品，举着在"童子"面前走过一送。这时"上手"也要唱一套歌词出来。送饭后，再由亲人上前为"童子"梳头洗脸，"上手"又唱出一套专用的歌词。然后，不紧不慢唱着"交代"起来，无非教育"童子"为人子女之道。

凌晨鸡叫时，将大旗、纸童子、金纸等收拾了堆在院内，点火烧掉，俗称"发柜"。巫人、亲友皆散，"换童子"结束。

三天后，领会人带二位帮手前来收拾供品、打扫纸灰，再坐唱一阵，俗称"圆坛"。表示功德圆满结束。

三、叫魂

儿童因受惊吓而生病不愈者，按习惯多请巫婆为之叫魂，叫魂大略有以下几种方式。

1. 隔山照

用黄表纸写"隔山照"。纸上写："荡荡游魂，何处留存，路旁草地，河边树林……召尔山神土地，速速查寻，送魂归身，急急如律令。"下边写上患儿的姓名、年龄、生时、住址等，由男子拿到灶前（不准经妇女的手），燃烛上香后，将"隔山照"烧掉，然后叩头并念念有词，大意为"灶君是一家之主，多多保佑"。

烧"隔山照"用带疙瘩的秫秸杆挑着小儿的衣服，在焚烧着的"隔山照"火焰上旋绕三匝，同时替小儿叫魂。"××——，家来吧！"念着将小儿的衣服取下，揣在怀里，从锅屋（厨房）喊到小儿的立室前时，要念这么两句话："门神老爷两边排，半夜三更把魂魄送家来。"再喊魂喊到小儿床前，把小儿的衣服从怀中取出，挂在秫秸上，并靠在墙上。第二天早晨，从秫秸上取下衣服替小儿穿好，以为这样小儿的"魂"可以重新附体。

"隔山照"另外还有一种写法，为："南澹部洲，江南徐州，××街（乡）××巷（村）门牌××号，×姓之子（女）乳名××，今因生落魂魄，凡人不能找寻，叩请当方土地、河神、路神、宅神、灶君……送至家中。敬备香烛宝码，以答神。吾奉太上老君急急如律令敕……"纸上另画一鬼卒，手持拘魂牌，牌上写着："即日送，即日消。"

焚烧"隔山照"时，也有的将其投入瓷罐中，再将瓷罐覆盖在水盆里，表示惊吓小儿的怪物镇压在瓷罐里了。

2. 叫百声

一名妇女手持患儿棉上衣，于正午时，立在患儿所住室的门槛上，提着衣服的衣领，使衣服在门槛上做站立状，口中喊道："××（患儿名），哪里吓，着家来吧！"另一名妇女在一旁应道"来啦！"拿衣服的妇女一边喊，一边试着将棉袄竖在门槛上。由于棉衣小，往往喊不到一百声，棉衣就能自行竖立不倒，这时，取衣披患儿身上，表示魂已招回。

叫百声的第二种方法是，夜子时，患儿父母配合着，边拍床桄边叫魂，习俗上为母亲喊名，父亲应："家来吧！"一百声即可。

叫百声的第三种方法为，正午时将一个箩子依靠在小孩所住的屋门槛上，另备一些小麦，然后用手去拍打箩子，每打一下，放入一粒麦子，同时，旁边另一人替患儿叫一声魂。喊一停止，然后将箩内的麦子用线串起来，戴在患儿的脖子上，以为这样可以病愈。

3. 烧纸

凡民间被称为"丢魂"的患儿，孩子的祖母、母亲等人请巫医在黄纸条上用朱笔写"游魂归体"四字，偷偷缝在患儿的衣服内，不得让患儿及其父亲得知，待患儿病愈，把黄纸取出来烧掉。

四、镇邪

因为相信万物有灵，人们动辄会惊动神灵、邪祟，所以各类镇邪的巫术普遍在民间流行。

1. 姜太公在此

为防止邪魔鬼怪侵入家宅，妨害人身，徐州习俗，常常把木板或铁皮制成小牌，上写"姜太公在此"，安装在自家的屋脊上，以为可以镇邪。

姜太公（子牙），周代历史人物，民间传说，他是受元始天尊委托封神的执行者，是众神的"检察官"。有他在，众神灵一律回避。

　　2. 泰山石敢当

　　为镇压、驱除某一地方的邪祟，在该地区街头巷尾竖一小石碑，碑上刻有"泰山石敢当"字样，以为代表"五岳之尊的泰山石可以驱邪镇魔"。

　　最迟在汉代，人们就有了"灵石"信仰。西汉史游的《急就章》"师猛虎，石敢当，所不侵，龙未央"，《淮南·万毕术》云"丸石于宅四隅，则鬼无能殃也"，南北朝时庾信《小园赋》"镇宅以埋石"都是证明。而泰山是历代皇帝祭天封禅之处，号"五岳之尊"。这里的石头，自然也就最"灵"。

　　3. 避邪镜（照妖镜）

　　使用照妖镜是一种风俗。旧时宅居因朝向不吉、两屋大门相对、门对烟囱等，便在门楣间或窗户上方悬挂一面镜子避邪，在门楣上正中安装一圆形或方形的小镜子，俗称为"避邪镜"或"照妖镜"。俗信以为，镜子反光，可以照杀一切邪魔之气，不使其侵入房内。也有将镜子镶嵌在屋侧墙拐角处的。

　　关于照妖镜，古代小说或传说里常常见到描述，在古代四大名著《红楼梦》《西游记》中，就有不少对照妖镜描写的笔墨（西方神话童话里也有功能接近的魔镜）。清人李汝珍《镜花缘》第八十一回："我再出个'照妖镜'，打《老子》一句，如打着，还你扇子。"可见照妖镜使用为普遍现象。

五、长舍

娇养儿童的人家，为保佑儿童健康成长，往往孩子还未生病，在其三四岁时，便寻一座寺院或道观去"长舍"，拜主持僧、道为师（凡女童长舍去庵堂）。当时还要由师傅取一法名，家长带着拜佛设供，写缘簿，从此视作僧或尼。

每逢年节，长舍儿童须由父亲或母亲带着去寺庵叩佛拜节，施赠财物。凡长舍儿童身体较孱弱者，一般不住家中，往往送寺庵中去住。住寺庵期间，衣食均由家庭负担，若在寺庵中生病，则送回家医治，师傅也常来家中探视。凡长舍者家庭财产中下、施舍财物不多，寺院也往往比较冷淡些。

民国时期，男童长舍住寺院的须学僧人剃发，住庵院的女童则不落发，俗称为："带发修行。"年龄至十四五岁时"还俗"回家，人们认为孩子已经度过灾厄期，能够独立抵御外来侵害的时候，这种关系便终止了。终止关系的仪式叫"还俗""拔袋"，也就是把寄名时交给寺庙的寄名袋取回来，回到世俗的生活中来。从此可以议论婚嫁。

还俗后，寺庵与家庭之间互有来往，但还俗者去寺庵看望的少，师傅来家中探视的多，每次探望后回寺庙，离去时须给礼物带着，师傅不空手回。

徐州习俗，还俗者，男童结婚前，须牵头驴去寺院，由寄名师傅持禅杖打出门（并不真打，实为赶出）。同时，嘴里还要念道："叫你拜佛你不拜佛，叫你念经你不念经，赶出院门莫为僧。"将驴赶出门后，关闭寺门，还俗少年牵驴而回。驴是徒弟的替身，师傅既然已经将其赶出，不许为僧，那么还俗者即可同普通人一样结婚了。

六、寄名

凡家庭中无力长舍或舍不得将孩子送寺庵长舍的，可以做寄名徒弟。借神佛法力保佑其健康成长。寄名徒弟除拜师时去一次（也有家长代劳的），确定师傅，让师傅给孩子取名、取法名，并在簿上留名外，一般不去寺院见师傅，逢庙会、年节施赠些财物即可。最早的，在孩子出生满月以后，也有见孩子多灾多病的，临时起意去寄名。这个习俗，最迟在汉代就有了。《后汉·何后纪》："后生辩，养于史道人家，号曰史侯。"注云："灵帝数失子，不敢正名，寄养道人史子眇家。"

寄名时，出家人要给孩子一些东西，比如僧衣、道衣等。最突出的是寄名符和寄名锁（索）。《金瓶梅》里的吴道官除给西门庆的儿子许多东西外，还给了一副银项圈，上写"金玉满堂，长命富贵"，还有一道朱书黄绫符，上写"太乙司命，桃延合康"，银项圈和黄绫符就是寄名锁和寄名符了。《红楼梦》第二十五回写道："过了一日，有宝玉寄名的干娘马道婆到府里来……"此外，二十九回、六十四回也都写到了巧姐儿和宝玉的寄名。

徐州凡去道家寄名的，一般是去城隍庙。寄名者俗称（或许愿）为"侍候老爷的"，一般亦不须出家为道，仅逢庙会城隍出巡时，扮演台阁，或持着叉子等仪杖，跟着出巡的大队走一趟。去道观做长舍、寄名的，均为男童。城隍庙被毁掉、占用后，都去寺庙了。

七、还愿

家中遇事，尤其有久病不起的病人，其家庭亲友往往拜神求佛，拜神佛时许下心愿，待所求目的实现后，再去还愿。常见者有以下数种：

1. 上香

老人生病后，久治无效，家人多去城隍庙上香、许愿，以求老人早日康复。许愿者，有许年节上供的，有许挂账的，有许愿给城隍奶奶献鞋的，有许愿上大香的，有许愿上吊香的，有许愿侍候老爷的。

上大香多在除夕夜十一时后，还愿人双手抱一米多高的大香，赤裸上身，下面仅穿一单裤，由两个人扶持，疾步行至城隍庙大殿内城隍老爷像前，插上香后，连连叩头致谢，拜后即回。

上吊香较为残酷。于除夕夜将双臂前肘分别用尖大针刺挂在皮肤内，下呈钩状，上系缸口大的盘香，另用两根木拐下支于胯，上承手腕后，身上仅穿一条单裤，由二人扶着，慢慢走进庙内，将香卸下后，悬挂在大殿梁上。然后猛磕一阵头而回。如偶有老人病愈者，则须连续三年还愿。

许愿侍候老爷的，城隍出巡时，与寄名男童一样，跟着出巡，但所扮均为"醉鬼"（二人穿戏衣，扇鹅毛扇，沿途逗笑调谑），或者挑着衣篮跟随，最苦的是扮作小鬼小判在城隍大驾之后。

2. 磕大头

老人生病或丈夫、儿子生病，多有妻女去太山还愿"磕大头"。磕大头须连磕三年，即于四月十五太山会时，从太山脚下的"曹山亭"起，每登一台阶，跪下磕个头，直磕至山顶"碧霞宫"内太山奶奶像前。磕大头时，第一年须腰系红带，后二年不系。

3. 吃斋

许愿吃斋者有三种形式。一种为吃长斋，一生永不再吃荤腥，便是葱、韭、芥、蒜等也不食用。一种为只每月逢初一、十五两天吃斋。另一种为吃"大五荤"斋者，即只忌吃牛肉等。

4. 借寿

又称"保寿""添寿"。病人随好友若干人，到云龙山东麓之东岳庙，燃烛上香后，叩拜东岳大帝。分别祝告，愿将自己的寿数，借给病人三五年。保寿者多时可达二十余人。每人移借个三五年，倘真有神灵，病人的寿数倒也真的可观。遗憾的是，这不过是一种病急乱投医的巫术，并不能真的对病人有任何帮助。还有的保寿参加者不过是故意显示给亲友看看，以示慷慨。

八、冲和着

妇女平时积有闷气，徐州习俗，往往用"冲和着"的方法来排解。所谓"冲和着"，即该妇女突然地、无缘无故地哭诉一番，边哭边以家庭中逝去的先辈的名义（假若先辈附身），说出平时想说而又不敢说的心里话。亦或直接自扮为长辈，责骂家庭中的某人。凡遇此事，其家人也只能在一边诚惶诚恐地祝祷让附体的先辈早早离去，并不敢对该妇女有所行动。

九、小儿夜哭

小儿常在夜晚不安眠并长时间啼哭的，俗认为是床神作祟。家长须用黄色或红色纸条写几句歌谣，广为招贴。歌词多为"天皇皇，地皇皇，我家有个夜哭郎，过路君子念三遍，一觉睡到大天亮"，或者"天黄地绿，小孩夜哭，君子念罢，不哭不哭（或睡到日出）"。以为这样小儿便不会再哭闹。凡见到招贴者，应主动念一遍。

十、拜痘哥哥、痘姐姐

凡有小孩出天花或麻疹，家里人往往到城隍庙内痘哥哥、痘姐姐像前，上香叩拜、祝祷，以为可以避凶。

十一、换牙

小儿换牙时，掉上牙须扔在床下，掉下牙须抛上屋顶，掉牙的缺口处，忌用舌舔，以为只有这样长牙既快又好。

十二、过关口

第一次生子后不活，再生子时，第三天将小儿赤裸着抱至厨房中灶前，将其放在新铺的麦瓤上，如同对待夭折儿童一般，但随后即抱回产房。俗称为"过关口"，以为可以骗过邪祟，不再生病。

另有一种是咬趾，男胎刚出生后，由其父将小趾咬掉，使之造成缺陷，以为这样便于存活。此种习俗农村较多，城市中罕见，新中国成立以来，农村中也基本绝迹了。

十三、打牙虫

民国十年前，徐州街巷之中常有治牙的巫医转悠着兜揽生意。治牙虫的巫医多为五十岁上下的妇女，头顶绾一牛心发髻，身着颇为奇异的服装，天足（那时妇女基本上仍以小脚为俗礼规范）穿尖脚鞋，边走边用半蛮的口音喊"打牙虫哩——"。这种巫医看牙，凡她认为是"火牙"的，送些不名的药粉给患者，令每日用之。凡认为是"虫牙"的，则双手各持骨棒一根，在患者的病牙处拨弄，并真的拨出一二条虫来，真如变魔术一样。凡经这种巫医看牙，多花钱而外，无非更多受些罪，并不能真的治病。

十四、眼光会

民国时期，徐州有一拨男女成立眼光会，他们聚众立坛，供奉洪钧老祖，送香叩头，代人治病。治病时，不论男女老少，亦不管患何病，均赐以符水并吹气治之。凡病者求医，焚香叩拜洪钧老祖后，即由眼光会人取黄纸条一张，上画一若蚓行之符号，放烛上焚烧，余灰放茶杯内，给病人加水冲服。服后，眼光会人口中念念有词，但只见唇动，不闻其声，颇神秘。念完后，猛顿三脚，然后双目圆睁，戟指病人，深吸一口气，骤然朝病人吹去，如此连续三次，看上去如疯魔了一般，使人有毛骨悚然的感觉。很多人受了祸害却陷入迷信而不能自拔。

十五、求雨

徐州一带，历来旱灾频繁，除抗旱外，人们往往用迷信的方法求雨。信仰不同，所求神灵也不同，主要有以下几种方式：

1. 求雨拜神

拜龙王：先到龙王庙烧香、叩头、献祭求雨。如旱情未解，则把龙王塑像抬出来游街，求雨的人们头带柳条帽紧随其后，边走边喊："龙王爷一张嘴，遍地都是水。"

请关帝君、地藏王菩萨：徐州新沂一带，先拜求神像，再用黄泥塑成龙游街祈雨。如还不下雨，再依次请鄂德公（从服装上看，是清代六、七品官员的样子）、关帝君和地藏王菩萨。并认为，不到万不得已，不得请地藏王菩萨，否则，不但要下雨，而且要"开口子"（发大水）。徐州人又认为，"大旱不过五月十三"，说这一天是"关老爷"（关羽）磨大刀的日子，磨刀要用水，必定下雨。如果这一天不下雨，则解释为"干蹭"，必定大旱。

晒旱魃：凡久旱无雨，以致井干河涸、禾苗枯萎甚至地有裂纹，民间多认为是"旱魃为虐"。耆老相传，新葬坟头有气上冲，挖开坟开启棺木，里面的尸体必遍生白毛，这就是旱魃。将旱魃取出放烈日下暴晒，三日内必有雨。

哭求老天爷：请寡妇求雨。请七名寡妇用笤帚打扫干涸的泥坑，扫毕，坐在坑内号啕大哭，一边哭，一边喊："不哭爹，不哭娘，不哭孩子不哭郎，单哭老天下一场。"习俗认为，寡妇是苦命的人，她们的哭声能感动老天爷，换来雨水。

2. 求雨仪式

官府求雨：遇大旱时，地方官须主持求雨。民国初时求雨以地方官为首，地方官率其衙门内官员到大王庙去求雨。去时，大家均身着长衫、马褂，不准戴帽子，每人手持线香三支，列队步行。队伍最前边是青龙飞虎旗，紧跟着顶马、鼓乐队、彩子。彩子内悬四海龙王之神位，彩子前有一人击二人抬的大鼓，另有一人持大镜左右晃动，这几人均着戏衣，俗称为"雷公闪将"（击鼓为雷公，照镜为闪将）。

苏轼求雨处——东郊黑龙潭泉眼

大王庙原址在今建国路小学处。庙内无神像，只有"金龙四大天王之神位"，庙两旁有一联语"油然作云，沛然下雨"，横额为"甘霖时降"。求雨队伍进庙后，由主祭官上香、燃烛三叩首后，读祈雨文，然后上祭品。这时，大门外放鞭炮，殿前鼓乐齐奏，这时扮"雷公""闪将"者击鼓、照镜，频频舞跳，结束后，将彩子内的长幅在殿前焚烧，然后即散。

民众求雨：求雨方式略同于官府求雨，但穿戴一如平常，唯脚下须穿"草呱哒"（草鞋）或赤脚步行。列队敲锣鼓过市时，每遇一商店，便将所抬的"四海龙王之神位"的牌位放在店门口"停驾"。这时，商店要供奉众人茶水，赠香烛钱后方起驾，再到下一店前"停驾"。主事求雨者，往往利用这一点为自己谋利。

儿童求雨：由十几名或几十名儿童，头戴无顶的柳编帽求雨。由两名儿童抬椅子或倒着的方凳，上面放一泥捏的关帝像，一套小香炉、烛台，众儿童列行而行（或转

圈），齐唱："黑的风，白的雨（或"青龙头，白龙尾"），小孩出来心欢喜，小雨下到庄田里，大雨下到空地里。不求天，不求地，单求龙王老爷喘口气。龙王老爷一张嘴，满天满地都是水，龙王老爷一跺脚，满天满地都是雪。"或者再唱："西北黑了半边天，大雨下得冲倒山，那雷呀，那闪呀，那雨下的箭杆呀，沟也满，河也平，今年一定好收成。"儿童求雨时，也多到商店去要钱。

徐州求雨，历史上较为出名的有两次。一次是苏轼当徐州知州的时候，一次在明代。

苏轼徐州任知州的第二年，在宋神宗元丰元年（1078），正逢徐州春旱，他曾去石潭求雨，还写了一首求雨青词。

附：《徐州祈雨青词》

河失故道，遗患及于东方；徐居下流，受害甲与他郡。田庐漂荡，父子流离饥寒顿仆与沟坑。盗贼充盈于犴狱，人穷计迫，理极词危。望二麦之一登，救饥民于垂死。而天未悔祸，岁仍大荒。水未落而旱已成，冬无雪而春不雨，烟尘蓬勃，草木焦枯。今者麦已过期，获不偿种；禾未入土，忧及明年。臣等恭循旧章，并走群望。意水旱之有数，非鬼神之得专。是用稽首告哀，吁天请命。若其赋政多辟，以谪见于阴阳；事神不恭，以获戾于上下，臣实有罪，罚其敢辞。小民无知，大命近止。愿下雷霆之诏，分敕山川之神。朝阶齐寸云，暮洽千里。使岁得中熟，则民犹小康。乃者至冬徂春雨雪不至，细民之所持以为生者麦禾而已，今旬不雨即为凶岁，民食不继盗贼且起。岂惟守土之臣所任以为忧，亦非神之所当安坐也熟视也？圣天子在上，凡所以怀柔之礼，莫不备至。下至愚夫小民奔走畏事者，亦岂有他哉，凡皆以为今日也！神其盍亦鉴之，上以不负圣天子之意，下以无失愚夫小民之望。

十六、求晴

徐州民间谚语说："三（月）怕三七（初七、十七、二十七），四

（月）怕初一，三七、初一都不怕，就怕四月十二下，四月十二下一滴，麦子秕十粒，四月十二下湿老鸹（乌鸦）毛，麦子都向水里捞。"上面提到的这些日子，如果下雨，一般均会出现水涝现象，如遇连阴天，长时间下雨，涝情严重时，徐州人必举行求晴仪式。

1. 官府求晴

徐州旧城墙南门城楼处，原来放置一座大炮，为报时所用。每天午时一响，名为"午时炮"，戌末（晚九点左右）二响，名为"二炮"。如遇连日阴雨，乌云不散，密布在天空时，官府即命对空开连珠炮，一次数十响，认为这样可以"轰开云彩"（赶散乌云），求得晴天。

2. 民间求晴

民间求晴有四种形式。其一，由七名寡妇各执一把笤帚，在空旷地方，列队连转七圈，转圈时边转边举起笤帚对天挥动，俗称为"扫晴天"（把天扫晴）。其二，由数名老太婆坐在门槛上，手执勺子向天频频挥动。边挥边念："勺子头，扒老天，云彩（乌云）归了山，今天下大雨，明天好晴天。"要求连说七遍，以为这样可以祈来晴天。其三，由独生女扎制"扫帚娘娘"，把秫秸截成长约二十厘米的小段，用新白布包一端作为人头形状，画上眼、鼻、口、耳等。另用红布裁制衣服穿上，下边配鞋，上面配假发，然后拴在短竹竿上，挑在屋檐下，同时，也念上述词语七遍，以为天可以放晴。其四，由独生女剪纸，剪成一正一倒、两头抵在一起的两个和尚形状，贴在室外，俗称为"老和尚碰头，晒死秃囚（球）"。此外，因连日阴雨，路面泥泞湿滑，如有妇女在行走时不慎滑倒，看见的人必大声喊道："滑倒婆娘，晒死和尚。"以为这是天将转晴的征兆。

十七、乞雪

据旧志，宋苏轼知徐州，因遭大旱，连月不雨，麦苗枯黄，有乞雪活动并留有"乞雪"诗，惜仪式不详，也许只是文人骚客的意兴之举，故不成俗。古语"瑞雪兆丰年"，当与求雨类似。

附：苏轼《祈雪雾猪泉出城马上作赠寄舒尧文》

三年走吴越，踏遍千重山。

朝随白云去，暮与栖鸦还。

297

翩如得木狁，飞步谁能攀。

一为符竹累，坐老敲榜间。

此行亦何事，聊散腰脚顽。

浩荡城西南，乱石如玦环。

山下野人家，桑柘杂榛菅。

岁晏风日暖，人牛相对闲。

薄雪不盖土，麦苗稀可删。

愿君发豪句，嘲诙破天悭。

雾猪泉在徐州西南约五十里，在原徐州属县萧县境内。

十八、其他

1. 上山虎

凡因受寒而腰疼者，习俗多用碗盛沙土，蒙上黑布，裹好后倒扣过来，持碗在患处晃动。另端一碗水，边晃动边念："上山虎，下山虎，渴了来喝水，饿了来吃土。"念毕将装土的碗翻回原状，土如不满了，添满后重复上述动作，直至翻过来后土仍满碗时为止。以为这样可以治腰疼。

2. 破解泥胎

妇女怀孕后，有嗜食泥土者，俗称为"泥胎"，以为小孩养不成。用红带系裤内腰间，日夜不解，至临产前，家人至路旁拾一石子，装入孕妇的衣兜里，认为这样生育后的小孩容易成活，俗称为"破解"。

3. 送星

凡连连遭遇不顺心之事，俗称为"时运"不济，元旦那天，取历书查看，按上面所载，如某岁数多大，某年犯某星。若所犯为"凶星"，须照书上所说，捏面灯多少盏，照图排列。到了晚上，按历书上所指明的"×日""向×方位"送之，送后叩头即回，认为本年便可以转成好运。俗称此为"送星。"送星的日期均在正月里。

4. 寻财

凡有丢财物者，徐州习俗，多到城隍庙廊房里的地方老爷（白无常，俗称为"吊起鬼"）塑像前烧香祝祷，用清水一碗，竖两根筷子，松手后各筷子倒向何方，即去向何方寻找，以为这是地方老爷指点方向。

另一法是，二人各持一双筷子，以背相向，将筷子头指向对方，二人筷子头相对时，一人便问："失物若是××偷去，筷子神，你就开。"或问："如是丢在×处，筷子神，你就开。"多次询问，以筷子动与不动而定，俗称"打对"。

5. 跳庙

凡有人发生争执，互不相让时，遂一同去城隍庙城隍老爷像前，上香叩头后，各各发誓、赌咒，以为屈在对方，俗称此为"跳庙"。

6. 烧纸送祟

凡小孩晚上不敢出屋（多因常听大人们讲鬼神故事而害怕），夜中睡眠多惊悸，则认为有邪作祟，送些香烧纸祈祷一番，将邪祟送走。

7. 治小孩个矮

凡小孩身矮不肯长，旧俗于除夕之夜，令小孩抱住椿树，口祝："椿树王，椿树王，你长粗，我长长。你长粗，打嫁妆，我长长，穿衣裳。"须连念三遍，以为这样可长高个。

8. 驱天狗

每逢月食，徐州人认为是天狗所"吃"，必群聚于各家院内，均手持铜盆等物击打之，全城响彻一片，意图驱赶天狗。传统习俗认为，天狗怕响声就不敢再吃月亮。至月亮复明以后，则认为天狗逃走了。

9. 起死复生

民间如发现有人上吊，先用毛巾堵住其鼻、口，而后解下绳索，另差人爬上屋顶，骑坐在房脊上，手持簸箕，边拍边叫："×××（上吊者名字），家来吧——"其余人众则一齐呼应："来啦！"反复叫喊。以为这样可以使人起死复生。这种现象已基本绝迹。

10. 叫魂

凡有小孩受到惊吓，寝食不安，有些中老年妇女也为其叫魂。一般是把小孩带到受惊吓的地点，一边安抚小孩，一边叫着小孩的名字高声喊："××——别怕，××——魂上身！"

第二节　禁忌·崇信

旧时迷信，禁忌避讳极多。徐州流传有这么一句俗话说："禁忌，禁忌，不敢放屁。"——连个屁都不敢放，可见人们的迷信程度。

与禁忌相伴连的崇信现象，则是远古时期"万物有灵"论的另一种传承表现，目前，这种现象基本上消亡了。

一、生活禁忌

1. 农历除夕夜，禁止向院中泼水，俗称这天夜里诸神下界，泼水污脏神衣，会受到惩罚。

2. 农历正月初五，俗称"五忙"，忌倒垃圾。如倒出门外，认为是把财宝倒掉了。

3. 农历二月初二，俗称"龙抬头"。这一天禁止打孩子，忌拍孩子的头部，认为打了头，小孩便不聪明，成人后也抬不起头来。

4. 忌摸婴儿的囟门。认为摸了囟门，便不能长合，会变成哑巴。

5. 女孩忌脸朝屋内坐在门槛上。

6. 天上有虹出现，忌用手指点，认为指了会烂手指。

7. 上衣纽扣，忌钉四或六个，认为"四六不上眼，不是规月夜"。

8. 忌对月亮大便，认为这样污辱月姥娘，不吉利。

9. 腊月谨防打碎家用器皿，否则一年不顺利。

10. 过年期间包扁食时，忌查数，俗称只有给死人"送盘缠"的扁食才会查数。

11. 吃饭时，忌用筷、匙敲碗，认为敲时发出的声音，预示以后将"穷得叮当响"。

12. 孕妇忌吃兔肉，认为吃了兔肉，生的孩子会豁嘴。

13. 忌用茶壶或各类壶嘴对着人，认为对着谁，谁晦气。

14. 忌小孩吃鱼卵，认为吃了鱼卵不识数。

15. 幼儿不剪指甲，认为小儿的魂魄藏在其中。

16. 生活在大运河边和微山湖畔的人家，坐船时忌说"沉"及同音字，忌说"翻"及同音字，船帆称为"船篷"。后来连石狗湖（云龙湖）四周打鱼的也有此忌讳。

17. 年轻妇女，忌以手托腮，认为是愁思状，不吉利。

18. 忌讳妇女在娘家过节（指正日那天），认为这样不吉利，有许多谣谚便是针对此事而发。

二、岁时忌讳

1. 忌在娘家过正月十五："看了娘家的灯，就要死公公。"

300

2. 忌在娘家过二月二："吃大花，死大姑，吃小花，死小姑"（徐州二月二节日食俗，必炸玉米花、米花等。故称），"二月二，龙抬头，住了娘家婆婆愁"。

3. 忌在娘家过三月三："过了三月三，死了丈夫塌了天。"

4. 忌在娘家过四月四："过了四月四，死了婆婆没主意。"

5. 忌在娘家过五月五："过了五月五，必定死小叔。"

6. 忌在娘家过六月六："过了六月六，死了婆婆搭上舅"，"过了六月六，人病猫狗瘦"。

7. 忌在娘家过七月七及十一月初一："过了七月七（及十一月初一）小命不保死自己。"

8. 忌在娘家过重阳："过重阳，死牛羊。"

9. 忌在娘家过十二月初八："吃了娘家米，祖祖辈辈还不起"，"喝了娘家腊八粥，穷得要饭挨门遛"（徐州食俗，十二月初八要吃腊八粥）。

10 忌在娘家过冬至："过大冬，婆家不兴（旺）娘家兴。"

三、崇信

1. 躲疟疾

旧时"打摆子"，往往不认为是生病，而是疟疾鬼在人身上作祟。徐州习俗，不兴找医生看治服药，而是在每次发寒热之前，独自跑到郊外山林僻静之处，名为"躲疟疾"，以为可以避免疟疾鬼的纠缠。家中有人打摆子，可由别人到山野乱葬茔地捡死人头盖骨一块，偷偷置于患者床下（不让患者知道），以为可以避免疟疾鬼的纠缠。俗称此为"短疟疾"。（短，徐州方言有"抢、截"之意，如拦路抢劫，徐州人称为"短路"。）

也有由别人拾取碎砖块、小石头等装在患者衣兜内，不让患者知道，以为也可以躲避疟疾鬼的纠缠。俗称此为"截疟疾"。此举原意不明，或许是死人头盖骨不好捡，故以碎砖、烂石替代的吧。

2. 送穷神（鬼）

凡贫困人家，生活艰难，徐州习俗，称此为"穷神不离门"（也有说是"穷鬼不离门"）。其破解之法为，每年年初（正月底），在所住的街巷里浇稀饭汤，扔掉几件破烂衣服，以作对"穷神"（或穷鬼）的祭祀。徐州的这种送穷与唐代韩愈《送穷文》略有不同，但与《天中记》卷四引《岁时记》所录相类。"高阳氏子瘦约，好衣弊食糜，正月晦日巷死……是是日祀于巷，曰送穷鬼。"

3. 狗吠九头鸟

据《古小说钩沉》辑《玄中记》："姑获鸟夜飞昼藏，衣毛为飞鸟，脱毛为女人……鸟无子，喜取人子养之……以血点其衣为志，即取小儿……"徐州相传，此鸟原为十头，被犬咬掉一头（俗称"九头鸟"），夏秋间常飞于夜空啼叫，叫时就像数鸟齐鸣。徐州习俗，每当晚上听到有鸟叫声，立即将院中小孩的衣服收起，急唤狗来，令大声吠叫，不让九头鸟滴血，以免小孩被攫走。

4. 老鸹叫不吉

早晨开门若听见老鸹（乌鸦）叫，俗称是大不吉利的兆头，须急忙用力吐几口唾沫以破解。平时若见"吉吉棍儿"（一种比麻雀要小得多的小鸟）在院子里叫，俗认为家中必生口舌，必大声叫骂着，将"吉吉棍儿"赶走。晚上若听见"夜猫子"（猫头鹰）叫，俗信必有祸事发生，则多日惴惴不安，诸事小心，唯恐出祸事。

5. 倒药渣

凡家有病人，为其熬药后剩下的药渣，必须倾倒在路中街心，令行人迈过去或踩过去，认为这样病人康复得快些。

6. 水缸压风筝

春季放风筝者较多，徐州习俗，凡断了线的风筝飘落到自家院中或房上的，必取下来压水缸下面，若失主来寻时，必须郑重道歉以后，才能将风筝收回。徐州俗信，放风筝等于放"晦气"，非用水缸压不得破解，有故意将风筝放起后，将线割断任其飘走的，以为这样可以把全家的晦气带走。

7. 黑煞神进门

凡有猪跑入别人家院内的，俗称为"黑煞神进门，家有病人"，于该家人不利。猪的主人来寻时，不能即把猪牵走，必须持剪刀将猪的耳朵剪破，并责令猪的主人买香烛敬在灶王（一家之主）像前，才准允将猪牵走。

8. 鬼进门

若有驴跑入人家，则被认为是"鬼进门"，俗称"驴鬼进门，家必倒霉"。破解法同猪进门相同。（春节贴春联时，牛耳上贴"春"，驴耳上贴"鬼"。）

9. 左眼跳财，右眼跳灾

徐州俗信"左眼跳财，右眼跳灾"，以为眼皮的颤动可以预示今后几天的运气。凡右眼跳者，必用草叶唾一下，贴在眼皮上镇之，说话、做事也一定要特别小心。

10. 耳热

凡有人觉得耳朵跟（耳垂）发热或颜色发红，认为背后正有人在诅咒自己。讲究的，须用脚尖在地上画个圈，吐口唾液，然后用脚泥（踩）一下，表示诅咒人者必作法自毙。

11. 打喷嚏

凡有人打喷嚏，则认为是远方的亲人正在思念自己。若是小儿打喷嚏，则认为有邪崇侵扰，大人在旁，必连连跟着呼"百岁"。小儿每打一声，大人便在旁边喊一声："一芒盂龌二扰凯，黯筹盂，嘈。"陆玑《毛诗草木鸟兽虫鱼疏》卷下称："此虫来著人衣，当有亲客至，有喜也。"此其源也。

12. 挑灯花破财

民用电普及（城中 20 世纪 60 年代，农村 20 世纪 70 年代）以前，家家点植物油灯（民国时为"洋油"灯），灯台中灯草（芯）好结成菌状灯花，这时光线虽暗，但不准挑去灯花，以为会破了"财气"。

13. 打懒狗

凡见有狗对人出懒身（狗身往后坐蹲，前腿伸直踞地，张口微叫）时，俗信要遭晦气，必痛打狗使之畏惧嗥叫而逃，方可免灾。

14. 喜鹊叫喜

早上起来，凡听到喜鹊叫，则认为是报喜。

第三节　占　卜

一、看相

看相是一种以观察人的长相、气色等卜算别人吉凶的骗术，徐州常见的有手相、揣骨相、面相，亦可统称为"麻衣相"。

1. 手相

手相的行语为：拇指叫"首"，中指叫"岳"，小指叫"全"，食指叫

"主"，无名指叫"宾"。按手相的通常卜算法为：主长于宾则富贵，宾长于主则平庸；五指并拢，不见隙缝称为善理财；手指细长，称为工于巧，粗而短则反之。手掌则称为处水、中白，四周有红斑点者，称为"朱砂"，是富相。掌心纹上达中指者称为"通纹"，是寿数长的标志。有掌纹横贯掌心者，俗称为"折手"，是"勇猛"的标志。

2. 面相

面相者大多以"麻衣神相法"标榜，也有自称为"柳庄相法"的。二者虽名称不同，但相人时所持论点则大抵相同。

面相时，称眉为"保寿官"，鼻为"审辨官"，口为"出纳官"，耳为"采纳官"，眼为"鉴定官"。另有三山五岳说，"三山"指两颧、鼻梁，"五岳"北岳为天庭，南岳地颌（下巴），东西岳分别指两颧，中岳为鼻头。

相面所用俗语较多，如："长好一官（人体五官）十年好，长坏一官十年孬"，"十年河东转河西，莫哭穷人穿破衣，有朝一日时运至，穿金戴银鱼肉吃"，"三山得配，五岳亭均"等。

又有一种"麻衣相歌"："千形万骸归有宗，宗别九派五官生。审体视步定尊插，察言观色细品评。学会麻衣来相人，不问便知吉和凶。"

也有相面时故意说有"凶兆"，以代为祈禳或教人祈禳之法而勒索钱物的。

以上各种相法，民国时期多集中在徐州的城庙街（现青年路西段）、县衙门以东（现少华街西段）以及城隍庙（现公安局处）内、西关校场、东关落子园（现崇文路北段）等处。或租临街房屋，或在路旁摆地摊。均有招牌，或挑在身旁，或悬在身后，或桌上挂布帘。招牌上多写："相天下士""麻衣神相""柳庄相法"等。

骗技高的，比较阔绰，他们多在旅馆内租一单间，房门及旅馆门外招贴大红纸或金字广告，上写："大相士×××寓此。"招贴上还写明谈相时间及非谈相时间恕不接待等字样。这些相士谈吐文雅，举止大方，虽三伏热天，对客亦穿长衫，待人彬彬有礼，给人以大不凡的感觉。但这种相士，均不久住，多者月余，便销声遁去。而设摊者则经年累月不走，以此为衣食手段。

附：揣骨相

揣骨相是抚摸人的骨骼的宽窄、大小、长短、高低，妄言可卜知人的富贵、亨通、智愚、寿夭等。一般的相法为：额骨高凸者是聪明相，凹低者为愚笨相；脑骨长者寿数长，奇短的则寿命短；肩骨宽者可任大事，窄削者多凡庸；腿短背长者主贵，背短腿长者则贱；胸阔五大（头、手、足）三粗（腰、臂、腿）者多富，瘦小若猴者必智等。

凡揣骨相者，必在招贴上大书"揣骨神相"四个字。揣骨相营业者盲人居多。

二、卜课

徐州习俗，每年正月初一，多摇卦卜算流年吉凶、时运亨否。卜课俗称为"算卦"，种类极多，徐州民国时常见的有"金钱课""灯下课""关帝课""文王课"数种。民国时期，历书上也都印有"六十四卦"卦图和卦词，人们也可以随时依样为自己占上一卦。各种起课，一般只问流年休咎或一事之决疑，与相面大不相同。

1. 文王课

传说伏羲画八卦，周文王演为六十四卦，每卦六爻。此种占卜法因六十四卦而起课，所以称文王课。

文王课又称"六壬"，用制钱（清代或清以前的铜钱）三枚，放在卜卦者自制的深竹筒中，连摇数次后，将制钱倒在一盘子内，看制钱的正、背。两背一正者称为"折"（"V"），一背两正者称为"单"，三背者称为"重"（"O"），三正者称为"交"（"×"）。此为"一爻"。重复六次，遂成"六爻"之卦。"六爻"之旁，附有"子""戌""申""亥""丑""卯"等字。以中间的"六爻"为卦，以旁边的"地支"六字为"课"。上三爻卜人根据断词，向求卦者敷设演义词，不以"断曰"直告，说话时多加回还，留有余地。

除文王课外，其他各课都很简单。一般用六枚制钱或小铜圆，放在有盖子的盒内（或直接合双手掌中），祝祷一番后，频频摇动一阵，然后倒在手中，依次竖排，看钱的顺序，分别"字儿"（正面）、"昧儿"（背面），然后取卦书或皇历上的卦相对照，看其"诗曰"（均七字四句）和"断曰"（均四字四句），便知吉凶祸福。

日军侵占徐州（1938年5月19日）前，南关剪子股以北五圣庙内住一"张先生"，被时人誉为"文王神课"。凡起课算卦者，由张先生之子看爻，告知张先生后，则张先生推断。那时，求卦问吉凶者、问局势者络绎不绝，小庙竟日人满为患。

2. 金钱课

徐州民间传说，金钱卦法是战国奇人鬼谷子发明，因其起卦简便，成为最常用也是流传最广的占卜法。旧时有《金钱课》书。

3. 灯下课

闺房内女子独居思亲，一般是取铜钱三枚，用此占卜之。文人晚上读书疲劳时，也可以用来解闷。以往闺怨类诗文中常见与之相关的诗句，如："不把金钱灯下卜，但凭清梦到天涯"，"遥知灯下卜，敲断鬓边钗"。《再生缘》第六十二回："……羞向那，深院月中烧纸验，只好于，小窗灯下卜金钱。"

三、算命

算命是以人的出生年、月、日、时，按照十天干、十二地支依次排列（俗称"八字"），再用其所属的干支、五行、八卦相生相克来推算人的一生命运。

徐州算命者多为养济院四五十岁的盲女，手提"云锣"，走街串巷，为人算命。1938年前后，徐州土山（原范增墓以西）有一位人称"孙瞎子"的，名声很高，一时间近县远乡都有人来找他批八字、合年命。十数年间，算命的收入居然置起一批家产，俨然小康之家。

走街串巷者除本地盲人外，外地跑江湖的（盲人占少数）也多善此道。他们身背长形市招，一手持竹签，一手持竹板，以板击签，发出"柝、柝"之声，边走边敲边喊："抽签算卦，算灵命、占周易、合年命。"民国时期，娱乐场上多有设地摊算卦的。

日军侵占徐州期间，东车站一旅馆内住一外走江湖的算命先生，自号"凌云子"，专代人批八字、合年命。凌云子穿戴不凡，一切仪式用器均较为讲究。凡批八字，均以工楷书于绫褙的方折内，面上红签书明："×××先生贵造。"如合年命，外面则书写"鱼水千年合，芝兰百世荣"或"天作之合"等字样，内页则为红虎皮寅纸工书两造。凌云子住徐州约半年之久，当时官绅、名门富户、行商坐贾，多往求访。可见徐州人对算命的嗜好（俗信）之深广。

四、扶乩

扶乩，徐州俗称"扶鸾"，为源于道教的一种占卜方法，又称扶箕、抬箕、挥鸾、降笔、请仙、卜紫姑、架乩等。在扶乩中，需要有人扮演被神明附身的角色，这种人被称为鸾生或乩身。神明会附身在鸾生身上，写出一些字迹，以传达神明的想法。信徒通过这种方式，与神灵沟通，以了解神灵的意思。

徐州做法，扶乩时，用一"T"式木架，由二人扶其两端放在沙盘上（细沙的木盘。没有细沙，可用灰土代替）。乩笔插竹圈或铁圈，圈上固定一支乩笔。扶乩时乩人拿着乩笔不停地在沙盘上写字，口中念某某神灵附降在身。请神后，架子晃动，扶乩者称为有神"临坛"，架的下端遂在沙盘上画出字迹。谓之神在"降乩"。所画字句，有诗句，有俗语。"临坛"之神，较多的是吕洞宾、关公，也有说是孙悟空、猪八戒的。

徐州那时有个田字会，凡请神"降乩"，多称为济公。问休咎时，所画者成为俚语，或曲曲弯弯使人莫辨，由扶乩者穿凿附会，乱释一通。那时的扶乩者，多为道会门中人所为。

五、拆字

又名"测字"。早在几千年前的商周时代，人们就利用甲骨来占卜，虽然它所依据的是龟甲灼纹而非文字，但使文字的起源蒙上了一层神秘的色彩，文字本身也被赋予了某种神秘的力量，或者蕴含着命运的枢机，或者预示着神鬼的意志。人们便解拆字形，以预测吉凶和决定宜忌趋避。

在汉字几千年发展过程中，测字被很多风水看相之家结合自己的方法发扬光大，其中流派众多，方法不一，主要有两种：第一，根据字本身形状或者拆字，也有在九宫格把字拆分各个单位的，附会其意以求吉凶。第二，利用阴阳五行八卦之数来测算吉凶。

用文字本身拆占法，要有较好的文字功底，最关键的是靠卜人的机智灵便，察言观色。如断一"贝"字：说吉祥时，加"西"为贾，贾为商，断人宜为商业。若说凶相时，则断"贝"是财字无才，字中三才不显，财字成空；添刀为负，恐怕是赔本的买卖。

拆字大体有"装头、接脚、穿心、包笼、破解、添笔、去笔"等方式，让新组合的字产生另一种含义。

总之，徐州人好说的一句话："看人下面条。"

六、闯五关

传统上有纸牌（博具）游戏，民间有用之占卜的。其法用纸牌排五行，每行五张，用手中余牌配对，凡遇相同者拿过一边去。如一次性拿完者为"吉"，拿不完时，看剩下的多少以定不吉程度。剩的太多，则有"凶"意。后改用扑克牌。

20世纪60年代又传入西式扑克牌占卜法，不同花色的牌都有它所代表的意义，如红桃是代表谈对象、结婚以及情感方面象征爱情的牌；黑桃是代表灾害、疾病、损失、失恋、死亡、离别等凶兆的牌；梅花是代表友情、名声、人缘、工作方面的牌；方片是代表财富、经济、事业成功等，象征物质生活富裕的牌。在年轻人中兴盛一时。

七、拿八卦

此种占卜，用牌九摆八行，每行四张，摆完后，上下配对，处理方法与"闯五关"相同，如一次拿完谓之"开"，是吉兆，反之不吉。

闯五关与拿八卦的卜算方法，是民国时期家庭中在正月里自卜的，主要是预测本年顺逆情况。

八、黄雀叨卦

徐州每年春节过后，常有以黄雀叨卦算命的人出现在街头巷尾。他们多挑一矮担，前面盘内放一竹笼，笼内有一黄雀（也有用公鸡者），笼外摆签子二十来个。凡有算卦者，先说出自己的岁数，卜人便持签令雀叨之，口中朗朗念道："好命叨好的，孬命叨孬的，叨个属×（按求卜者所说年岁）的。"黄雀叨出一签，上面果然画有求卜者的属相图。图边写有四句俚语，语分休咎。算命的依此为人断命。

用黄雀叨卦的，肩上一担手持竹板，另用竹签敲、打、锯、拍之，节奏动听，颇为招人。问卜者多为妇女和儿童，概因此种形式，游戏的成分更多些。

第四节 堪 舆

堪舆术的祖师爷是彭祖弟子"青乌公"。相传青乌公隐修于华阴山中，历四百七十一年，经十二次试验，方炼出金丹，服之成仙。旧时行堪舆风水之术者多以青乌公为祖师，因而后人又将堪舆术称为"青乌之术"。

堪舆历史悠久，曾经是一门学问。《尚书》中有"成王在丰，欲宅邑，使召公先相宅"的记载。汉司马迁《史记·日者列传》中也有"孝武帝时聚会占家问之，某日可取乎？……堪舆家曰不可"的记载。说明堪舆家可参与国家事务的咨询。

汉许慎《说文》："堪，天道；舆，地道。"堪舆是传统五术（山、医、命、卜、相）之相术中的相地之术，即临场校察地理，用来选择宫殿、村落、房屋、阴宅（墓地）建设等方法及原则。

徐州人对堪舆比较看重，以往则流传有明朝刘伯温堪舆故事。建奎山塔，相传就是刘伯温为镇压徐州龙脉的手段。

清末民初时徐州人对此极为讲究。1927国民革命军北伐到徐州后，受新文化思想冲击，渐渐有些松弛。1938年日寇侵占徐州，堪舆风竟突然复炽起来。1945年抗战胜利后，这种迷信方式才渐渐少了。

徐州人习称堪舆家为"风水先生"或"房地先生""阴阳先生"。堪舆流派较多，不宜赘述。

徐州旧时建房、修墓，都讲究风水好坏，以求好运。凡未找阴阳先生相看而自行建房修墓者，往往遭到他们的暗算，使人相信，祸水由不懂风水而起。民国初年，徐州有个姓阎的风水先生，动不动就斥责别人房子盖的方位、高低、样式不当，认为碍主人、破财等，逼人重建，人送绰号"阎扒屋"。

后　记

　　民俗原是文化的源头之一，最具地方特色，故有"入乡问俗"之说。早前，徐州市地方志办公室将编写《徐州民俗志》的任务交给了我。于是在恶补民俗学知识的基础上，设计出《徐州民俗志征集资料提纲》下发，自己也利用工作时间或工作之余，四处调查。许多熟知徐州掌故的老先生们，如陈仲言、胡德荣、董玉岭、赵耀煌、王祥甫、张绍棠、苏新洁、郑培心、王寄舟、宋德安、佟苏丹、辛原、张仲樵以及新沂马南圃、丰县文化局邓贞兰先生等，都提供了文字或口头的资料，友人武钰栋、竺平也多次参与民俗调查。最令人感动的是，陈仲言先生一面饱受背驼折磨，一面奋笔疾书提供了大量的文字资料。本书费时五年终于完稿，可惜因故未出版。

　　本书民俗事项记述截止于 1992 年初，书中约有五分之一的篇幅，独立编成《徐州市志·民俗志》，部分资料被编入《江苏省民俗志》《中国民俗大系·江苏民俗》，或散见于《徐州文化大观》以及地方报刊。多年来，发现有人集了用于市民俗博物馆展览说明，有的被放到网上转来抄去，既没有注明出处，且有的乱加改动。惜哉！

　　让人高兴的是，本书部分资料，如地方名小吃、厨行祖师崇拜、伏羊汤、子房山庙会、五毒庙会、冬至等，对发展地方文化已经起到相当好的作用。此次书稿在徐州市政协文史委的支持下予以全篇披露，相信对促进徐州文化发展必将起到更多更好的作用。

戚云龙

2018 年 10 月 27 日于彭城

图书在版编目（CIP）数据

徐州民俗文化／戚云龙编著. — 北京：中国文史
出版社，2019.2
（徐州历史文化丛书）
ISBN 978 - 7 - 5205 - 0857 - 5

Ⅰ．①徐… Ⅱ．①戚… Ⅲ．①风俗习惯 - 介绍 - 徐州
Ⅳ．①K892.453.3

中国版本图书馆 CIP 数据核字（2018）第 266560 号

责任编辑：殷　旭　薛未未

出版发行：**中国文史出版社**

社　　址：北京市海淀区西八里庄 69 号院　邮编：100142
电　　话：010 - 81136606　81136602　81136603（发行部）
传　　真：010 - 81136655
印　　装：廊坊市海涛印刷有限公司
经　　销：全国新华书店
开　　本：720×1020　1/16
印　　张：20　　　　字数：223 千字
版　　次：2019 年 2 月第 1 版
印　　次：2019 年 2 月第 1 次印刷
定　　价：88.00 元